Steckels Shake-Speare

# William Shakespeare

## Cymbeline King of Britaine
## König Cymbeline

D1731024

Titelbild:
Louisa Stroux in der Rolle der Imogen
Theater Bonn, Spielzeit 2001/02
Regie Frank-Patrick Steckel
Fotographie von Thilo Beu (Bonn)

Rückseite: Karl Kraus, Postskriptum zum letzten Brief
an Sidonie Nádherny vom 15./16.5.1936
aus: Karl Kraus, Briefe an Sidonie Nádherny von Borutin 1913-1936
Hg. von Friedrich Pfäfflin © Wallstein Verlag, Göttingen 2005
Reproduktion mit freundlicher Genehmigung
des Brenner-Archivs, Universität Innsbruck

Bühnenrechte beim Verlag der Autoren

© Verlag Uwe Laugwitz,
D-21244 Buchholz in der Nordheide, 2017

ISBN 9783-933077-51-6

# Cymbeline King of Britaine
## König Cymbeline

# Inhalt

# Cymbeline King of Britaine

# König Cymbeline

Actus Primus. Scœna Prima.

*Enter two Gentlemen.*

1. *Gent.* YOu do not meet a man but Frownes.
   Our bloods no more obey the Heauens
   Then our Courtiers:
   Still seeme, as do's the Kings.
2 *Gent.* But what's the matter?
1. His daughter, and the heire of's kingdome
   He purpos'd to his wiues sole Sonne, a Widdow whom
   That late he married) hath referr'd her selfe
   Vnto a poore, but worthy Gentleman. She's wedded,
   Her Husband banish'd; she imprison'd, all
   Is outward sorrow, though I thinke the King
   Be touch'd at very heart.


2 None but the King?
1 He that hath lost her too: so is the Queene,
   That most desir'd the Match. But not a Courtier,
   Although they weare their faces to the bent
   Of the Kings lookes, hath a heart that is not
   Glad at the thing they scowle at.

2 And why so?
1 He that hath miss'd the Princesse, is a thing
   Too bad, for bad report: and he that hath her,
   (I meane, that married her, alacke good man,
   And therefore banish'd) is a Creature, such,
   As to seeke through the Regions of the Earth
   For one, his like; there would be something failing

## I.Akt 1. Szene

*Edelmann 1. Edelmann 2.*

EDELMANN 1  Kein Mensch, der nicht die Stirn furcht: wir ge-
   Den Himmelslaunen nicht getreulicher      [horchen
   Als unsre Höflinge nach außen hin
   Den Launen ihres Königs.
EDELMANN 2          Doch weshalb?
EDELMANN 1  Seine Tochter, Erbin seines Reichs,
   (Von ihm für seinen Stiefsohn vorgesehn,
   Das Kind der Witwe, die er unlängst nahm)
   Sie hat sich selbst verschenkt: an einen armen,
   Doch achtenswerten Gentleman. Vermählt
   Ist sie, ihr Gatte frisch verbannt; sie
   Im Arrest, der Hof trägt Gram zur Schau,
   Der König aber, meine ich, ist tief
   Getroffen.
EDELMANN 2  Nur der König?
EDELMANN 1        Der wohl auch,
   Dem sie entging: gewiß die Königin,
   Erwünscht, wie ihr der Handel war. Hingegen
   Ist da kein Hofmensch, den, obgleich er eifrig
   Die Miene nach des Königs Blicken stellt,
   Nicht das erfreut, was sie erbost.
EDELMANN 2          Wie das?
EDELMANN 1  Es ist, der die Prinzessin nicht bekam,
   Ein Ding, zu übel noch für üble Nachred:
   Er, der sie hat (ich meine, ehelichte,
   Der arme Hund, und drum verbannt ist worden),
   Ist ein Geschöpf wie sich an den vier Enden
   Der Welt ein zweites schwerlich finden läßt;

In him, that should compare. I do not thinke,
So faire an Outward, and such stuffe Within
Endowes a man, but hee.

2  You speake him farre.
1  I do extend him (Sir) within himselfe,
    Crush him together, rather then vnfold
    His measure duly.
2  What's his name, and Birth?
1  I cannot delue him to the roote: His Father
    Was call'd *Sicillius,* who did ioyne his Honor
    Against the Romanes, with *Cassibulan,*
    But had his Titles by *Tenantius,* whom
    He seru'd with Glory, and admir'd Successe:
    So gain'd the Sur-addition, *Leonatus.*
    And had (besides this Gentleman in question)
    Two other Sonnes, who in the Warres o'th'time
    Dy'de with their Swords in hand. For which, their Father
    Then old, and fond of yssue, tooke such sorrow
    That he quit Being; and his gentle Lady
    Bigge of this Gentleman (our Theme) deceast
    As he was borne. The King he takes the Babe
    To his protection, cals him *Posthumus Leonatus,*
    Breedes him, and makes him of his Bed-chamber,
    Puts to him all the Learnings that his time
    Could make him the receiuer of, which he tooke
    As we do ayre, fast as 'twas ministred,
    And in's Spring, became a Haruest: Liu'd in Court
    (Which rare it is to do) most prais'd, most lou'd,
    A sample to the yongest: to th'more Mature,

Auch wer ihm gliche, käme nicht ihm gleich.
Ich zweifle, daß solch eine edle Hülle,
Und solcher Stoff darin, noch einem Mann
Zuteil ward neben ihm.

EDELMANN 2                    Ihr blast ihn auf.

EDELMANN 1  Ich dehne ihn auf seinen Umriß aus, Sir,
Drück ihn zusammen, statt ihn maßgetreu
Euch auszurolln.

EDELMANN 2           Wie heißt er? Woher stammt er?

EDELMANN 1  In seinen Wurzelgrund kann ich nicht graben:
Sein Vater hieß Sicilius und stellte
Mit Cassibelan sich gegen Rom,
Erhielt die Titel aber von Tenantius,
Dem er diente, glanzvoll und bewundert:
Leonatus nannte man ihn schließlich.
Er hatte (neben ihm, von dem wir sprechen)
Noch zwei Söhne, die den Kriegeszeiten,
Schwert in der Faust, zum Opfer fielen, was
Den Vater, damals schon ergraut und bang
Um neuen Nachwuchs, so verzweifeln ließ,
Daß er verschied; und seine zarte Gattin,
Dick mit dem Gentleman (der unser Thema),
Verstarb bei der Geburt. Der König, er
Stellt den Knaben unter seinen Schutz,
Läßt ihn Posthumus Leonatus taufen, zieht
Ihn groß und nimmt als Pagen ihn in Dienst,
Sorgt, daß man ihn, nach seinem Alter, bildet
Mit allem Wissen, welches er hineinsaugt,
Wie wir die Luft, rasch, wie man es ihm beibringt,
Und schon sein Frühling wurde Erntezeit:
Am Hofe lebend, ragt (was selten glückt)
Er durch Lob hervor und Liebe, Jüngren

A glasse that feated them: and to the grauer,
A Childe that guided Dotards. To his Mistris,
(For whom he now is banish'd) her owne price
Proclaimes how she esteem'd him; and his Vertue
By her election may be truly read, what kind of man he is.


2 I honor him, euen out of your report.
  But pray you tell me, is she sole childe to'th'King?

1 His onely childe:
  He had two Sonnes (if this be worth your hearing,
  Marke it) the eldest of them, at three yeares old
  I'th'swathing cloathes, the other from their Nursery
  Were stolne, and to this houre, no ghesse in knowledge
  Which way they went.


2 How long is this ago?
1 Some twenty yeares.
2 That a Kings Children should be so conuey'd,
  So slackely guarded, and the search so slow
  That could not trace them.
1 Howsoere, 'tis strange,
  Or that the negligence may well be laugh'd at:
  Yet is it true Sir.
2 I do well beleeue you.
1 We must forbeare. Heere comes the Gentleman,
  The Queene, and Princesse.        *Exeunt*

Ein Vorbild, Spiegel den Gereiften, sich
Darin zu prüfen, und dem grauen Haar
Der Knabe, der den Greis führt. Seine Gattin
(Um derentwillen er verbannt ist) war
Zum Preis sich nicht zu hoch, uns anzuzeigen,
Wie sehr sie ihn und alles, was ihn ausmacht,
Schätzt; an ihrer Wahl wird wahrhaft deutlich,
Was für ein Mann er ist.

EDELMANN 2                    Schon Eur Bericht
Macht, daß ich ihn verehre. Aber sagt mir,
Hat der König andre Kinder?

EDELMANN 1                    Keins mehr.
Er hatte wohl zwei Söhne (dünkt Euch dies
Bedeutsam, hört mir zu), die alle beide,
Drei Jahr alt der eine, in den Windeln
Der andere, aus ihrer Kinderstube
Gestohlen wurden; und bis diese Stunde
Hat niemand nur den Schatten einer Ahnung,
Was aus ihnen wurde.

EDELMANN 2 Wie lange ist das her?

EDELMANN 1                         Gut zwanzig Jahre.

EDELMANN 2  Daß Königskinder so zu Diebsgut wurden,
So lasch behütet und so lahm gesucht,
Daß nicht die Spur sich fand!

EDELMANN 1                    So unglaubwürdig
Oder lachhaft das Versäumte sein mag,
Es ist wahr, Sir.

EDELMANN 2      Ich glaubs Euch aufs Wort.

EDELMANN 1  Wir schweigen still. Hier naht der Gentleman,
Die Queen, und die Prinzessin.              *Beide ab.*

## Scena Secunda.

*Enter the Queene, Posthumus, and Imogen.*

*Qu.*  No, be assur'd you shall not finde me (Daughter)
   After the slander of most Step-Mothers,
   Euill-ey'd vnto you. You're my Prisoner, but
   Your Gaoler shall deliuer you the keyes
   That locke vp your restraint. For you *Posthumus,*
   So soone as I can win th'offended King,
   I will be knowne your Aduocate: marry yet
   The fire of Rage is in him, and 'twere good
   You lean'd vnto his Sentence, with what patience
   Your wisedome may informe you.
*Post.*  'Please your Highnesse,
   I will from hence to day.
*Qu.*  You know the perill:
   Ile fetch a turne about the Garden, pittying
   The pangs of barr'd Affections, though the King
   Hath charg'd you should not speake together.     *Exit*
*Imo.*  O dissembling Curtesie! How fine this Tyrant
   Can tickle where she wounds? My deerest Husband,
   I something feare my Fathers wrath, but nothing
   (Alwayes reseru'd my holy duty) what
   His rage can do on me. You must be gone,
   And I shall heere abide the hourely shot
   Of angry eyes: not comforted to liue,
   But that there is this Iewell in the world,
   That I may see againe.
*Post.*  My Queene, my Mistris:
   O Lady, weepe no more, least I giue cause
   To be suspected of more tendernesse

## 2. Szene

*Königin. Imogen. Posthumus.*

KÖNIGIN Nein, in mir findst du, sei versichert, Tochter,
Keine, die, nach Art der Stiefmütter,
Scheel auf dich blickt. Zwar bist du mir gefangen,
Doch spielt dein Wärter dir den Schlüssel zu,
Der deine Haft dir leichtert. Euch, Posthumus,
Bin ich, hab ich den König erst besänftigt,
Ein Anwalt öffentlich: vorläufig freilich
Flammt Wut in ihm, und es ist besser, Ihr
Fügt Euch seinem Urteil so gelassen,
Wie Euch die Klugheit rät.

POSTHUMUS                Hoheit, vergebt,
Ich scheide heute noch.

KÖNIGIN               Ihr seid gewarnt.
Ich tu im Garten einen Gang, mitfühlend
Pein versperrter Leidenschaft, obgleich
Der König untersagt, daß ihr euch sprecht. *Ab.*

IMOGEN O heuchlerische Hofkunst! Wie der Drache
Fein zu verwunden weiß, wo er uns schöntut!
Liebster Gatte, ängstigt meines Vaters
Zorn mich schon, so doch (bei aller heilgen
Kindespflicht) nicht das, was seine Wut
Mir tun kann. Du mußt fort, und ich verbleibe
Ein stündlich Wurfziel böser Blicke: trostlos
Lebend, trüg die Welt nicht dies Juwel,
Daß ich es wiedersehe.

POSTHUMUS            Herrin, meine
Königin, o Lady, weint nicht mehr,
Soll ich den Grund zu dem Verdacht nicht geben,

Then doth become a man. I will remaine
The loyall'st husband, that did ere plight troth.
My residence in Rome, at one *Filorio*'s,
Who, to my Father was a Friend, to me
Knowne but by Letter; thither write (my Queene)
And with mine eyes, Ile drinke the words you send,
Though Inke be made of Gall.

*Enter Queene.*

*Qu.* Be briefe, I pray you:
If the King come, I shall incurre, I know not
How much of his displeasure: yet Ile moue him
To walke this way: I neuer do him wrong,
But he do's buy my Iniuries, to be Friends:
Payes deere for my offences.

*Post.* Should we be taking leaue
As long a terme as yet we haue to liue,
The loathnesse to depart, would grow: Adieu.
*Imo.* Nay, stay a little:
Were you but riding forth to ayre your selfe,
Such parting were too petty. Looke heere (Loue)
This Diamond was my Mothers; take it (Heart)
But keepe it till you woo another Wife,
When *Imogen* is dead.

*Post.* How, how? Another?
You gentle Gods, giue me but this I haue,
And seare vp my embracements from a next,
With bonds of death. Remaine, remaine thou heere,

While sense can keepe it on: And sweetest, fairest,

Unmännlich weich zu sein. Ich will
Nicht mehr, als der loyalste Gatte bleiben,
Der je den Eheschwur ablegte. Rom
Wird mein Wohnsitz sein, bei einem Freund,
Philario, meines Vaters, den ich selbst
Aus Briefen kenne: dorthin schreibt mir, Herrin,
Und meine Augen trinken Eure Worte,
Ist auch die Tinte Galle.

*Königin.*

KÖNIGIN                    Kürzt das ab,
Ich bitte euch: denn kommt der König, fällt
Auf mich ich-weiß-nicht-wieviel seiner Ungunst.
Gleichwohl bewege ich ihn, diesen Weg
Zu nehmen: wie ich ihn auch täusche, immer
Kauft er mir meine Ränke ab als Freunde:
Zahlt lieb für mein Vergehen.                         *Ab.*

POSTHUMUS                    Nähmen wir
So dauernd Abschied, als uns Leben bleibt,
Der Trennung Mühsal wüchse nur. Adieu!

IMOGEN Nein, warte noch:
Gält es nur einen Ritt, dich auszulüften,
Zu arm wär solch ein Scheiden. Sieh, Geliebter;
Der Diamant gehörte meiner Mutter;
Nimm ihn, mein Herz; bewahr ihn nur, bis du
Um eine Andre wirbst, wenn Imogen
Gestorben ist.

POSTHUMUS      Wie? Wie? Um eine Andre?
Gebt, gute Götter, sie mir, die ich habe,
Und die Arme einer nächsten macht
Zu Ketten mir des Tods. Dein Platz ist hier,

*Er steckt den Ring an*

Ist hier Gefühl: und, Holdeste, du Schönste,

As I (my poore selfe) did exchange for you
To your so infinite losse; so in our trifles
I still winne of you. For my sake weare this,
It is a Manacle of Loue, Ile place it
Vpon this fayrest Prisoner.

*Imo.* O the Gods!
When shall we see againe?
> *Enter Cymbeline, and Lords.*

*Post.* Alacke, the King.
*Cym.* Thou basest thing, auoyd hence, from my sight:
If after this command thou fraught the Court
With thy vnworthinesse, thou dyest. Away,
Thou'rt poyson to my blood.
*Post.* The Gods protect you,
And blesse the good Remainders of the Court:
I am gone.       *Exit.*
*Imo.* There cannot be a pinch in death
More sharpe then this is.
*Cym.* O disloyall thing,
That should'st repayre my youth, thou heap'st
A yeares age on mee.
*Imo.* I beseech you Sir,
Harme not your selfe with your vexation,
I am senselesse of your Wrath; a Touch more rare
Subdues all pangs, all feares.

*Cym.* Past Grace? Obedience?

*Imo.* Past hope, and in dispaire, that way past Grace.

Wie ich mein dürftig Selbst für deines tauschte,
Zu deinem unermeßlichen Verlust,
Gewinne ich von dir auch noch im Kleinen.
Trag dies um meinetwillen, eine Fessel
Der Liebe ists, ich lege sie der schönsten
Gefangnen an.

*Legt ihr ein Armband an.*

IMOGEN                    O all ihr Götter! Wann
Sehen wir uns wieder?

*Cymbeline.*

POSTHUMUS                    Ach, der König!

CYMBELINE Gemeinstes Ding, hinweg, mir aus den Augen!
Schlägst du, nach dem Kommando, noch den Hof mir
Mit deinem Unwert nieder, stirbst du. Weg!
Gift bist du meinem Blut.

POSTHUMUS                    Die Götter mit Euch,
Und Segen den Gerechten dieses Hofs!
Ich gehe schon.                                        *Ab.*

IMOGEN          Der Tod hat keinen Stachel
Scharf wie dies.

CYMBELINE          Unehrerbietig Ding!
Dazu da, mir Jugend zu erstatten,
Legst du mir Jahre auf!

IMOGEN                    Wollt tunlichst, Sir,
Mit Eurem Haß Euch selber nicht verletzen;
Fühllos bin ich Eurer Wut, es macht
Ein fremderes Empfinden alle Pein,
Jedwede Furcht sich untertan.

CYMBELINE                    Kein Glaube,
Kein Gehorsam mehr?

IMOGEN                    Kein Hoffen mehr,
Und in Verzweiflung, insofern kein Glaube.

*Cym.*  That might'st haue had
   The sole Sonne of my Queene.
*Imo.*  O blessed, that I might not: I chose an Eagle,
   And did auoyd a Puttocke.
*Cym.*  Thou took'st a Begger, would'st haue made my
   Throne, a Seate for basenesse.
*Imo.*  No, I rather added a lustre to it.

*Cym.*  O thou vilde one!
*Imo.*  Sir,
   It is your fault that I haue lou'd *Posthumus*:
   You bred him as my Play-fellow, and he is
   A man, worth any woman: Ouer-buyes mee
   Almost the summe he payes.

*Cym.*  What? art thou mad?
*Imo.*  Almost Sir: Heauen restore me: would I were
   A Neat-heards Daughter, and my *Leonatus*
   Our Neighbour-Shepheards Sonne.
                    *Enter Queene.*
*Cym.*  Thou foolish thing;
   They were againe together: you haue done
   Not after our command. Away with her,
   And pen her vp.

*Qu.*  Beseech your patience: Peace
   Deere Lady daughter, peace. Sweet Soueraigne,
   Leaue vs to our selues, and make your self some comfort
   Out of your best aduice.
*Cym.*  Nay, let her languish
   A drop of blood a day, and being aged
   Dye of this Folly.                    *Exit.*

CYMBELINE  Den Sohn der Königin konntst du bekommen!

IMOGEN  O Segen, ich konnts nicht! Ich nahm den Adler
    Und mied den Hühnerhabicht.
CYMBELINE  Den Bettler nahmst du, setzen wolltest du
    Auf meinen Thron mir das Gemeine.
IMOGEN                      Nein,
    Ich füge Glanz ihm zu.
CYMBELINE        O du Verworfne!
IMOGEN                     Sir,
    Daß ich Posthumus lieb gewann, tragt Ihr Schuld:
    Ihr zogt ihn auf, mein Spielgefährte war er,
    Und er, ein Mann, der jede Frau verdient,
    Er überzahlt mich um beinah den Preis,
    Den er entrichten muß.
CYMBELINE         Was? Bist du toll?
IMOGEN  Viel fehlt nicht, Sir: der Himmel steh mir bei!
    Warum bin ich nicht eines Kuhhirts Tochter,
    Und mein Leonatus Sohn des Schafhirts
    Von nebenan!
CYMBELINE      Du törichtes Geschöpf!
                  *Königin. Hofdamen.*
    Beisammen waren sie: Ihr tatet nicht
    Wie Wir befohlen. Schafft sie weg, und schließt
    Sie ein.
KÖNIGIN  Ersuche um Geduld. Nur Ruhe,
    Lady Tochter, Ruhe! Teurer Herr,
    Laßt uns uns selbst, und sucht Euch zu zerstreun
    So gut Ihr könnt.
CYMBELINE      Nein, laßt tagtäglich sie
    'nen Tropfen Blut verseufzen und, früh runzlig,
    An dieser Narrheit sterben.             *Ab.*

*Enter Pisanio.*

*Qu.* Fye, you must giue way:
　　Heere is your Seruant. How now Sir? What newes?


*Pisa.* My Lord your Sonne, drew on my Master.
*Qu.* Hah?
　　No harme I trust is done?
*Pisa.* There might haue beene,
　　But that my Master rather plaid, then fought,
　　And had no helpe of Anger: they were parted
　　By Gentlemen, at hand.
*Qu.* I am very glad on't.
*Imo.* Your Son's my Fathers friend, he takes his part
　　To draw vpon an Exile. O braue Sir,
　　I would they were in Affricke both together,
　　My selfe by with a Needle, that I might pricke
　　The goer backe. Why came you from your Master?

*Pisa.* On his command: he would not suffer mee
　　To bring him to the Hauen: left these Notes
　　Of what commands I should be subiect too,
　　When't pleas'd you to employ me.
*Qu.* This hath beene
　　Your faithfull Seruant: I dare lay mine Honour
　　He will remaine so.
*Pisa.* I humbly thanke your Highnesse.
*Qu.* Pray walke a-while.
*Imo.* About some halfe houre hence,
　　Pray you speake with me;
　　You shall (at least) go see my Lord aboord.
　　For this time leaue me.　　　　　　　　　*Exeunt.*

KÖNIGIN                      Pfui! Du gibst
  Noch nach.

                   *Pisanio.*

  Eur Dienstbot naht. Was gibt es, Sir?

PISANIO Eur Mylord Sohn zog gegen meinen Herrn.

KÖNIGIN                            Ha?
  Ich hoffe nicht, daß wer zu Schaden kam!

PISANIO 's war nah daran, nur daß mein Herr mehr spielte,
  Als daß er focht, und ihm der Ärger ausblieb:
  Es kamen Herrn und trennten sie.

KÖNIGIN                      Das freut mich.

IMOGEN Gut Freund ist Euer Sohn mit meinem Vater,
  Sein Part ist, blank ziehn gegen den Verbannten.
  O tapfrer Sir! Ich wollt, die beiden wären
  In Afrika, ich auch, mit einer Nadel,
  Den Rückwärtsgeher anzuspornen. Warum
  Verließest du den Herrn?

PISANIO                  Auf sein Geheiß:
  Er litt nicht, daß ich ihn zum Hafen bringe;
  Schrieb mir hier auf, was mir zu tun obliegt,
  Wenn Ihr geruht, mich anzustelln.

KÖNIGIN                   Euch beiden
  Hat er treu gedient: ich nehms auf meine Ehre,
  Er tuts noch.

PISANIO         Ich danke untertänigst.

KÖNIGIN Nun sei so gut und geh.

IMOGEN Komm mir zurück in einer halben Stunde:
  Zumindest auf dem Schiff mußt du den Herrn
  Noch sehn. Nun laß mich.             *Alle ab.*

## Scena Tertia.

*Enter Clotten, and two Lords.*

1. Sir, I would aduise you to shift a Shirt; the Vio-
lence of Action hath made you reek as a Sacrifice: where
ayre comes out, ayre comes in: There's none abroad so
wholesome as that you vent.

*Clot.* If my Shirt were bloody, then to shift it.
Haue I hurt him?
2 No faith: not so much as his patience.
1 Hurt him? His bodie's a passable Carkasse if he bee
not hurt. It is a through-fare for Steele if it be not hurt.

2 His Steele was in debt, it went o'th'Backe-side the
Towne.
*Clot.* The Villaine would not stand me.
2 No, but he fled forward still, toward your face.
1 Stand you? you haue Land enough of your owne:
But he added to your hauing, gaue you some ground.
2 As many Inches, as you haue Oceans (Puppies.)
*Clot.* I would they had not come betweene vs.
2 So would I, till you had measur'd how long a Foole
you were vpon the ground.
*Clot.* And that shee should loue this Fellow, and re-
fuse mee.
2 If it be a sin to make a true election, she is damn'd.
1 Sir, as I told you alwayes: her Beauty & her Braine
go not together. Shee's a good signe, but I haue seene
small reflection of her wit.
2 She shines not vpon Fooles, least the reflection

## 3. Szene

*Cloten. Lord 1. Lord 2.*

LORD 1 Sir, ich würde Euch anraten, das Wams zu wechseln;
die Hitze der Aktion bewirkt, daß Ihr duftet wie ein
Opfertier: kommt Luft wo heraus, geht Luft wo hinein:
weit und breit ist keine so bekömmlich wie die, welche Ihr
verströmt.

CLOTEN Klebt mir erst Blut an dem Wams, alsdann ist sein
Wechsel fällig. Stach ich ihn?

LORD 2 Nein, bei Gott: nicht einmal seine Langmut.

LORD 1 Ob Ihr ihn stacht? Sein Leib wäre ein passables
Gebein, stacht Ihr ihn nicht. Ein Durchlaß für Stahl, stacht
Ihr ihn nicht.

LORD 2 Sein Eisen, als der Schuldner, schlich außen herum.

CLOTEN Der Schurke wollte sich mir nicht stellen.

LORD 2 Nein, er lief nach vorn weg, auf deine Nase zu.

LORD 1 Sich Euch stellen? Ihr habt Stellplatz genug: doch er
mehrte Euer Haben, indem er sich wegstellte.

LORD 2 So viele Fußbreit wie du Seemeilen. (Laffen!)

CLOTEN Ich wünschte, sie wären nicht dazwischen gegangen.

LORD 2 Ich auch, bis du die Größe deiner Dummheit im
Liegen hättest ermessen können.

CLOTEN Den Halunken zu lieben und mich abzuweisen!

LORD 2 Falls die rechte Wahl Sünde ist, ist sie verdammt.

LORD 1 Sir, wie ich Euch sage, sie ist ebenso hübsch wie
hirnlos. Eine niedliche Latüchte ist sie, aber viel
Geist hab ich aus ihr noch nicht leuchten sehn.

LORD 2 Sie scheint nicht auf Tölpel, der Widerschein

Should hurt her.

*Clot.* Come, Ile to my Chamber: would there had
   beene some hurt done.

2 I wish not so, vnlesse it had bin the fall of an Asse,
   which is no great hurt.

*Clot.* You'l go with vs?

1 Ile attend your Lordship.

*Clot.* Nay come, let's go together.

2 Well my Lord. *Exeunt.*


### Scena Quarta.


*Enter Imogen, and Pisanio.*


*Imo.* I would thou grew'st vnto the shores o'th'Hauen,
   And questioned'st euery Saile: if he should write,
   And I not haue it, 'twere a Paper lost
   As offer'd mercy is: What was the last
   That he spake to thee?

*Pisa.* It was his Queene, his Queene.

*Imo.* Then wau'd his Handkerchiefe?

*Pisa.* And kist it, Madam.

*Imo.* Senselesse Linnen, happier therein then I:
   And that was all?

*Pisa.* No Madam· for so long
   As he could make me with his eye, or eare,
   Distinguish him from others, he did keepe
   The Decke, with Gloue, or Hat, or Handkerchife,
   Still wauing, as the fits and stirres of's mind
   Could best expresse how slow his Soule sayl'd on,
   How swift his Ship.

könnte ihr schaden.

CLOTEN Kommt mit, ich will hinein. Ich wünschte, es hätte
irgendeinen Schaden gegeben!

LORD 2  Das wollte ich nicht, es sei denn den Fall eines
Esels, was kein großer Schaden wäre.

CLOTEN *zu Lord 2*  Geht Ihr nicht mit?

LORD 1                                     Ich folge Eurer Lordschaft.

CLOTEN Nein, kommt, wir gehn gemeinsam.

LORD 2                                     Gut, Mylord. *Alle ab.*


## 4. Szene


*Imogen. Pisanio.*


IMOGEN Meinthalb kannst du am Hafen Wurzeln schlagen,
Und jedes Segel fragen: schrieb er mir,
Und ich erhielts nicht, wärs, als ob der Umschlag
Mit der Begnadigung verloren ging. Zuletzt,
Was sprach er da?

PISANIO              Von seiner Königin!

IMOGEN Dann schwenkte er sein Schnupftuch?

PISANIO                                     Madam, und küßte es.

IMOGEN Fühlloses Linnen, glücklicher denn ich!
Und das war alles?

PISANIO              Madam, nein: so lang er
Vermochte, daß mein Auge hier, mein Ohr ihn
Von andern unterschied, blieb er an Deck,
Mit Handschuh, oder Schnupftuch, oder Hut
Noch winkend, da die Regung und Bewegung
Seines Herzens es am besten zeigte,
Wie rasch sein Schiff, wie langsam seine Seele
Davonfuhr.

*Imo.* Thou should'st haue made him
  As little as a Crow, or lesse, ere left
  To after-eye him.
*Pisa.* Madam, so I did.
*Imo.* I would haue broke mine eye-strings;
  Crack'd them, but to looke vpon him, till the diminution
  Of space, had pointed him sharpe as my Needle:
  Nay, followed him, till he had melted from
  The smalnesse of a Gnat, to ayre: and then
  Haue turn'd mine eye, and wept. But good *Pisanio,*
  When shall we heare from him.


*Pisa.* Be assur'd Madam,
  With his next vantage.
*Imo.* I did not take my leaue of him, but had
  Most pretty things to say: Ere I could tell him
  How I would thinke on him at certaine houres,
  Such thoughts, and such: Or I could make him sweare,
  The Shees of Italy should not betray
  Mine Interest, and his Honour: or haue charg'd him
  At the sixt houre of Morne, at Noone, at Midnight,
  T'encounter me with Orisons, for then
  I am in Heauen for him: Or ere I could,
  Giue him that parting kisse, which I had set
  Betwixt two charming words, comes in my Father,
  And like the Tyrannous breathing of the North,
  Shakes all our buddes from growing.


*Enter a Lady.*
*La.* The Queene (Madam)

IMOGEN        Du jedoch, du mußtest klein ihn
     Wie eine Krähe machen oder kleiner,
     Bevor dir einfiel, weg zu sehn.
PISANIO                          Das tat ich.
IMOGEN Ich hätte mir die Augen ausgeschaut,
     Sie aus dem Kopf geschaut, ihm nach zu blicken,
     Bis ihn die Verkleinerung des Raumes
     Auf eine Nadelspitze mir verjüngte:
     Nein, sie ihm folgen lassen, bis er, schon
     Wie eine Mücke winzig, ganz zerschmolz
     Zu Luft: und dann sie abgekehrt in Tränen.
     Doch sprich, Pisanio, du Guter, wann
     Hören wir von ihm?
PISANIO                     Seid sicher, Madam,
     Sobald er es vermag.
IMOGEN Ich nahm ja noch nicht Abschied, sagen wollte
     Ich noch viel liebe Dinge: doch bevor er
     Von mir wußte, wie, zu welcher Stunde,
     Ich an ihn denken will, Gedanken so
     Und so: bevor er mir noch schwor, den Sies
     Italiens mein Recht und seine Ehre
     Nicht auszuliefern; oder ich ihm aufgab,
     Glock sechs Uhr morgens, mittags und um Mitter-
     Nacht mich im Gebet zu treffen, denn da bin ich
     Für ihn im Himmel; oder noch bevor ich
     Den Abschiedskuß ihm geben konnte, den ich
     Ihm in ein zwiefach Zauberwort gefaßt,
     Tritt mein Vater ein, und wie der Hauch
     Des Nordwinds schneidet er tyrannisch
     All unsre Knospen ab vom Wachstum.
               *Hofdame der Königin.*
HOFDAME                         Madam,

Desires your Highnesse Company.

*Imo.* Those things I bid you do, get them dispatch'd,
  I will attend the Queene.

*Pisa.* Madam, I shall.                                    *Exeunt.*


## Scena Quinta.

*Enter Philario, Iachimo: a Frenchman, a Dutch-*
*man, and a Spaniard.*


*Iach.* Beleeue it Sir, I haue seene him in Britaine; hee
  was then of a Cressent note, expected to proue so woor-
  thy, as since he hath beene allowed the name of. But I
  could then haue look'd on him, without the help of Admiration, though the Catalogue of his endowments had
  bin tabled by his side, and I to peruse him by Items.

*Phil.* You speake of him when he was lesse furnish'd,
  then now hee is, with that which makes him both without, and within.

*French.* I haue seene him in France: wee had very many there, could behold the Sunne, with as firme eyes as
  hee.

*Iach.* This matter of marrying his Kings Daughter,
  wherein he must be weighed rather by her valew, then
  his owne, words him (I doubt not) a great deale from the
  matter.

*French.* And then his banishment.

*Iach.* I, and the approbation of those that weepe this
  lamentable diuorce vnder her colours, are wonderfully
  to extend him, be it but to fortifie her iudgement, which

Die Königin lädt Eure Hoheit zu sich.
IMOGEN Erledige, worum ich dich gebeten.
Ich will zur Königin.                                    *Alle ab.*


## 5. Szene

*Philario. Iachimo. Franzose. Holländer. Spanier.*


IACHIMO Sir, glauben Sie es mir, ich traf ihn in Britannien; er
galt seinerzeit als Aufsteiger, alle Welt setzte die Hoffnung
in ihn, er möge sich als der Held erweisen, als den man
ihn seither handelt. Aber ich vermochte ihn damals ganz
ohne die Brille der Bewunderung zu betrachten, hätte
auch das Verzeichnis seiner Vorzüge neben ihm gelegen
und ich ihn Punkt für Punkt durchbuchstabieren müssen.
PHILARIO Zu der Zeit, von der Sie sprechen, war er innerlich
wie äußerlich nicht so gereift, wie er es heute ist.

FRANZOSE Ich habe ihn in Frankreich getroffen: wir hatten
dort reichlich Männer, die, gleich ihm, in die Sonne
blicken konnten, ohne zu blinzeln.
IACHIMO Diese Geschichte von der Heirat mit dem Töchter-
chen seines Königs, bei der man ihn mehr nach ihrem Ge-
wicht wiegen sollte als nach seinem eigenen, baut ihn (wie
ich nicht zweifle) mehr auf, als es ihm zukommt.
FRANZOSE Und dann seine Verbannung.
IACHIMO Aber ja, und die Anteilnahme all derer, die die
herzzerreißende Trennung unter dem Banner der Prinzessin beweinen, sie hilft, ihn wunderbarlich aufzublasen,
und sei es auch nur, um so des Fräuleins Entscheidung zu

else an easie battery might lay flat, for taking a Begger
without lesse quality. But how comes it, he is to soiourne
with you? How creepes acquaintance?


*Phil.* His Father and I were Souldiers together, to
    whom I haue bin often bound for no lesse then my life.
                   *Enter Posthumus.*
    Heere comes the Britaine. Let him be so entertained a-
    mong'st you, as suites with Gentlemen of your knowing,
    to a Stranger of his quality. I beseech you all be better
    knowne to this Gentleman, whom I commend to you,
    as a Noble Friend of mine. How Worthy he is, I will
    leaue to appeare hereafter, rather then story him in his
    owne hearing.
*French.* Sir, we haue knowne togither in Orleance.
*Post.* Since when, I haue bin debtor to you for courte-
    sies, which I will be euer to pay, and yet pay still.


*French.* Sir, you o're-rate my poore kindnesse, I was
    glad I did attone my Countryman and you: it had beene
    pitty you should haue beene put together, with so mor-
    tall a purpose, as then each bore, vpon importance of so
    slight and triuiall a nature.


*Post.* By your pardon Sir, I was then a young Trauel-
    ler, rather shun'd to go euen with what I heard, then in
    my euery action to be guided by others experiences: but
    vpon my mended iudgement (if I offend to say it is men-
    ded) my Quarrell was not altogether slight.

befestigen, welche andernfalls mittels leichtem Geschütz
in Schutt zu legen wäre, da sie sich einen Bettler er-
wählte, wie er ärmlicher nicht zu finden sein dürfte.
Doch wie kommt es, daß er bei Ihnen logiert? Wie ersch-
lich er die Bekanntschaft?

PHILARIO Sein Vater war mein Kriegskamerad. Er hat mir
mehr als einmal das Leben gerettet.

*Posthumus.*

Hier kommt der Brite. Empfangen Sie ihn, wie Gentlemen Ihres Zuschnitts einen Fremden seines Ranges empfangen sollten. Ich bitte Sie, machen Sie sich mit diesem
Gentleman bekannt, den ich Ihnen als einen Freund emp-
fehle. Ich ziehe es vor, seine Einführung dem Gang der
Dinge zu überlassen, statt von ihm zu plaudern, während
er in Hörweite ist.

FRANZOSE Sir, wir kennen einander aus Orléans.

POSTHUMUS Wo Eure ritterlichen Dienste mich bei Euch
Schulden machen ließen, an denen ich ein Leben lang
zahlen werde, ohne sie je zu begleichen.

FRANZOSE Sir, Sie überschätzen meine armseligen Gefällig-
keiten: mir lag viel daran, meinen Landsmann und Sie zu
versöhnen. Es wäre ein Jammer gewesen, wenn Sie beide,
mit so tödlichen Vorsätzen, wie Sie sie damals hegten, an-
einander geraten wären, noch dazu aus einem so gering-
fügigen und belanglosen Anlaß.

POSTHUMUS Um Vergebung, Sir, ich war damals ein junger
Mann und zum ersten Mal im Ausland, eher geneigt, das
Gegenteil von dem zu tun, was man mir riet, als mich auf
die Erfahrung anderer zu verlassen: aber auch nach meinem reiferen Urteil (wenn ich mir erlauben darf, es als
gereift zu bezeichnen) war mein Streit nicht völlig belanglos.

*French.*  Faith yes, to be put to the arbiterment of
   Swords, and by such two, that would by all likelyhood
   haue confounded one the other, or haue falne both.


*Iach.*  Can we with manners, aske what was the difference?
*French.*  Safely, I thinke, 'twas a contention in pub-
   licke, which may (without contradiction) suffer the report. It was much like an argument that fell out last
   night, where each of vs fell in praise of our Country-
   Mistresses. This Gentleman, at that time vouching (and
   vpon warrant of bloody affirmation) his to be more
   Faire, Vertuous, Wise, Chaste, Constant, Qualified, and
   lesse attemptible then any, the rarest of our Ladies in
   Fraunce.
*Iach.*  That Lady is not now liuing; or this Gentlemans opinion by this, worne out.


*Post.*  She holds her Vertue still, and I my mind.
*Iach.*  You must not so farre preferre her, 'fore ours of
   Italy.
*Posth.*  Being so farre prouok'd as I was in France: I
   would abate her nothing, though I professe my selfe her
   Adorer, not her Friend.
*Iach.*  As faire, and as good: a kind of hand in hand
   comparison, had beene something too faire, and too
   good for any Lady in Britanie; if she went before others.
   I haue seene as that Diamond of yours out-lusters many
   I haue beheld, I could not beleeue she excelled many:
   but I haue not seene the most pretious Diamond that is,
   nor you the Lady.

FRANZOSE Mein Seel, ja, viel zu belanglos, um durch die Gewalt des Schwertes entschieden zu werden, und von zwei Kampfhähnen, deren einer den andern höchstwahrscheinlich stumm gemacht hätte, wenn nicht gar alle beide gefallen wären.

IACHIMO Was, wenn es erlaubt ist, war der Streitpunkt?

FRANZOSE Ich denke, es ist erlaubt: 's war eine öffentliche Kontroverse, die den Bericht (widerspruchslos) zu dulden hat. Sie betraf eine Frage, die derjenigen nahe kommt, auf welche wir gestern Nacht verfielen, als es uns beifiel, die Frauen unserer Heimatländer zu preisen. Seinerzeit verbürgte sich dieser Gentleman dafür (und zwar mit seinem Blut), daß die Seinige schöner, tugendhafter, klüger, keuscher, treuer, kurz, vollkommener und weniger verführbar sei als die allervortrefflichste Lady Frankreichs.

IACHIMO Durch die Adern dieser Lady fließt kein Blut, oder aber dieses Gentlemans Meinung hat seither Risse bekommen.

POSTHUMUS Sie hält die Tugend hoch, und ich die Meinung.

IACHIMO Es ist unhöflich, hier in Italien, sie den unseren derart zu präferieren.

POSTHUMUS Selbst derart provoziert, wie seinerzeit in Frankreich, würde ich sie auch als ihr Gatte um nichts weniger preisen, wie damals als ihr Verehrer.

IACHIMO So schön wie keusch – ein Vergleich, dem eine Hand die andre wäscht – das ist ein wenig zu schön und zu keusch für welche Lady Britanniens auch immer. Wenn sie anderen, die ich kenne, soviel voraus hat, wie Euer Diamant da viele, die ich sah, überglitzert, so mag ich nicht glauben, daß sie allzu viele übertrifft: ich habe so wenig den teuersten Stein erblickt, wie Ihr die dazugehörige Lady.

*Post.* I prais'd her, as I rated her: so do I my Stone.

*Iach.* What do you esteeme it at?

*Post.* More then the world enioyes.

*Iach.* Either your vnparagon'd Mistirs is dead, or
she's out-priz'd by a trifle.

*Post.* You are mistaken: the one may be solde or giuen, or if there were wealth enough for the purchases, or
merite for the guift. The other is not a thing for sale,
and onely the guift of the Gods.

*Iach.* Which the Gods haue giuen you?

*Post.* Which by their Graces I will keepe.

*Iach.* You may weare her in title yours: but you
know strange Fowle light vpon neighbouring Ponds.
Your Ring may be stolne too, so your brace of vnprizea-
ble Estimations, the one is but fraile, and the other Casu-
all. A cunning Thiefe, or a (that way) accomplish'd
Courtier, would hazzard the winning both of first and
last.

*Post.* Your Italy, containes none so accomplish'd a
Courtier to conuince the Honour of my Mistris: if in the
holding or losse of that, you terme her fraile, I do nothing doubt you haue store of Theeues, notwithstanding
I feare not my Ring.

*Phil.* Let vs leaue heere, Gentlemen?

*Post.* Sir, with all my heart. This worthy Signior I
thanke him, makes no stranger of me, we are familiar at
first.

*Iach.* With fiue times so much conuersation, I should
get ground of your faire Mistris; make her go backe, e-

POSTHUMUS Ich preise sie, wie ich sie bewerte: genau wie den Stein.

IACHIMO Auf wieviel schätzt Ihr ihn?

POSTHUMUS Auf mehr, als die Welt besitzt.

IACHIMO Entweder ist Eure unvergleichliche Mistress tot, oder der Talmi schlägt sie, preislich gesehen.

POSTHUMUS Ihr irrt: das eine kann verkauft werden oder verschenkt, je nachdem ob für den Erwerb das Geld vorhanden ist, oder der Grund für das Geschenk. Das andere ist kein käufliches Gut, es ist einzig das Geschenk der Götter.

IACHIMO Das Euch die Götter gaben?

POSTHUMUS Das ich mit ihrem Beistand bewahren werde.

IACHIMO Dem Titel nach mag sie die Eure sein: aber wie Ihr wißt, wassern fremde Vögel gern auf Nachbars Teich. Euer Ring kann auch gestohlen werden: somit darf von Eurer Sammlung unübertrefflicher Schätze der eine als wacklig und der andere als unsicher gelten; ein gewiefter Dieb, oder ein (in diesen Dingen) bewanderter Hofmensch würde es darauf anlegen, beide an sich zu bringen, den ersteren wie den letzteren.

POSTHUMUS Euer Italien zählt nicht einen Hofmenschen, der bewandert genug wäre, die Ehre meiner Frau zu bereden, falls Erhalt oder Verlust derselben das sein soll, worin Ihr sie wacklig nennt: daß ihr Diebe haufenweise auf Lager habt, bezweifle ich nicht; nichtsdestotrotz ist mir um meinen Ring nicht bange.

PHILARIUS Wir wollen das beenden, Gentlemen.

POSTHUMUS Sir, herzlich gern. Dieser ehrenwerte Signore macht, wofür ich ihm dankbar bin, keinen Fremdling aus mir: familiär von Anfang an.

IACHIMO Mit derlei Konversation hoch fünf würde ich mir bei Eurer Schönen Bahn brechen, sie zum Rückzug zwingen, bis

*Iach.* uen to the yeilding, had I admittance, and opportunitie
to friend.

*Post.* No, no.

*Iach.* I dare thereupon pawne the moytie of my E-
state, to your Ring, which in my opinion o're-values it
something: but I make my wager rather against your
Confidence, then her Reputation. And to barre your offence heerein to, I durst attempt it against any Lady in
the world.

*Post.* You are a great deale abus'd in too bold a per-
swasion, and I doubt not you sustaine what y'are worthy
of, by your Attempt.

*Iach.* What's that?

*Posth.* A Repulse though your Attempt (as you call
it) deserue more; a punishment too.

*Phi.* Gentlemen enough of this, it came in too so-
dainely, let it dye as it was borne, and I pray you be better acquainted.

*Iach.* Would I had put my Estate, and my Neighbors
on th'approbation of what I haue spoke.

*Post.* What Lady would you chuse to assaile?

*Iach.* Yours, whom in constancie you thinke stands
so safe. I will lay you ten thousands Duckets to your
Ring, that commend me to the Court where your Lady is, with no more aduantage then the opportunitie of a
second conference, and I will bring from thence, that
Honor of hers, which you imagine so reseru'd.

*Posthmus.* I will wage against your Gold, Gold to
it: My Ring I holde deere as my finger, 'tis part of
it.

*Iach.* You are a Friend, and there in the wiser: if you

hin zur Kapitulation, hätte ich nur Zugang und günstige Gelegenheit.

POSTHUMUS Nein, nein.

IACHIMO Ich setze die Hälfte meines Vermögens gegen Euren Ring, womit er, meiner unmaßgeblichen Meinung nach, um einiges überbewertet wird: eine Wette mehr wider Eure Gutgläubigkeit als ihre Ehrsamkeit. Und um jede Beleidigung Eurer Person auch hierin auszuschließen, ich ginge das Wagnis gegen jede Lady der Welt ein.

POSTHUMUS Ihr überschätzt Eure Überredungskünste gewaltig, und ich zweifle nicht, daß Ihr bekommt, was Euch und Eurem Wagnis zusteht.

IACHIMO Das wäre?

POSTHUMUS Eine Abfuhr: obwohl Euer Wagnis (wie Ihr es nennt) mehr verdient, nämlich Strafe obendrein.

PHILARIO Gentlemen, genug davon, das kommt zu plötzlich, lassen Sie es so rasch sterben, als es geboren ward, und schließen Sie auf bessere Weise Bekanntschaft.

IACHIMO Was hielt mich nur ab, mein ganzes Vermögen zu setzen! Und das meiner Freunde! Alles darauf, daß jedes Wort, das ich sagte, wahr ist!

POSTHUMUS Welcher Lady soll der Ansturm gelten?

IACHIMO Der Euren, von deren Standfestigkeit Ihr so überzeugt seid. Ich wette zehntausend Dukaten gegen Euren Ring, daß ich, empfehlt Ihr mich an den Hof Eurer Lady, mit weiter keinem Vorsprung als dem einer vertraulichen Zusammenkunft, von dort ihre Ehre mitbringe, welche Ihr so sicher verwahrt wähnt.

POSTHUMUS Ich will gegen Euer Gold Gold setzen: mein Ring ist mir lieb wie mein Finger, er ist mit ihm verwachsen.

IACHIMO Euch wird klamm, und das ist weise. Kauft Ihr

buy Ladies flesh at a Million a Dram, you cannot preseure it from tainting; but I see you haue some Religion
in you, that you feare.

*Posthu.* This is but a custome in your tongue: you
beare a grauer purpose I hope.

*Iach.* I am the Master of my speeches, and would vn-
der-go what's spoken, I sweare.

*Posthu.* Will you? I shall but lend my Diamond till
your returne: let there be Couenants drawne between's.
My Mistris exceedes in goodnesse, the hugenesse of your
vnworthy thinking. I dare you to this match: heere's my
Ring.

*Phil.* I will haue it no lay.

*Iach.* By the Gods it is one: if I bring you no suffi-
cient testimony that I haue enioy'd the deerest bodily
part of your Mistris: my ten thousand Duckets are yours,
so is your Diamond too: if I come off, and leaue her in
such honour as you haue trust in; Shee your Iewell, this
your Iewell, and my Gold are yours: prouided, I haue
your commendation, for my more free entertainment.

*Post.* I embrace these Conditions, let vs haue Articles
betwixt vs: onely thus farre you shall answere, if you
make your voyage vpon her, and giue me directly to vnderstand, you haue preuayl'd, I am no further your Enemy, shee is not worth our debate. If shee remaine vnse-
duc'd, you not making it appeare otherwise: for your ill
opinion, and th'assault you haue made to her chastity, you
shall answer me with your Sword.

Weiberfleisch auch zu 'ner Million das Gramm, vor Fäulnis
könnt Ihrs nicht retten. Doch ich sehe, in Euch steckt ein
Restchen Gottesfurcht: Ihr zittert.

POSTHUMUS Solche Reden kosten Euch wenig: es ist Euch im
Ernst darum zu tun, hoff ich.

IACHIMO Ich bin der Herr meiner Worte, und tue, was ich
sage, das schwöre ich.

POSTHUMUS Tut Ihr das? Ich verpfände meinen Diamanten nur
bis zu Eurer Rückkunft: ein Abkommen soll zwischen uns
geschlossen werden. Der Adel meiner Gebieterin übertrifft
entschieden den Umfang Eurer unwürdigen Phantasien. Ich
nehme Eure Wette an: hier ist mein Ring.

*Will Philario den Ring geben.*

PHILARIO Ich will nicht, daß er verwettet wird.

IACHIMO *nimmt Posthumus den Ring aus der Hand.* Bei den Göttern, er ist es schon. Bringe ich Euch nicht hinreichend
Zeugnis dafür, daß ich mich des köstlichsten Körperteils Eurer Gebieterin erfreut habe, dann sind meine zehntausend
Dukaten ebenso Euer wie Euer Diamant. Scheitere ich, und
lasse sie so ehrbar zurück, wie Ihr es erwartet, gehört sie,
Euer Juwel, dies Euer Juwel und mein Gold Euch: voraus-
gesetzt, ich werde, meiner besseren Chancen halber, von
Euch persönlich empfohlen.

*Gibt den Ring Philario*

POSTHUMUS Diesen Bedingungen stimme ich zu, sie mögen
zwischen uns festgeschrieben werden. Allerdings, für das
Folgende müßt Ihr mir einstehn: wenn Ihr Flagge bei ihr
gezeigt habt und mir unzweideutig zu verstehen geben
könnt, daß Ihr ankern durftet, bin ich nicht Euer Gegner;
sie ist unseren Zwist dann nicht wert. Bleibt sie aber standhaft, und Ihr vermögt daran nichts zu deuten, sollt Ihr mir,
für Eure üble Gesinnung und den Anschlag auf ihre

*Iach.* Your hand, a Couenant: wee will haue these
things set downe by lawfull Counsell, and straight away
for Britaine, least the Bargaine should catch colde, and
sterue: I will fetch my Gold, and haue our two Wagers
recorded.
*Post.* Agreed.

*French.* Will this hold, thinke you.
*Phil.* Signior *Iachimo* will not from it.
Pray let vs follow 'em.                                        *Exeunt*

## Scena Sexta.

*Enter Queene, Ladies, and Cornelius.*

*Qu.* Whiles yet the dewe's on ground,
Gather those Flowers,
Make haste. Who ha's the note of them?
*Lady.* I Madam.
*Queen.* Dispatch.                                        *Exit Ladies.*
Now Master Doctor, haue you brought those drugges?
*Cor.* Pleaseth your Highnes, I: here they are, Madam:

But I beseech your Grace, without offence
(My Conscience bids me aske) wherefore you haue
Commanded of me these most poysonous Compounds,
Which are the moouers of a languishing death:
But though slow, deadly.
*Qu.* I wonder, Doctor,
Thou ask'st me such a Question: Haue I not bene
Thy Pupill long? Hast thou not learn'd me how

Keuschheit, Genugtuung leisten mit dem Schwert.

IACHIMO Eure Hand, die Wette gilt: wir lassen diese Dinge
notariell aufsetzen. Und dann auf nach Britannien, bevor
der Handel sich den Schnupfen holt und eingeht. Ich
hole mein Gold und veranlasse, daß unser beider Wette
aufgeschrieben wird.

POSTHUMUS Einverstanden.

*Posthumus und Iachimo ab.*

FRANZOSE Glauben Sie, daß es dabei bleibt?

PHILARIO Signore Iachimo gibt nicht auf. Bitte, lassen Sie
uns Ihnen nachgehn. *Alle ab.*


## 6. Szene

*Königin. Cornelius. Hofdamen.*


KÖNIGIN Solang noch Tau liegt, sammelt mir die Blumen;
Eilt. Wer führt die Liste?

HOFDAME Ich, Madam.

KÖNIGIN Rasch. *Hofdamen ab.*
Nun, Herr Doktor, haben Sie die Pillen?

CORNELIUS Mit Verlaub, Eur Hoheit, ja; hier sind sie:
*Zeigt eine kleine Schachtel.*
Doch wüßt ich gern, es ist kein Mißtraun (nur
Mein Gewissen, das mich fragen heischt),
Zu was Eur Gnaden sich dies scharfe Gift
Bei mir bestellt hat, das uns schleichend tötet:
Mählich, aber sicher.

KÖNIGIN Seltsam, Doktor,
Daß Sie mir diese Frage tun. War ich
Nicht lang genug Ihr Schüler? Haben Sie

To make Perfumes? Distill? Preserue? Yea so,
That our great King himselfe doth woo me oft
For my Confections? Hauing thus farre proceeded,
(Vnlesse thou think'st me diuellish) is't not meete
That I did amplifie my iudgement in
Other Conclusions? I will try the forces
Of these thy Compounds, on such Creatures as
We count not worth the hanging (but none humane)
To try the vigour of them, and apply
Allayments to their Act, and by them gather
Their seuerall vertues, and effects.

*Cor.* Your Highnesse
    Shall from this practise, but make hard your heart:
    Besides, the seeing these effects will be
    Both noysome, and infectious.
*Qu.* O content thee.
                    *Enter Pisanio.*
    Heere comes a flattering Rascall, vpon him
    Will I first worke: Hee's for his Master,
    And enemy to my Sonne. How now *Pisanio*?
    Doctor, your seruice for this time is ended,
    Take your owne way.
*Cor.* I do suspect you, Madam,
    But you shall do no harme.
*Qu.* Hearke thee, a word.
*Cor.* I do not like her. She doth thinke she ha's
    Strange ling'ring poysons: I do know her spirit,
    And will not trust one of her malice, with

Mich nicht gelehrt, Duftstoffe herzustellen?
Destillate? Präparate? Eben,
Und so, daß sogar unser großer König
Mich oft bedrängt um meiner Mittel willen?
Da ich nun einmal so weit fortgeschritten,
Ists nicht normal (es sei denn, Sie argwöhnen
Teuflisches in mir), daß ich die Grenzen
Meines Wissens zu erweitern trachte
Durch größere Versuche? An Geschöpfen,
Die wir als nicht des Hängens wert erachten
(Nicht aber menschlichen), will ich die Wirkung
Dieser Ihrer Mischung ausprobieren,
Um deren Kraft zu prüfen, Gegenmittel
Zu entwickeln, und auf diese Weise
Will ich erforschen, wann sie heilt, wann schadet.

CORNELIUS Eur Hoheit werden sich das Herz verhärten,
Durch solches Praktizieren: schon der Anblick
Ist schädlich und steckt an.

KÖNIGIN                           O, keine Sorge.

*Pisanio.*

Hier naht ein ganz verlogner Hund, an dem
Erprobe ichs zuerst: Feind meines Sohnes
Ist er, Spitzel seinem Herrn. Pisanio!
Doktor, ich entlasse Sie, Sie dürfen
Nun gehn.

CORNELIUS     Ich hab dich, Madam, im Verdacht;
Doch schaden sollst du nicht.

KÖNIGIN *zu Pisanio* Nur auf ein Wort.

CORNELIUS Ich mag sie nicht. Sie denkt, in Händen hielte
Sie seltnes Gift, das langsam auszehrt: ich
Kenne sie, und überlasse keinem,
Der tückisch ist, wie sie, solch Teufelszeug.

A drugge of such damn'd Nature. Those she ha's,
Will stupifie and dull the Sense a-while,
Which first (perchance) shee'l proue on Cats and Dogs,
Then afterward vp higher: but there is
No danger in what shew of death it makes,
More then the locking vp the Spirits a time,
To be more fresh, reuiuing. She is fool'd
With a most false effect: and I, the truer,
So to be false with her.


Qu. No further seruice, Doctor,
    Vntill I send for thee.
Cor. I humbly take my leaue.                    Exit.
Qu. Weepes she still (saist thou?)
    Dost thou thinke in time
    She will not quench, and let instructions enter
    Where Folly now possesses? Do thou worke:
    When thou shalt bring me word she loues my Sonne,
    Ile tell thee on the instant, thou art then
    As great as is thy Master: Greater, for
    His Fortunes all lye speechlesse, and his name
    Is at last gaspe. Returne he cannot, nor
    Continue where he is: To shift his being,
    Is to exchange one misery with another,
    And euery day that comes, comes to decay
    A dayes worke in him. What shalt thou expect
    To be depender on a thing that leanes?
    Who cannot be new built, nor ha's no Friends
    So much, as but to prop him? Thou tak'st vp

Das, was sie hat, betäubt und lähmt die Sinne
Für kurze Zeit; sie wirds zunächst (vielleicht)
An Katzen und an Hunden ausprobiern,
Dann eine Stufe höher: doch der Scheintod,
Den es bewirkt, birgt keine Fährlichkeit:
Still zur Ruhe nur, für eine Weile,
Legt es die Lebensgeister, die, erwachend,
Umso erfrischter sind. Sie wird genarrt
Von einem Trugeffekt, und ich, der sie
Betrügt, bin umso treuer.

KÖNIGIN                         Doktor, Sie
Dürfen sich entfernen.

CORNELIUS            Untertänig Dank.                    *Ab.*

KÖNIGIN Noch weint sie, sagst du? Meinst du nicht, sie wird
Sich mit der Zeit beruhigen und, wo jetzt
Die Tollheit Platz hat, Einsicht walten lassen?
An die Arbeit: meldest du ein Wort
Der Liebe mir, von ihr, für meinen Sohn,
Ich sage dir, vom Fleck weg wirst du groß sein
Wie dein Herr: noch größer, denn sein Glück
Liegt gänzlich sprachlos, und sein guter Ruf
Tut keinen Seufzer mehr. Was er gewesen,
Kann er nicht sein, noch bleiben, was er ist:
Wie er sich auch wenden mag, er tauscht
Ein Elend für ein neues, und der Tag,
Der kommt, kommt, wie der Tag zuvor,
Ihn zu zermürben. Was erwartest du,
Hältst du dich an ein Ding, das rasch verfällt?
Das nicht erneuerbar, dem Freunde fehlen,
Es auch nur abzustützen?

*Die Königin läßt die Schachtel fallen. Pisanio hebt sie auf.*
                      Nimmst was auf,

Thou know'st not what: But take it for thy labour,
It is a thing I made, which hath the King
Fiue times redeem'd from death. I do not know
What is more Cordiall. Nay, I prythee take it,
It is an earnest of a farther good
That I meane to thee. Tell thy Mistris how
The case stands with her: doo't, as from thy selfe;
Thinke what a chance thou changest on, but thinke
Thou hast thy Mistris still, to boote, my Sonne,
Who shall take notice of thee. Ile moue the King
To any shape of thy Preferment, such
As thou'lt desire: and then my selfe, I cheefely,
That set thee on to this desert, am bound
To loade thy merit richly. Call my women.　　*Exit Pisa.*


Thinke on my words. A slye, and constant knaue,
Not to be shak'd: the Agent for his Master,
And the Remembrancer of her, to hold
The hand-fast to her Lord. I haue giuen him that,
Which if he take, shall quite vnpeople her
Of Leidgers for her Sweete: and which, she after
Except she bend her humor, shall be assur'd
To taste of too.
　　　　*Enter Pisanio, and Ladies.*
So, so: Well done, well done:
The Violets, Cowslippes, and the Prime-Roses
Beare to my Closset: Fare thee well, *Pisanio.*
Thinke on my words.　　　　*Exit Qu. and Ladies*
*Pisa.* And shall do:
But when to my good Lord, I proue vntrue,
Ile choake my selfe: there's all Ile do for you.　　*Exit.*

Und weißt nicht, was: doch nimms für deine Mühe.
Ein Ding, von mir gemacht, es hat den König
Fünfmal vom Tod errettet. Wüßte nichts,
Was nachhaltiger stärkt. Nein, bitte, nimm es:
Es ist ein Handgeld auf noch reichern Lohn,
Der dir von mir wird. Deiner Herrin sagst du,
Wies um sie steht: tus so, als käms aus dir;
Bedenk, was dir bei deinem Wechsel winkt;
Denk, die Herrin bleibt dir, nur gewinnst du
Meinen Sohn hinzu, der dirs vergelten wird.
Der König soll, von mir bewogen, dich,
Wie dus begehrst, befördern: und dann bin
Ich, vor allen ich, die dir die Straße
Zur Fahnenflucht gezeigt, verpflichtet, dich
Für dein Verdienst großzügig zu beladen.
Ruf meine Frauen: denk an meine Worte.    *Pisanio ab.*
Ein verschlagen hartnäckiger Kerl,
Nicht klein zu kriegen: Anwalt seines Herrn,
Und ihr ein Mahner, ja dem Ehgemahl
Den Treueeid zu halten. Mein Geschenk
Wird, wenn ers einnimmt, sie von Liebesboten
Ganz entblößen: und alsbald soll sie,
Bleibt ihr der Sinn unbeugsam, wahrlich mir
Auch davon kosten.
                    *Pisanio. Hofdamen.*
              So, so: sehr schön, sehr schön.
Veilchen, Schlüsselblumen, Primeln. Tragt sie
Mir ins Labor. Pisanio, leb wohl;
Denk an meine Worte.    *Königin, Hofdamen ab.*
PISANIO              An nichts andres:
Doch soll ich meinem Herrn die Treue brechen,
Häng ich mich auf: das kann ich dir versprechen.

## Scena Septima.

*Enter Imogen alone.*

*Imo.*  A Father cruell, and a Stepdame false,
A Foolish Suitor to a Wedded-Lady,
That hath her Husband banish'd: O, that Husband,
My supreame Crowne of griefe, and those repeated
Vexations of it. Had I bin Theefe-stolne,
As my two Brothers, happy: but most miserable
Is the desires that's glorious. Blessed be those
How meane so ere, that haue their honest wills,
Which seasons comfort. Who may this be? Fye.

*Enter Pisanio, and Iachimo.*

*Pisa.*  Madam, a Noble Gentleman of Rome,
Comes from my Lord with Letters.

*Iach.*  Change you, Madam:
The Worthy *Leonatus* is in safety,
And greetes your Highnesse deerely.

*Imo.*  Thanks good Sir,
You're kindly welcome.

*Iach.*  All of her, that is out of doore, most rich:
If she be furnish'd with a mind so rare
She is alone th'Arabian-Bird; and I
Haue lost the wager. Boldnesse be my Friend:
Arme me Audacitie from head to foote,
Orlike the Parthian I shall flying fight,
Rather directly fly.

*Imogen reads.*

*He is one of the Noblest note, to whose kindnesses I am most in-*
*finitely tied. Reflect vpon him accordingly, as you value your*

## 7. Szene

*Imogen.*

IMOGEN Der Vater hart, die Stiefmutter verlogen,
Ein Narr macht einer Ehefrau den Hof,
Der man den Mann verbannt hat: O, der Mann,
Mein Diadem des Leids! Und diese Vielzahl
Von Plagegeistern! Wär ich Raubgut worden,
Wie meine Brüder, welch ein Glück: denn elend
Ist Notdurft Hochgestellter. Segen denen,
Die, wie niedrig immer, wenig wünschen
Und arm zufrieden sind. Doch ach, wer kommt?
        *Pisanio. Iachimo.*
PISANIO Madam, ein edler Gentleman aus Rom,
Mit Briefen, die mein Herr schickt.
IACHIMO                    Freut Euch, Madam:
Der edle Leonatus ist wohlauf,
Und sendet Eurer Hoheit beste Grüße.
        *Übergibt einen Brief.*
IMOGEN Dank, mein Herr: Ihr sollt willkommen sein. *Liest.*

IACHIMO Was von ihr vor dem Haus liegt, ist beachtlich!
Ist ihr auch solch ein Inneres gegeben,
Sticht sie Arabiens Phoenix aus, und ich
Verlier die Wette. Frechheit, steh mir bei!
Wappne, Sportsgeist, mich von Kopf bis Fuß,
Sonst kämpf ich fliehend, wies der Parther tut,
Vielmehr ich fliehe gleich.
IMOGEN »Er ist ein Edelmann von bestem Ruf, dessen
Freundschaft mich ihm unendlich verpflichtet.
Widme Dich ihm entsprechend, in Wertschätzung

*trust.*                                    Leonatus.
So farre I reade aloud.
But euen the very middle of my heart
Is warm'd by'th'rest, and take it thankefully.
You are as welcome (worthy Sir) as I
Haue words to bid you, and shall finde it so
In all that I can do.

*Iach.*  Thankes fairest Lady:
What are men mad? Hath Nature giuen them eyes
To see this vaulted Arch, and the rich Crop
Of Sea and Land, which can distinguish 'twixt
The firie Orbes aboue, and the twinn'd Stones
Vpon the number'd Beach, and can we not
Partition make with Spectales so pretious
Twixt faire, and foule?

*Imo.*  What makes your admiration?
*Iach.*  It cannot be i'th'eye: for Apes, and Monkeys
'Twixt two such She's, would chatter this way, and
Contemne with mowes the other. Nor i'th'iudgment:
For Idiots in this case of fauour, would
Be wisely definit: Nor i'th'Appetite.
Sluttery to such neate Excellence, oppos'd
Should make desire vomit emptinesse,
Not so allur'd to feed.

*Imo.*  What is the matter trow?

*Iach.*  The Cloyed will:
That satiate yet vnsatisfi'd desire, that Tub

Deines treuesten – Leonatus.«
Mehr will ich laut nicht lesen.
Doch meines Herzens Kern erwärmt sich
Am Übrigen, und nimmt es dankbar an.
Ihr seid mir so willkommen, werter Sir,
Als ich zum Gruß nur irgend Worte habe,
Und finden sollt Ihrs so bei allem, das ich
Zu tun vermag.
IACHIMO          Dank, allerschönste Lady.
Was! Ist der Mensch verrückt? Gab die Natur
Ihm Augen, den gewölbten Himmelsbogen
Zu erblicken, und die reiche Saat
Zu Lande und zu Wasser, Augen, welche
Die Feuersphären droben auseinander
Kennen und die zwillingshaften Körner
Des abgezählten Sands, und können wir,
Trotz solch preziöser Spekula, nicht schön
Von unschön scheiden?
IMOGEN            Was verwundert Euch?
IACHIMO Am Auge kanns nicht liegen: Affen selbst,
Vor so zwei sies gestellt, sie schnatterten
Ihr zu und zögen jener andern nur
Verächtliche Grimassen. Noch am Urteil:
Auch ein Idiot wär diesem Schönheitsstreit
Ein weiser Richter. Noch am Appetit:
Unflat, gegen solchen Reiz gesetzt,
Macht, daß der Liebeshunger Ungegessnes
Erbricht, statt froh zu Tisch zu gehn.
IMOGEN              Wovon
Ist die Rede?
IACHIMO     Aufgereiztem Trieb:
Gesättigter, doch nimmersatter Wollust,

Both fill'd and running: Rauening first the Lambe,
Longs after for the Garbage.

*Imo.* What, deere Sir,
Thus rap's you? Are you well?

*Iach.* Thanks Madam well: Beseech you Sir,
Desire my Man's abode, where I did leaue him:
He's strange and peeuish.

*Pisa.* I was going Sir,
To giue him welcome.                              *Exit.*

*Imo.* Continues well my Lord?
His health beseech you?

*Iach.* Well, Madam.

*Imo.* Is he dispos'd to mirth? I hope he is.

*Iach.* Exceeding pleasant: none a stranger there,
So merry, and so gamesome: he is call'd
The Britaine Reueller.

*Imo.* When he was heere
He did incline to sadnesse, and oft times
Not knowing why.

*Iach.* I neuer saw him sad.
There is a Frenchman his Companion, one
An eminent Monsieur, that it seemes much loues
A Gallian-Girle at home. He furnaces
The thicke sighes from him; whiles the iolly Britaine,
(Your Lord I meane) laughes from's free lungs: cries oh,
Can my sides hold, to think that man who knowes
By History, Report, or his owne proofe
What woman is, yea what she cannot choose
But must be: will's free houres languish:
For assured bondage?

*Imo.* Will my Lord say so?

Dem Faß, gefüllt sowohl als leer, verschlingend
Zuerst das Lamm, drauf nach dem Abfall lüstern.
IMOGEN Was, lieber Sir, reißt Euch so hin? Ist Euch
    Auch wohl?
IACHIMO       Madam, ganz wohl, habt Dank.
                  *Zu Pisanio.* Sir, wollt Ihr
Wo ich ihn ließ, zu meinem Diener stoßen?
Er ist fremd hier und gehemmt.
PISANIO             War auf dem Weg, Sir,
    Ihn in Empfang zu nehmen. *Ab.*
IMOGEN           Meinem Mann
    Gehts demnach gut? Er ist gesund?
IACHIMO            Gesund.
IMOGEN Nimmt er die Dinge heiter? Hoffentlich.
IACHIMO Ganz ungewöhnlich leicht: kein zweiter Fremder
    Ist so vergnügt und lustig: alles nennt ihn
    Nur den flotten Briten.
IMOGEN          Hierzuland
    Neigte er zur Schwermut, oft den Grund
    Nicht kennend.
IACHIMO       Schwermütig sah ich ihn nie.
    Um ihn ist ein Franzose, ein gemachter
    Monsieur, der, scheint es, schwer verliebt ist in
    Ein gallisch Kind daheim. Aus dem entweichen
    Die dicksten Seufzer; doch der flotte Brite
    (Eur Mann, mein ich) lacht laut heraus, schreit: »O,
    Ich platze, muß ich zusehn, wie ein Mann,
    Den Geschichte, Bücher und Erfahrung
    Lehren, was ein Weib ist, ja, nur sein kann,
    Weil sies sein muß, sich in der Zeit der Freiheit
    Nach sichrer Knechtschaft sehnt!«
IMOGEN               So spricht mein Mann?

*Iach.*  I Madam, with his eyes in flood with laughter,
It is a Recreation to be by
And heare him mocke the Frenchman:
But Heauen's know some men are much too blame.
*Imo.*  Not he I hope.
*Iach.*  Not he:
But yet Heauen's bounty towards him, might
Be vs'd more thankfully. In himselfe 'tis much;
In you, which I account his beyond all Talents.
Whil'st I am bound to wonder, I am bound
To pitty too.
*Imo.*  What do you pitty Sir?
*Iach.*  Two Creatures heartyly.
*Imo.*  Am I one Sir?
You looke on me: what wrack discerne you in me
Deserues your pitty?
*Iach.*  Lamentable: what
To hide me from the radiant Sun, and solace
I'th'Dungeon by a Snuffe.
*Imo.*  I pray you Sir,
Deliuer with more opennesse your answeres
To my demands. Why do you pitty me?
*Iach.*  That others do,
(I was about to say) enioy your--- but
It is an office of the Gods to venge it,
Not mine to speake on't.
*Imo.*  You do seeme to know
Something of me, or what concernes me; pray you
Since doubting things go ill, often hurts more
Then to be sure they do. For Certainties
Either are past remedies; or timely knowing,
The remedy then borne. Discouer to me

IACHIMO Gewiß, und lacht, daß ihm die Augen tränen:
  Erfrischend ists, dabei zu sein, zu hören,
  Wie er den Franzmann neckt: doch weiß der Himmel,
  Manch einer treibts zu bunt.
IMOGEN                              Er nicht, hoff ich.
IACHIMO Nicht er: doch könnte er des Himmels Gnade
  Dankbarer nutzen. In sich hat er viel
  In Euch, ihm zugehörend, mehr als alles.
  Derweil ich also staunen muß, muß ich
  Bedauern auch.

IMOGEN                Bedauern, Sir? Was denn?
IACHIMO Zwei Geschöpfe, herzlich.
IMOGEN                              Eins bin ich, Sir?
  Ihr seht mich an: welch einen Schiffbruch kennt Ihr
  An mir, daß ich Euch daure?
IACHIMO                        Jämmerlich:
  Den Sonnenglanz zu fliehen, um im Keller
  Mit 'ner Funzel sich zu trösten?
IMOGEN                             Bitte, Sir,
  Gebt mir, auf meine Fragen, weniger
  Gewunden Antwort. Warum daure ich Euch?
IACHIMO Weil andere sich –
  (Das wollt ich sagen) freun an Eurem – Doch
  Ein Amt der Götter ist es, das zu strafen,
  Nicht meins, davon zu sprechen.
IMOGEN                            Scheinbar wißt Ihr
  Etwas von mir, zumindest mich betreffend;
  Wollt bitte, Sir, da Ungewißheit, ob
  Unsre Sache schlecht steht, uns mehr quält
  Als wenn sie es dann tut – entweder nämlich
  Verhilft Gewißheit uns zu Gegenmitteln,

What both you spur and stop.

*Iach.*  Had I this cheeke
  To bathe my lips vpon: this hand, whose touch,
  (Whose euery touch) would force the Feelers soule
  To'th'oath of loyalty. This obiect, which
  Takes prisoner the wild motion of mine eye,
  Fiering it onely heere, should I (damn'd then)
  Slauuer with lippes as common as the stayres
  That mount the Capitoll: Ioyne gripes, with hands
  Made hard with hourely falshood (falshood as
  With labour:) then by peeping in an eye
  Base and illustrious as the smoakie light
  That's fed with stinking Tallow: it were fit
  That all the plagues of Hell should at one time
  Encounter such reuolt.


*Imo.*  My Lord, I feare
  Has forgot Brittaine.
*Iach.*  And himselfe, not I
  Inclin'd to this intelligence, pronounce
  The Beggery of his change: but 'tis your Graces'
  That from my mutest Conscience, to my tongue,
  Charmes this report out.

*Imo.*  Let me heare no more.
*Iach.*  O deerest Soule: your Cause doth strike my hart
  With pitty, that doth make me sicke. A Lady
  So faire, and fasten'd to an Emperie
  Would make the great'st King double, to be partner'd

Oder kommt zu spät – mir offenbaren
Was zugleich Euch spornt und zügelt.

IACHIMO                                    Wäre

Diese Wange mein, um meine Lippen
Auf ihr zu baden: diese Hand, die, wenn sie
Berührt (nichts als berührt), den Fühlenden
Bezwingt, daß er sogleich aus ganzer Seele
Den Treueid schwört: wärs dieses Augenpaar,
Das meiner Blicke wildes Schweifen einfängt
Und ihm nur leuchten läßt: wär all dies mein,
Und ich (verdammt dann), ich beschmatzte Lippen,
Die öffentlich sind wie die Treppenstufen
Zum Kapitol hinauf: ich preßte Hände,
Hart vom stündlichen Betrug (Betrug
Als Arbeit): und ich zwinkerte in Augen,
Scheel und glanzlos, wie die matte Flamme,
Die Talg frißt, blakt und stinkt: gerecht wärs dann,
Daß alle Höllenplagen auf einmal
Die Perversion bestraften.

IMOGEN                          Ich befürchte,

Mein Mann vergaß Britannien.

IACHIMO                              Und sich selbst.

Nicht ich, aus Lust am Klatsch, erwähne hier
Die bettelhafte Armut seines Wechsels;
Nur Euer Zauber ist es, der aus meinem stummsten
Gewissen mir den schändlichen Bericht
Auf meine Zunge bannt.

IMOGEN                          Nichts mehr davon.

IACHIMO O teure Seele: deine Sache rührt
Mein Herz mit einem Mitgefühl, das krank macht!
Eine Lady, so erlesen schön,
Und einem Reich als Mitgift, das die Macht

With Tomboyes hyr'd, with that selfe exhibition
Which your owne Coffers yeeld: with diseas'd ventures
That play with all Infirmities for Gold,
Which rottennesse can lend Nature. Such boyl'd stuffe
As well might poyson Poyson. Be reueng'd,
Or she that bore you, was no Queene, and you
Recoyle from your great Stocke.


*Imo.* Reueng'd:
    How should I be reueng'd? If this be true,
    (As I haue such a Heart, that both mine eares
    Must not in haste abuse) if it be true,
    How should I be reueng'd?
*Iach.* Should he make me
    Liue like *Diana*'s Priest, betwixt cold sheets,
    Whiles he is vaulting variable Rampes
    In your despight, vpon your purse: reuenge it.
    I dedicate my selfe to your sweet pleasure,
    More Noble then that runnagate to your bed,
    And will continue fast to your Affection,
    Still close, as sure.
*Imo.* What hoa, *Pisanio*?
*Iach.* Let me my seruice tender on your lippes.
*Imo.* Away, I do condemne mine eares, that haue
    So long attended thee. If thou wert Honourable
    Thou would'st haue told this tale for Vertue, not
    For such an end thou seek'st, as base, as strange:
    Thou wrong'st a Gentleman, who is as farre
    From thy report, as thou from Honor: and
    Solicites heere a Lady, that disdaines
    Thee, and the Diuell alike. What hoa, *Pisanio*?

Des größten Herrschers doppelt, sieht gesellt
Zu Dirnen sich, die ihm die Apanage
Aus deiner Kasse kauft! Zerstörten Huren,
Um Gold mit jeder Seuche würfelnd,
Die Fäulnis der Natur vermachen kann!
Heillosem Pack, das Gift vergiften könnte!
Räche dich, sofern die dich gebar
Königin war, und du den alten Stamm
Nicht fällen willst.

IMOGEN                    Mich rächen! Wie
Wollte ich mich rächen? Wenn das wahr ist
(Hab ich doch ein Herz, das meine Ohren
So eilig nicht verleiten), wenn es wahr ist,
Wie wollte ich mich rächen?

IACHIMO                         Will er Euch
Gleich einer Priesterin Dianas halten,
In kalten Laken, derweil er, Euch höhnend
Auf Eure Kosten jeden Berg besteigt?
Rächt das! Ich weihe Euren Freuden mich,
Edler als der Verräter Eures Lagers,
Und bleibe Eurer Leidenschaft ergeben,
Stumm und für immer.

IMOGEN                     Komm, Pisanio!

IACHIMO Laßt mich den Pakt auf Euren Lippen siegeln.

IMOGEN Hinweg! Ich fluche meinen Ohren dafür,
Dich so lang angehört zu haben. Meintest
Du es gut, du hättest deine Märchen
Um deiner Tugend willen mir erzählt,
Und nicht zu dem Zweck, welchen du verfolgst,
So ruchlos als verrückt. Der Mann, den du
Verklagst, steht so hoch über dem Bericht,
Wie unter aller Ehre du, der du

The King my Father shall be made acquainted
Of thy Assault: if he shall thinke it fit,
A sawcy Stranger in his Court, to Mart
As in a Romish Stew, and to expound
His beastly minde to vs; he hath a Court
He little cares for, and a Daughter, who
He not respects at all. What hoa, *Pisanio*?


*Iach.*   O happy *Leonatus* I may say,
The credit that thy Lady hath of thee
Deserues thy trust, and thy most perfect goodnesse
Her assur'd credit. Blessed liue you long,
A Lady to the worthiest Sir, that euer
Country call'd his; and you his Mistris, onely
For the most worthiest fit. Giue me your pardon,
I haue spoke this to know if your Affiance
Were deeply rooted, and shall make your Lord,
That which he is, new o're: And he is one
The truest manner'd: such a holy Witch,
That he enchants Societies into him:
Halfe all men hearts are his.
*Imo.*   You make amends.
*Iach.*   He sits 'mongst men, like a defended God;
He hath a kinde of Honor sets him off,
More then a mortall seeming. Be not angrie
(Most mighty Princesse) that I haue aduentur'd
To try your taking of a false report, which hath
Honour'd with confirmation your great Iudgement,
In the election of a Sir, so rare,
Which you know, cannot erre. The loue I beare him,
Made me to fan you thus, but the Gods made you

Hier einer Lady nachstellst, deren Abscheu
Dir gleich dem Teufel gilt. Pisanio, komm!
Der König soll, mein Vater, Kenntnis haben
Von deinem Anschlag: dünkt es ihn unschädlich,
Wenn sich ein Fremdling schamlos ihm am Hofe,
Wie in dem römschen Hurenhause spreizt,
Und, was ihn viehisch ankommt, uns zur Schau stellt,
Dann gilt der Hof ihm wenig, und die Tochter
Achtet er gleich nichts. Nun komm, Pisanio!

IACHIMO O Leonatus, wie bist du im Glück!
Der Glaube, den die Gattin in dich setzt,
Rechtfertigt dein Vertrauen, und dein Wert
Ihren festen Glauben. Segen Euch,
Der Lady, die den Besten, den dies Land
Sein eigen nennt, gewählt, wie nur auf Euch
Die Wahl des Besten fallen konnte. Gnade!
Ich sprach, um Eures Zutrauns Wurzeltiefe
Zu ergründen, und will Euren Mann
Neu zu dem machen, was er ist: und er ist
Untadelig, ein frommer Hexer ist er,
In Scharen zieht er Menschen in den Bann:
Kein Herz, das seins nicht ist.

IMOGEN                          Ihr söhnt mich aus.

IACHIMO Er tritt, als sei ein Gott herabgestiegen,
Unter Menschen; von ihm strahlt ein Glanz aus,
Der mehr denn sterblich scheint. Vergebt mir,
Großmächtige Prinzessin, dies mein Wagnis,
Euch mit gefälschter Nachricht zu erproben,
Hats Euch doch glorreich den Entschluß bekräftigt
Eines so seltnen Manns Euch zu versichern,
Der, wie Ihr wißt, nicht abirrt. Meine Freundschaft
Zu ihm hieß mich Euch dreschen, doch Euch schufen

(Vnlike all others) chaffelesse. Pray your pardon.

*Imo.* All's well Sir:

Take my powre i'th'Court for yours.

*Iach.* My humble thankes: I had almost forgot
T'intreat your Grace, but in a small request,
And yet of moment too, for it concernes:
Your Lord, my selfe, and other Noble Friends
Are partners in the businesse.

*Imo.* Pray what is't?

*Iach.* Some dozen Romanes of vs, and your Lord
(The best Feather of our wing) haue mingled summes
To buy a Present for the Emperor:
Which I (the Factor for the rest) haue done
In France: 'tis Plate of rare deuice, and Iewels
Of rich, and exquisite forme, their valewes great,
And I am something curious, being strange
To haue them in safe stowage: May it please you
To take them in protection.

*Imo.* Willingly:

And pawne mine Honor for their safety, since
My Lord hath interest in them, I will keepe them
In my Bed-chamber.

*Iach.* They are in a Trunke
Attended by my men: I will make bold
To send them to you, onely for this night:
I must aboord to morrow.

*Imo.* O no, no.

*Iach.* Yes I beseech: or I shall short my word
By length'ning my returne. From Gallia,
I crost the Seas on purpose, and on promise
To see your Grace.

(Nur Euch) die Götter ohne Spreu. Vergebt mir.
IMOGEN 's ist gut, Sir: mein Gefolge ist das Eure.


IACHIMO Ergebnen Dank. Nun hätt ichs fast vergessen,
    Zu Ihro Gnaden Füßen mich zu legen,
    Mit einer Bitte, klein, doch von Gewicht:
    Eur Gatte, ich, und andre noble Freunde
    Sind Partner in der Sache.
IMOGEN                          Laßts mich hören.
Iachimo  Ein Dutzend von uns Römern und Eur Gatte
    (Die beste Feder unsrer Schwinge) gaben
    Geld für ein Präsent an unsern Kaiser,
    Welches ich (als Kommissar des Rests)
    In Frankreich kaufte: Silberzeug von seltner
    Machart ists, Juwelen, reich und kostbar
    Gefaßt, von großem Wert, und ich besorge,
    Fremd, wie ich bin, sie sicher zu verwahren:
    Nähmt Ihr gefällig sie in Obhut?
IMOGEN                          Ja doch.
    Und weils im Sinne meines Mannes ist,
    Bürgt für die Sicherheit Euch meine Ehre:
    In meinem Schlafgemach stell ich sie auf.
IACHIMO In eine Truhe sind sie eingeriegelt,
    Von Dienern tags bewacht: ich bin so kühn,
    Sie Euch, für diese eine Nacht, zu senden;
    Morgen dann an Bord.
IMOGEN                  O nein, nein.
IACHIMO                          Doch,
    Mit Vergunst: ich schmälere mein Wort,
    Verbreitre ich mein Bleiben. Übers Meer,
    Aus Gallien, trieben Zweck und Zusag mich,
    Eur Gnaden sehn zu dürfen.

*Imo.* I thanke you for your paines:
　　But not away to morrow.
*Iach.* O I must Madam.
　　Therefore I shall beseech you, if you please
　　To greet your Lord with writing, doo't to night,
　　I haue out-stood my time, which is materiall
　　To'th'tender of our Present.
*Imo.* I will write:
　　Send your Trunke to me, it shall safe be kept,
　　And truely yeelded you: you're very welcome.　　*Exeunt.*


## Actus Secundus. Scena Prima.

*Enter Clotten, and the two Lords.*

*Clot.* Was there euer man had such lucke? when I kist
　　the Iacke vpon an vp-cast, to be hit away? I had a hun-
　　dred pound on't: and then a whorson Iacke-an-Apes,
　　must take me vp for swearing, as if I borrowed mine
　　oathes of him, and might not spend them at my pleasure.

1. What got he by that? you haue broke his pate
　　with your Bowle.
2. If his wit had bin like him that broke it: it would
　　haue run all out.
*Clot.* When a Gentleman is dispos'd to sweare: it is
　　not for any standers by to curtall his oathes. Ha?
2. No my Lord; nor crop the eares of them.
*Clot.* Whorson dog: I gaue him satisfaction? would
　　he had bin one of my Ranke.

IMOGEN                         Dank der Mühe:
  Doch nicht schon morgen fort!
IACHIMO                         O doch, ich muß.
  Drum, Madam, wollt Ihr Euren Gatten schriftlich
  Begrüßen, bitte, tut es auf der Stelle:
  Meine Zeit ist um, mich drängt die Über-
  Gabe des Geschenks.
IMOGEN                         Nun, schreiben will ich ihm.
  Schickt Eure Truhe, sie wird wohl behütet,
  Und kehrt Euch heil zurück. Ihr seid willkommen. *Beide ab.*


## II. Akt 1. Szene

*Cloten. Lord 1. Lord 2.*

CLOTEN  Hatte jemals wer solch ein Schweineglück? Da küßt
  meine Kugel haarscharf den Jack, und bums, knallt er sie
  weg! 'n Hunderter hab ich gesetzt: und da muß mir der Hurensohn von Lackaffe auch noch dumm kommen von wegen meiner Schimpferei, als hätt ich mir meine Flüche bei
  ihm gepumpt und darf sie nicht nach Belieben verausgaben.
LORD 1  Was hat er davon? Den Schädel habt Ihr ihm geknackt
  mit Eurer Kugel.
LORD 2  Glich sein Verstand dem des Knackers, ist er komplett
  ausgelaufen.
CLOTEN  Ist ein Gentleman aufgelegt zum Fluchen, dann hat
  nicht irgendein Zugaffer ihm den Spruch zu kappen. Ha?
LORD 2  Nein, Mylord; noch auch die Eselsohren zu stutzen.
CLOTEN  Der Hurensohn von einem Hund! Satisfaktion geben!
  Ich ihm? Ich wünschte, 's wär einer gewesen auf meiner
  Höhe!

2.  To haue smell'd like a Foole.

*Clot.* I am not vext more at any thing in th'earth: a
pox on't. I had rather not be so Noble as I am: they dare
not fight with me, because of the Queene my Mother: euery Iacke-Slaue hath his belly full of Fighting,
and I must go vp and downe like a Cock, that no body
can match.

2.  You are Cocke and Capon too, and you crow
Cock, with your combe on.

*Clot.* Sayest thou?

2.  It is not fit you Lordship should vndertake euery
Companion, that you giue offence too.

*Clot.* No, I know that: but it is fit I should commit
offence to my inferiors.

1.  I, it is fit for your Lordship onely.

*Clot.* Why so I say.

1.  Did you heere of a Stranger that's come to Court
night?

*Clot.* A Stranger, and I not know on't?

2.  He's a strange Fellow himselfe, and knowes it not.

1.  There's an Italian come, and 'tis thought one of
*Leonatus* Friends.

*Clot.* *Leonatus*? A banisht Rascall; and he's another,
whatsoeuer he be. Who told you of this Stranger?

1.  One of your Lordships Pages.

*Clot.* Is it fit I went to looke vpon him? Is there no
derogation in't?

2.  You cannot derogate my Lord.

*Clot.* Not easily I thinke.

2.  You are a Foole graunted, therefore your Issues

LORD 2  Narrenberg ganz oben.

CLOTEN  Nichts auf der Welt kann mich mehr erregen: die Pocken drauf! Lieber wär ich mir unedler, als ich bin: niemand wagt sich an mich, von wegen der Königin, meiner Mum. Jeder Hanswurst darf sich nach Herzenslust schlagen, und ich stolziere auf und ab wie ein Haupthahn, an den keiner rankommt.

LORD 2  Du bist Haupthahn und Kapaun zugleich, und krähst, du Hauptkapaun, mit der Narrenkappe auf dem Haupt.

Cloten  Wie war das?

LORD 2  Es schickt sich nicht, daß Euer Lordschaft sich mit jedem Kerl, an dem Euer Lordschaft Anstoß nimmt, anlegt.

CLOTEN  Nein, ich weiß das: aber es schickt sich, daß ich meinen Angestellten Anstoß gebe.

LORD 2  Ja, nur das schickt sich für Euer Lordschaft.

CLOTEN  Na, das sag ich doch.

LORD 1  Habt Ihr von dem Fremden gehört, der heute Abend bei Hofe eintraf?

CLOTEN  Ein Fremder bei Hof, und ich weiß nichts davon?

LORD 2  Er selbst ist bei Hof befremdlich und weiß nichts davon.

LORD 1  Ein Italiener ist eingetroffen, und es heißt, er sei ein Freund des Leonatus.

CLOTEN  Leonatus? Der verbannte Spitzbube; das ist auch so einer, was für einer er auch ist. Wer sagte Euch von diesem Fremden?

LORD 1  Einer von den Angestellten Eurer Lordschaft.

CLOTEN  Schickt es sich, wenn ich ihn anschaun gehe? Breche ich mir da nichts ab?

LORD 2  Ihr könnt Euch nichts abbrechen, Mylord.

CLOTEN  Jedenfalls nicht so leicht, denk ich.

LORD 2  Du bist ein Narr, drum ist dein Gehabe närrisch, und

being foolish do not derogate.

*Clot.* Come, Ile go see this Italian: what I haue lost
  to day at Bowles, Ile winne to night of him. Come: go.

2. Ile attend your Lordship.                   *Exit.*

That such a craftie Diuell as is his Mother
Should yeild the world this Asse: A woman, that
Beares all downe with her Braine, and this her Sonne,
Cannot take two from twenty for his heart,
And leaue eighteene. Alas poore Princesse,
Thou diuine *Imogen,* what thou endur'st,
Betwixt a Father by thy Step-dame gouern'd,
A Mother hourely coyning plots: A Wooer,
More hatefull then the foule expulsion is
Of thy deere Husband. Then that horrid Act
Of the diuorce, heel'd make the Heauens hold firme
The walls of thy deere Honour. Keepe vnshak'd
That Temple thy faire mind, that thou maist stand
T'enioy thy banish'd Lord: and this great Land. *Exeunt.*

Scena Secunda.

*Enter Imogen, in her Bed, and a Lady.*

*Imo.* Who's there? My woman: *Helene?*

*La.* Please you Madam.

*Imo.* What houre is it?

*Lady.* Almost midnight, Madam.

*Imo.* I haue read three houres then:
  Mine eyes are weake,
  Fold downe the leafe where I haue left: to bed.
  Take not away the Taper, leaue it burning:

da gibts nichts abzubrechen.

CLOTEN Kommt, ich will mir diesen Ithaker ansehn gehn:
    was ich tags eingebüßt hab bei den Kugeln, nehm ich ihm
    nachts beim Würfeln ab. Kommt: geht.

*Cloten, Lord 1 ab.*

LORD 2 Daß seine Mutter, dieser Oberteufel,
    Den Esel in die Welt setzt: eine Frau,
    Die die Berechnung selbst ist, und ihr Sohn hier
    Weiß nicht, und gälts den Kopf, daß zwanzig minus
    Zwei nicht Null macht. Ach, traurige Prinzessin,
    Göttliche Imogen, was mußt du dulden!
    Stiefmütterlich beherrscht wird dir der Vater,
    Ränke schmiedet stündlich neu die Mutter,
    Dein geliebter Gatte ward vertrieben,
    Und schlimmer noch, dich will ein grober Freier
    Grausam von ihm scheiden. Stützt, ihr Himmel,
    Die Mauern ihrer Ehre, ihrer Seele
    Tempel halte unerschüttert stand:
    Für den verbannten Mann und dieses Land.

## 2. Szene

*Imogen. Helen. Iachimo in einer Truhe.*

IMOGEN Wer ist da? Helen, bist das Du?

HOFDAME Ja, Madam.

IMOGEN Wie spät ist es?

HOFDAME Bald Mitternacht, Madam.

IMOGEN Drei Stunden las ich: müde sind die Augen,
    Mach da ein Eselsohr, bis wo ich kam:
    Zu Bett. Nein, laß die Kerze mir, nicht löschen:
    Und falls du gegen vier Uhr wach wirst, bitte

And if thou canst awake by foure o'th'clock,
I prythee call me: Sleepe hath ceiz'd me wholly.
To your protection I commend me, Gods,
From Fayries, and the Tempters of the night,
Guard me beseech yee.                              *Sleepes.*
           *Iachimo from the Trunke.*
*Iach.*  The Crickets sing, and mans ore-labor'd sense
  Repaires it selfe by rest: Our *Tarquine* thus
  Did softly presse the Rushes, ere he waken'd
  The Chastitie he wounded. *Cytherea,*
  How brauely thou becom'st thy Bed; fresh Lilly,
  And whiter then the Sheetes: that I might touch,
  But kisse, one kisse. Rubies vnparagon'd,
  How deerely they doo't: 'Tis her breathing that
  Perfumes the Chamber thus: the Flame o'th'Taper
  Bowes toward her, and would vnder-peepe her lids.
  To see th'inclosed Lights, now Canopied
  Vnder these windowes, White and Azure lac'd
  With Blew of Heauens owne tinct. But my designe.
  To note the Chamber, I will write all downe,
  Such, and such pictures: There the window, such
  Th'adornement of her Bed; the Arras, Figures,
  Why such, and such: and the Contents o'th'Story.
  Ah, but some naturall notes about her Body,
  Aboue ten thousand meaner Moueables
  Would testifie, t'enrich mine Inuentorie.
  O sleepe, thou Ape of death, lye dull vpon her,
  And be her Sense but as a Monument,
  Thus in a Chappell lying. Come off, come off;


As slippery as the Gordian-knot was hard.

Weck mich. Schlaf umfängt mich ganz. *Hofdame ab.*
Ihr Götter,
Eurer Hut empfehl ich mich. Mögt ihr
Vor Geistern mich und bösen Träumen schützen.

*Sie schläft ein. Iachimo entsteigt der Truhe.*

IACHIMO Die Heimchen singen, und der Mensch frischt ruhend
Die arbeitsmüden Sinne auf. Tarquinius
Trat sacht die Binsen so, eh er die Keuschheit
Weckte, die er würgte. Cytherea,
Wie hold schmückst du dein Lager! Frische Lilie!
Das Laken nicht so weiß! Dürft ich dich fassen!
Ein Kuß nur, einen Kuß! Wie tun sies lieblich,
Einzige Rubine! 's ist ihr Atem,
Der so die Kammer duften läßt, die Flamme
Neigt sich ihr zu, ihr unters Lid zu spähen,
Um die verborgnen Sterne zu erblicken,
Behütet von geschlossnen Fensterläden,
Weiß bemalten, bläulich übertupft
Mit dem Azur des Himmels. Doch mein Vorsatz.
Das Zimmer eingeprägt: wills niederschreiben,
Die und die Bilder: dort das Fenster, so
Sah ihr Bett aus; Wandbehang, Skulpturen,
Ja, die und die; und was der Raum enthält.
Ah, noch von ihrem Leib etwas zu lesen,
Solch Zeugnis würd mit tausendfacher Kraft
Vor all dem Kram mein Inventar bereichern.
O Schlaf, der du den Tod äffst, lieg auf ihr
Wie Blei, sie fühle wie ein steinern Bildnis,
In einer Grabkapelle liegend. Komm schon;
*Er nimmt ihr das Armband ab.*
So lose wie der Gordsche Knoten fest.

'Tis mine, and this will witnesse outwardly,
As strongly as the Conscience do's within:
To'th'madding of her Lord. On her left brest
A mole Cinque-spotted: Like the Crimson drops
I'th'bottome of a Cowslippe. Heere's a Voucher,
Stronger then euer Law could make; this Secret
Will force him thinke I haue pick'd the lock, and t'ane
The treasure of her Honour. No more: to what end?
Why should I write this downe, that's riueted,
Screw'd to my memorie. She hath bin reading late,
The Tale of *Tereus,* heere the leaffe's turn'd downe
Where *Philomele* gaue vp. I haue enough,
To'th'Truncke againe, and shut the spring of it.
Swift, swift, you Dragons of the night, that dawning
May beare the Rauens eye: I lodge in feare,
Though this a heauenly Angell: hell is heere.

*Clocke strikes*

One, two, three: time, time.                              *Exit.*

### Scena Tertia.

*Enter Clotten, and Lords.*

1.  Your Lordship is the most patient man in losse, the
    most coldest that euer turn'd vp Ace.
*Clot.* It would make any man cold to loose.
1.  But not euery man patient after the noble temper
    of your Lordship; You are most hot, and furious when
    you winne.
*Clot.* Winning will put any man into courage: if I could get

's ist meins, und wird als äußeres Indiz,
So sicher, wie der eigne Zweifel innen,
Den Mann verwirren. Ihre linke Brust
Zeigt mir ein Mal, fünfstrahlig, wie im Kelch
der Schlüsselblume; das ist ein Bezugsschein
Wie kein Amt ihn ausstellt, dies Geheimnis
Muß ihn zu glauben zwingen, ich schloß mir
Ihr Schatzhaus auf und raubte ihre Ehre.
Nichts mehr: wozu auch? Warum niederschreiben,
Was doch genagelt, fest verschraubt mir im
Gedächtnis sitzt? Sie las noch, die Geschichte
Von Tereus, eingefaltet ist die Seite,
Auf der Philomela unterliegt.
Genug, zur Truhe und die Schlösser zu.
Rasch, rasch, du Drachenzug der Nacht, daß Dämmrung
Des Raben Auge öffne! Bang wird mir;
Ruht dort ein Engel auch, ist Hölle hier.

*Eine Uhr schlägt.*

Eins, zwei, drei: 's ist Zeit, Zeit!

*Er steigt in die Truhe (und schließt sie von innen).*


### 3. Szene

*Cloten. Lord 1. Lord 2.*


LORD 1  Eure Lordschaft sind der friedfertigste Mensch beim
Verlieren, der kaltblütigste Einsenwürfler.

CLOTEN  Verlieren macht jedem Mann sein Blut kalt.

LORD 1  Aber nicht jeden Mann friedfertig, nach dem Vorbild der noblen Gemütsart Eurer Lordschaft. Ihr seid nur
hitzig und wütig, wenn Ihr gewinnt.

CLOTEN  Gewinnen schafft einem Mann Kurage an. Könnte

this foolish *Imogen,* I should haue Gold enough: it's almost morning, is't not?

1  Day, my Lord.

*Clot.*  I would this Musicke would come: I am adui-
sed to giue her Musicke a mornings, they say it will penetrate.

*Enter Musitians.*

Come on, tune: If you can penetrate her with your fin-
gering, so: wee'l try with tongue too: if none will do, let
her remaine: but Ile neuer giue o're. First, a very excellent good conceyted thing; after a wonderful sweet aire,
with admirable rich words to it, and then let her consider.

Song.

*Hearke, hearke, the Larke at Heauens gate sings,*
    *and Phœbus gins arise,*
*His Steeds to water at those Springs*
    *on chalic'd Flowres that lyes:*
*And winking Mary-buds begin to ope their Golden eyes*
*With euery thing that pretty is, my Lady sweet arise:*
    *Arise, arise.*

So, get you gone: if this penetrate, I will consider your
Musicke the better: if it do not, it is a voyce in her eares
which Horse-haires, and Calues-guts, nor the voyce of
vnpaued Eunuch to boot, can neuer amend.

*Enter Cymbaline, and Queene.*

2  Heere comes the King.

*Clot.*  I am glad I was vp so late, for that's the reason

ich diese verrückte Imogen kriegen, hätte ich Gold genug. Es ist schon halber Morgen, stimmts?

LORD 1  Heller Tag, Mylord.

CLOTEN  Ich wollte, die Musik träte auf: man hat mir zugera-
ten, ihr mit Musik zu kommen morgens, sie sagen, das
dringt ein.

*Musiker.*

Kommt, tönt: dringt ihr mit eurem Gefingere ein bei ihr,
gut; wir versuchens zugleich mit der Zunge. Bringt alles
beides nix, soll sies sich selber machen, aber aufgeben tu
ich niemals. Erst ein Dings, ganz hervorragend ingeniös
erkünstelt; danach ein wundersam harmonischer Sang,
mit erstaunend prachtvollen Reimen dabei, und dann soll
sie mal sehn.

LIED

Horch, horch, die Lerch singt am Himmelstor hell,
    Und Phoebus steigt herauf;
Aus Blütenkelchen springt ihm ein Quell,
    Draus tränkt er die Rosse im Lauf;
Die Ringelblumen schlagen sacht
        die goldnen Äuglein auf;
Mit allem, das an dir herrlich ist,
        süße Lady, wach auf:
Wach auf, wach auf!

So, nun verzieht euch: dringt das ein, werd ich euch die
Musik um so höher anrechnen, tuts das nicht, hat sie
einen Defekt im Ohr, den kein Hengsthaar und kein
Schafsdarm, selbst der Effekt einer entsteinten Eunuchen-
stimme niemals nicht behebt. *Musiker ab.*


LORD 2  Der König kommt.

CLOTEN  Mich freut mein spätes Aufsein, weil es der Grund

I was vp so earely: he cannot choose but take this Seruice I haue done, fatherly. Good morrow to your Maiesty, and to my gracious Mother.


*Cym.*  Attend you here the doore of our stern daughter
    Will she not forth?
*Clot.*  I haue assayl'd her with Musickes, but she vouch-
    safes no notice.
*Cym.*  The Exile of her Minion is too new,
    She hath not yet forgot him, some more time
    Must weare the print of his remembrance on't,
    And then she's yours.
*Qu.*  You are most bound to'th'King,
    Who let's go by no vantages, that may
    Preferre you to his daughter: Frame your selfe
    To orderly solicity, and be friended
    With aptnesse of the season: make denials
    Encrease your Seruices: so seeme, as if
    You were inspir'd to do those duties which
    You tender to her: that you in all obey her,
    Saue when command to your dismission tends,
    And therein you are senselesse.
*Clot.*  Senselesse? Not so.

*Mes.*  So like you (Sir) Ambassadors from Rome;
    The one is *Caius Lucius.*
*Cym.*  A worthy Fellow,
    Albeit he comes on angry purpose now;
    But that's no fault of his: we must receyue him
    According to the Honor of his Sender,
    And towards himselfe, his goodnesse fore-spent on vs

ist für mein frühes Aufsein: ihm bleibt keine Wahl, als
meinen Liebesdienst hier väterlich zu nehmen.

*Cymbeline. Königin.*

Einen guten Morgen Eurer Majestät und meiner gnädigen
Frau Mutter.

CYMBELINE Ihr harrt hier Unsrer halsstarrigen Tochter? Und?
Zeigt sie sich nicht?

CLOTEN Ich habe sie musikalisch bestürmt, sie aber geruht
keine Notiz.

CYMBELINE Zu frisch ist das Exil ihr ihres Günstlings,
Noch ist er nicht vergessen, eine Zeit lang
Muß sie den Abdruck der Erinnrung tragen,
Und dann ist sie die Eure.

KÖNIGIN                       Wie viel dankst du
Dem König, der sich nichts entgehn läßt, was dich
Seiner Tochter anträgt: richte dich
In aller Form aufs Werben ein, mach dir
Die Zeit zur Bundsgenossin, laß dir Körbe
Nur stärkren Ansporn sein, du stelle dich,
Als käm die Weisung, ihr zu huldigen
Von oben, und entbiete ihr Gehorsam,
Nur wenn sie wünscht, daß du das Feld räumst, dann
Hörst du schwer.

CLOTEN                  Ich höre schwer? I wo.

*Bote.*

BOTE Wenns Euch beliebt, Sir, Botschafter aus Rom;
Darunter Caius Lucius.

CYMBELINE                 Er ist
Ein feiner Mann, obzwar er Ärger mitbringt;
Doch kommt der nicht durch ihn: empfangen wir
Ihn nach dem Ansehn dessen, der ihn sendet,
Und was ihn selbst angeht, bedenken wir

We must extend our notice: Our deere Sonne,
When you haue giuen good morning to your Mistris,
Attend the Queene, and vs, we shall haue neede
T'employ you towards this Romane.
Come our Queene.                              *Exeunt.*

*Clot.*  If she be vp, Ile speake with her: if not
Let her lye still, and dreame: by your leaue hoa,
I know her women are about her: what
If I do line one of their hands, 'tis Gold
Which buyes admittance (oft it doth) yea, and makes
*Diana*'s Rangers false themselues, yeeld vp
Their Deere to'th'stand o'th'Stealer: and 'tis Gold
Which makes the True-man kill'd, and saues the Theefe:
Nay, sometime hangs both Theefe, and True-man: what
Can it not do, and vndoo? I will make
One of her women Lawyer to me, for
I yet not vnderstand the case my selfe.
By your leaue.                                *Knockes.*

*Enter a Lady.*
*La.*  Who's there that knockes?
*Clot.*  A Gentleman.
*La.*  No more.
*Clot.*  Yes, and a Gentlewomans Sonne.
*La.*  That's more
Then some whose Taylors are as deere as yours,
Can iustly boast of: what's your Lordships pleasure?

*Clot.*  Your Ladies person, is she ready?

*La.*  I, to keepe her Chamber.

Wie freundlich er sich uns zuvor gezeigt.
Ihr, unser lieber Sohn, folgt, habt Ihr erst
Eure Herrin morgenfroh begrüßt,
Der Königin und Uns; wir werden Euch
Dem Römer vorzustellen haben. Kommt.

*Alle, bis auf Cloten, ab.*

CLOTEN Ist sie schon auf, sag ich ihr was; wenn nicht,
Laß ich sie ruhn und träumen. Mit Vergunst, he!    *Klopft.*
Ihre Fraun sind, weiß ich, um sie: was,
Wenn ich deren Hände eine salbte?
's ist Gold, das Zutritt kauft (oft tuts das), ja,
Und macht Dianas Schwarm zu Kupplerinnen,
Die treiben dann ihr Reh dem Wilddieb zu.
's ist Gold, daß euch den Anstand umbringt
Und den Mißstand rettet: nein, manchmal
Da hängt es beide, Miß- wie Anstand: was
Kann Gold nicht tun und abtun? Von den Frauen
Nehm ich eine mir zum Anwalt, denn ich selbst,
Ich bin in dem Verkehr noch nicht der Stärkste.
Mit Vergunst.                                          *Klopft.*

*Hofdame.*

HOFDAME Wer ists, der klopft?
CLOTEN                            Ein Edelmann.
HOFDAME                                             Mehr nicht?
CLOTEN Doch, aus 'ner Edelfrau der Sohn.
HOFDAME                                        Was mehr ist,
Als mancher, dessen Schneider teuer wie
Der Eure ist, von sich behaupten darf.
Was beliebt Eur Lordschaft?
CLOTEN                          Eure Lady
In Person, ist sie gewillt?
HOFDAME                       Jawohl,

*Clot.* There is Gold for you,
    Sell me your good report.
*La.* How, my good name? or to report of you
    What I shall thinke is good. The Princesse.

*Enter Imogen.*

*Clot.* Good morrow fairest, Sister your sweet hand.

*Imo.* Good morrow Sir, you lay out too much paines
    For purchasing but trouble: the thankes I giue,
    Is telling you that I am poore of thankes,
    And scarse can spare them.
*Clot.* Still I sweare I loue you.
*Imo.* If you but said so, 'twere as deepe with me:
    If you sweare still, your recompence is still
    That I regard it not.
*Clot.* This is no answer.
*Imo.* But that you shall not say, I yeeld being silent,
    I would not speake. I pray you spare me, 'faith
    I shall vnfold equall discourtesie
    To your best kindnesse: one of your great knowing
    Should learne (being taught) forbearance.
*Clot.* To leaue you in your madnesse, 'twere my sin,
    I will not.
*Imo.* Fooles are not mad Folkes.
*Clot.* Do you call me Foole?
*Imo.* As I am mad, I do:
    If you'l be patient, Ile no more be mad,
    That cures vs both. I am much sorry (Sir)
    You put me to forget a Ladies manners
    By being so verball: and learne now, for all,

Zu Haus zu bleiben.

CLOTEN                    Hier ist Gold  für Euch,
    Verkauft mir Eure Wertschätzung.

HOFDAME                              Was, wie sie
    Mich wertschätzt? Oder meine Schätzung, was
    Ihr wert seid? Die Prinzessin!                      *Ab.*

*Imogen.*

CLOTEN                        Schönste,
    Guten Morgen: Schwester, doch die Hand.

IMOGEN Guten Morgen, Sir. Zuviel der Mühe
    Für nichts als Widrigkeiten: denn mein Dank
    Ist, Euch zu sagen, ich bin arm an Dank
    Und muß ihn spar'n.

CLOTEN                    Ich schwör Euch dennoch Liebe.

IMOGEN Sagt Ihr sie bloß, so gilt mir das gleichviel:
    Schwört Ihr dennoch, so belohnt Euch dennoch
    Bloß, daß es mich kalt läßt.

CLOTEN                        Das ist keine Antwort.

IMOGEN Besorgt' ich nicht, Euch schweigend zu gefallen,
    Ich spräche nicht. Ich bitt Euch, laßt mich: wahrlich,
    So freundlich Ihr mir kommt, so ungesellig
    Begegne ich Euch: jemand Eurer Weisheit
    Lernt (so belehrt) doch wohl noch, zu entsagen.

CLOTEN Euch Eurem Wahnsinn lassen wäre Sünde,
    Ich will es nicht.

IMOGEN            Kein Narr heilt einen Wahn.

CLOTEN Nennt Ihr mich Narr?

IMOGEN                        In meinem Wahnsinn tu ichs;
    Steht ab von mir, und von mir weicht mein Wahn:
    Geheilt sind wir. Es freut mich keineswegs, Sir,
    Daß ich, durch Euer Zutun, ganz vergesse,
    Was einer Lady ziemt und deutlich werde:

That I which know my heart, do heere pronounce
By th'very truth of it, I care not for you,
And am so neere the lacke of Charitie
To accuse my selfe, I hate you: which I had rather
You felt, then make't my boast.


*Clot.* You sinne against
  Obedience, which you owe your Father, for
  The Contract you pretend with that base Wretch,
  One, bred of Almes, and foster'd with cold dishes,
  With scraps o'th'Court: It is no Contract, none;
  And though it be allowed in meaner parties
  (Yet who then he more meane) to knit their soules
  (On whom there is no more dependancie
  But Brats and Beggery) in selfe-figur'd knot,
  Yet you are curb'd from that enlargement, by
  The consequence o'th'Crowne, and must not foyle
  The precious note of it; with a base Slaue,
  A Hilding for a Liuorie, a Squires Cloth,
  A Pantler; not so eminent.


*Imo.* Prophane Fellow:
  Wert thou the Sonne of *Iupiter,* and no more,
  But what thou art besides: thou wer't too base,
  To be his Groome: thou wer't dignified enough
  Euen to the point of Enuie. If twere made
  Comparatiue for your Vertues, to be stil'd
  The vnder Hangman of his Kingdome; and hated
  For being prefer'd so well.

Und merkt Euch ein für alle Mal, daß ich,
Die ich vertraut mit meinem Herzen bin,
Hier, wie es wahrhaft fühlt, erkläre, Ihr
Seid mir gleich, und ich selbst bin der Liebe
Zum Nächsten so entfremdet, daß ich Euch
(Mich dafür verklagend) hasse: lieber
Wars mir, Ihr fühltet das, als daß Ihr michs
So ausposaunen ließet.

CLOTEN            Ihr versündigt
    Euch gegen den Gehorsam vor dem Vater;
    Der von Euch hochgehaltene Kontrakt
    Mit diesem niedern Schuft, Almosenesser,
    Mit Resten hochgebracht und Hofabfall,
    Ist kein Kontrakt, mitnichten; und selbst wenn es
    Der Unterschicht gestattet wird (wer aber
    Ist unterer, als er ist?), ihre Seelen
    (Die über Bälger nur und Bettel herrschen)
    Durch selbstgeschürzte Knoten zu verknüpfen,
    Ist Euch doch solcher Auslauf streng umgattert
    Durch Eure Anwartschaft auf eine Krone,
    Und dürft den Weihrauch davon nimmermehr
    Mit dem Gestank von einem Mistknecht schänden,
    Gut für 'ne Kellnerjacke, Fuhrmannsjoppe,
    'ne Küchenschürze, nicht mal das.

IMOGEN Kerl, wärst du der Sohn des Jupiter,
    Und weiter nichts als das, was du schon bist,
    Du wärst zu elend, Stallknecht ihm zu sein:
    Du wärst genug gewürdigt, neiderregend,
    Bekämst du, nach dem Maß des Seelenadels,
    In dem Reich, dessen König er ist, Arbeit
    Als Aushilfshenker, und noch Haß zu spüren
    Für diese Vorzugsstellung.

*Clot.* The South-Fog rot him.

*Imo.* He neuer can meete more mischance, then come
   To be but nam'd of thee. His mean'st Garment
   That euer hath but clipt his body; is dearer
   In my respect, then all the Heires aboue thee,
   Were they all made such men: How now *Pisanio?*

                *Enter Pisanio,*

*Clot.* His Garments? Now the diuell.

*Imo.* To *Dorothy* my woman hie thee presently.

*Clot.* His Garment?

*Imo.* I am sprighted with a Foole,
   Frighted, and angred worse: Go bid my woman
   Search for a Iewell, that too casually
   Hath left mine Arme: it was thy Masters. Shrew me
   If I would loose it for a Reuenew,
   Of any Kings in Europe. I do think,
   I saw't this morning: Confident I am.
   Last night 'twas on mine Arme; I kiss'd it,
   I hope it be not gone, to tell my Lord
   That I kisse aught but he.


*Pis.* 'Twill not be lost.

*Imo.* I hope so: go and search.

*Clot.* You haue abus'd me:
   His meanest Garment?

*Imo.* I, I said so Sir,
   If you will make't an Action, call witnesse to't.

*Clot.* I will enforme your Father.

*Imo.* Your Mother too:
   She's my good Lady; and will concieue, I hope
   But the worst of me. So I leaue your Sir,

CLOTEN                          Südwind, friß ihn!
IMOGEN  Aus deinem Mund sein Name, größres Unheil
  Kann ihn nicht treffen. Selbst sein ärmstes Hemd
  Das je den Leib ihm wärmte, ist mir teurer,
  Als alles Haar auf deinem Kopf, wär jedes
  Ein Mann wie du es bist. Pisanio, komm!

                    *Pisanio.*

CLOTEN  Sein Hemd! Den Teufel auch –
IMOGEN  Zu meiner Zofe Dorothy lauf eilends.
CLOTEN  Sein Hemd!
IMOGEN            Ein Narr umgeistert mich, erschreckt mich,
  Bringt mich auf. Sag meiner Zofe, suchen
  Muß sie mir einen Schmuck, der meinen Arm
  Zu umstandslos verließ: er war vom Herrn.
  Fluch mir, verlör ich ihn, bekäm ich auch
  Statt seiner alles Gold der Könige
  Europas! Ist mir doch, als hätte ich
  Heut früh ihn noch gesehn; mir sicher bin ich,
  Daß er an meinem Arm war letzte Nacht;
  Ich küßte ihn: ich hoffe, er verschwand nicht,
  Um meinem Gatten zu berichten, daß ich
  Was küßte außer ihn.
PISANIO                  Weg wirds nicht sein.
IMOGEN  Das hoffe ich: hilf suchen.          *Pisanio ab.*
CLOTEN                          Ihr beschimpft mich:
  Sein ärmstes Hemd!
IMOGEN                  Ganz recht, so sagt ich, Sir:
  Wollt Ihr dagegen klagen, ruft Euch Zeugen.
CLOTEN  Eur Vater wisse es.
IMOGEN                  Und Eure Mutter:
  Mein guter Geist ist sie, nimmt Schlechtestes
  Gern von mir an. Ich überlaß Euch, Sir,

To'th'worst of discontent.                    *Exit.*
*Clot.*  Ile be reueng'd:
    His mean'st Garment? Well.                 *Exit.*


                   Scena Quarta.


            *Enter Posthumus, and Philario.*


*Post.*  Feare it not Sir: I would I were so sure
    To winne the King, as I am bold, her Honour
    Will remaine her's.

*Phil.*  What meanes do you make to him?
*Post.*  Not any: but abide the change of Time,
    Quake in the present winters state, and wish
    That warmer dayes would come: In these fear'd hope
    I barely gratifie your loue; they fayling
    I must die much your debtor.
*Phil.*  Your very goodnesse, and your company,
    Ore-payes all I can do. By this your King,
    Hath heard of Great *Augustus*: *Caius Lucius,*
    Will do's Commission throughly. And I think
    Hee'le grant the Tribute: send th'Arrerages,
    Or looke vpon our Romaines, whose remembrance
    Is yet fresh in their griefe.

*Post.*  I do beleeue
    (Statist though I am none, nor like to be)
    That this will proue a Warre; and you shall heare
    The Legion now in Gallia, sooner landed
    In our not-fearing-Britaine, then haue tydings
    Of any penny Tribute paid. Our Countrymen

Der schlechtesten der Launen. *Ab.*

CLOTEN                        Rache will ich:
Sein ärmstes Hemd! Schön, schön.               *Ab.*


4. Szene

*Posthumus. Philario.*


POSTHUMUS Seid ohne Sorge, Sir. Ich wollt, ich könnte
  So sicher sein, den König zu gewinnen,
  Wie ich gewiß bin, daß die Ehre ihr
  Erhalten bleibt.

PHILARIO          Was tut Ihr, ihn zu wenden?

POSTHUMUS Nichts als der Zeiten Wechsel zu erwarten,
  In diesem Winter zitternd wärmre Tage
  Mir zu ersehnen. So verstörter Hoffnung,
  Vergelt ich Euch die Freundschaft schlecht; ein Scheitern
  Läßt mich als Euer größter Schuldner sterben.

PHILARIO Eure Denkungsart und Euer Umgang
  Überzahlen alles, was ich tun kann.
  Im Übrigen hört Euer König Neues
  Von Augustus Caesar: Caius Lucius
  Nimmt die Gesandtschaft ernst. Und Cymbeline
  Bewilligt den Tribut neu, zahlt den Rückstand,
  Eh er Roms Heer erblickt, das im Gedächtnis
  Frischen Jammers fortlebt.

POSTHUMUS              Meine Meinung
  (Ich bin kein Staatsmann, und ich wills nicht werden)
  Ist, daß es Krieg gibt; und Ihr werdet hören,
  Daß die Legion aus Gallien in unserm
  Widerspenstigen Britannien landet,
  Bevor auch nur von einem einzgen Penny

Are men more order'd, then when *Iulius Cæsar*
Smil'd at their lacke of skill, but found their courage
Worthy his frowning at. Their discipline,

(Now wing-led with their courages) will make knowne
To their Approuers, they are People, such
That mend vpon the world.

*Enter Iachimo.*

*Phi.*  See *Iachimo.*

*Post.*  The swiftest Harts, haue posted you by land;
   And Windes of all the Corners kiss'd your Sailes,
   To make your vessell nimble.

*Phil.*  Welcome Sir.

*Post.*  I hope the briefenesse of your answere, made
   The speedinesse of your returne.

*Iachi.*  Your Lady,
   Is one of the fayrest that I haue look'd vpon

*Post.*  And therewithall the best, or let her beauty
   Looke thorough a Casement to allure false hearts,
   And be false with them.

*Iachi.*  Heere are Letters for you.

*Post.*  Their tenure good I trust.

*Iach.*  'Tis very like.

*Post.*  Was *Caius Lucius* in the Britaine Court,
   When you were there?

*Iach.*  He was expected then,
   But not approach'd.

*Post.*  All is well yet,
   Sparkles this Stone as it was wont, or is't not
   Too dull for your good wearing?

*Iach.*  If I haue lost it,

Tribut die Rede war. Geordneter
Stehn meines Landes Krieger da als damals,
Da Julius Caesar ihre Kunst belächelt',
Doch ihren Mut schon finstrer Blicke wert fand.
Ihre Disziplin (nunmehr vom Mut
Beflügelt) wird, stellt wer sie auf die Probe,
Kenntlich machen, das Volk, das sie nun sind,
Nimmts mit der ganzen Welt auf.

*Iachimo.*

PHILARIO                    Iachimo!
POSTHUMUS Die schnellsten Hirsche zogen Euch zu Land,
  Und die vier Winde küßten Eure Segel,
  Daß Euer Schiff flog.
PHILARIO                Sir, willkommen.
POSTHUMUS Die knappe Antwort, die Euch wurde, sorgte
  Für Eure rasche Rückkehr.
IACHIMO              Eure Lady
  Zählt zu den Schönsten, die ich je geschaut.
POSTHUMUS Und zu den Treusten auch, sonst mag die
  Am Fenster sitzen und Betrüger angeln      [Schönheit
  Und sie betrügen.
IACHIMO          Hier ist Post für Euch.
POSTHUMUS Erfreuliche gewiß.
IACHIMO                  's ist anzunehmen.
PHILARIO War Caius Lucius an Britanniens Hof,
  Als Ihr da wart?
IACHIMO          Erwartet wurde er,
  Doch war nicht eingetroffen.
POSTHUMUS            Alles gut.
  Glänzt dieser Stein wie ehdem, oder ist er
  Zu trüb, ihn stolz zu tragen?
IACHIMO                  Würd ich ihn

I should haue lost the worth of it in Gold,
Ile make a iourney twice as farre, t'enioy
A second night of such sweet shortnesse, which
Was mine in Britaine, for the Ring is wonne.

*Post.* The Stones too hard to come by.
*Iach.* Not a whit,
  Your Lady being so easy.
*Post.* Make note Sir
  Your losse, your Sport: I hope you know that we
  Must not continue Friends.
*Iach.* Good Sir, we must
  If you keepe Couenant: had I not brought
  The knowledge of your Mistris home, I grant
  We were to question farther; but I now
  Professe my selfe the winner of her Honor,
  Together with your Ring; and not the wronger
  Of her, or you hauing proceeded but
  By both your willes.
*Post.* If you can mak't apparant
  That yon haue tasted her in Bed; my hand,
  And Ring is yours. If not, the foule opinion
  You had of her pure Honour; gaines, or looses,
  Your Sword, or mine, or Masterlesse leaue both
  To who shall finde them.


*Iach.* Sir, my Circumstances
  Being so nere the Truth, as I will make them,
  Must first induce you to beleeue; whose strength
  I will confirme with oath, which I doubt not
  You'l giue me leaue to spare, when you shall finde

Verlieren, seinen Wert in Gold verlör ich.
Eine Reise täte ich, zweimal
So weit, für eine zweite Nacht von solch
Süßer Kürze wie sie mein war in
Britannien: denn gewonnen ist der Ring.

POSTHUMUS Der Stein wird so leicht nicht errungen.

IACHIMO                                              Aber ja,
Schwer machte Eure Frau mirs nicht.

POSTHUMUS                              Treibt nicht, Sir,
Mit Eurer Niederlage Spott: Ihr wißt ja,
Freunde dürfen wir nicht bleiben.

IACHIMO                              Bester
Sir, seid Ihr vertragstreu, müssen wirs.
Käm ich heim und hätte eure Gattin
Nicht vermessen, wärs, das räum ich ein,
An Euch und mir, uns weiter noch zu zanken;
Doch ich gewann mir ihre Ehre samt
Dem Ring; und tat kein Unrecht ihr, noch Euch,
Da beide ihrs gewollt.

POSTHUMUS          Könnt Ihr belegen
Daß sie Euch Bettgenossin war, so habt Ihr
Meine Hand zusamt dem Ring. Wo nicht,
So läßt die üble Meinung, die ihr hier
Von ihrer Tugend vorbringt, ein Schwert siegen,
Eines fallen, Eures oder meins,
Oder alle beide herrenlos
Dem, der sie findet.

IACHIMO          Sir, mein Protokoll,
Es wird Euch durch Genauigkeit allein
Bewegen, mir zu glauben. Seine Wirkung
Erhärte ich durch einen Eid, den Ihr mir,
Ich zweifle nicht, erlaßt, falls Ihr ihn nicht

You neede it not.

*Post.* Proceed.

*Iach.* First, her Bed-chamber
(Where I confesse I slept not, but professe
Had that was well worth watching) it was hang'd
With Tapistry of Silke, and Siluer, the Story
Proud *Cleopatra,* when she met her Roman,
And *Sidnus* swell'd aboue the Bankes, or for
The presse of Boates, or Pride. A peece of Worke
So brauely done, so rich, that it did striue
In Workemanship, and Value, which I wonder'd
Could be so rarely, and exactly wrought
Since the true life on't was——

*Post.* This is true:
And this you might haue heard of heere, by me,
Or by some other.

*Iach.* More particulars
Must iustifie my knowledge.

*Post.* So they must,
Or doe your Honour iniury.

*Iach.* The Chimney
Is South the Chamber, and the Chimney-peece
Chaste *Dian,* bathing: neuer saw I figures
So likely to report themselues; the Cutter
Was as another Nature dumbe, out-went her,
Motion, and Breath left out.

*Post.* This is a thing
Which you might from Relation likewise reape,
Being, as it is, much spoke of.

Mehr braucht.

POSTHUMUS     Fahrt fort.

IACHIMO     Zunächst ihr Schlafgemach
(Wo ich, ich gestehs, nicht schlief, vielmehr
Bekam, darauf besteh ich, was das Wachsein
Wert war), es ist ausgehängt mit silbern
Seidigem Gewirk, das zeigt die üppge
Cleopatra, die ihren Römer trifft,
Und wie der Cydnus übers Ufer schwillt,
Seis vom Druck der Schiffe, seis vor Stolz.
Ein Werkstück, so gekonnt gemacht, so reich,
Daß man den Weber vor dem Käufer preist;
Verwundert fragt ich mich, wies möglich war,
So fein es und so sorgsam es zu wirken,
Daß wie das Leben wahrhaft –

POSTHUMUS     Das ist wahr:
Und gehört könnt Ihr das haben, hier von mir,
Dort von wem anders.

IACHIMO     Weitre Einzelheiten
Müssen meine Kenntnis Euch belegen.

POSTHUMUS Sie müssens oder schaden Eurer Ehre.


IACHIMO Der Kamin ist in der Südwand, und
Die Keuschheit selbst, die badende Diana,
Seine Zier. Nie sah ich je Figuren
So nah daran, vernehmlich sich zu machen;
Der Steinmetz war wie eine andere
Natur; stumm übertraf er sie, indem er
Atmung und Bewegung wegließ.

POSTHUMUS     Dies
Mögt gleichfalls Ihr Erzählungen verdanken,
Gesprächsstoff, der es ist.

*Iach.* The Roofe o'th'Chamber,
   With golden Cherubins is fretted. Her Andirons
   (I had forgot them) were two winking Cupids
   Of Siluer, each on one foote standing, nicely
   Depending on their Brands.

*Post.* This is her Honor:
   Let it be granted you haue seene all this (and praise
   Be giuen to your remembrance) the description
   Of what is in her Chamber, nothing saues
   The wager you haue laid.
*Iach.* Then if you can
   Be pale, I begge but leaue to ayre this Iewell: See,
   And now 'tis vp againe: it must be married
   To that your Diamond, Ile keepe them.

*Post.* Ioue——
   Once more let me behold it: Is it that
   Which I left with her?
*Iach.* Sir (I thanke her) that
   She stript it from her Arme: I see her yet:
   Her pretty Action, did out-sell her guift,
   And yet enrich'd it too: she gaue it me,
   And said, she priz'd it once.
*Post.* May be, she pluck'd it off
   To send it me.
*Iach.* She writes so to you? doth shee?
*Post.* O no, no, no, 'tis true. Heere, take this too,

   It is a Basiliske vnto mine eye,
   Killes me to looke on't: Let there be no Honor,

IACHIMO                    Die Zimmerdecke
  Schmücken goldne Cherubim. Die Eisen
  Am Kamin (ich überging das) halten
  Zwei Cupidos aus Silber, zierlich sich,
  Geschlossnen Augs und mit gekreuzten Füßchen,
  Auf Hochzeitsfackeln stützend.
POSTHUMUS                      Ihre Ehre!
  Gesetzt, Ihr saht all dies (und großes Lob
  Für Eur Gedächtnis): die Verlesung dessen,
  Was sie im Zimmer hat, wird Euch mitnichten
  Den Einsatz retten.
IACHIMO            Dann, berührt Euch das nicht,
  Wollt mir gestatten, dies Juwel zu lüften:
              *Zeigt das Armband.*
  Seht her! Und weg ists wieder: in die Ehe
  Mit Eurem Diamanten will es treten,
  Brautführer bin ich.
POSTHUMUS           Bei Jupiter!
  Noch einmal laßt michs sehn: ist es dasselbe,
  Das ich ihr ließ?
IACHIMO           Sir (Dank sei ihr), dasselbe!
  Von ihrem Arm tat sies; ich seh sie vor mir:
  Die liebe Geste teurer als die Gabe,
  Die sie doch reicher macht: sie gab es mir,
  Und sprach, sie schätzt' es einst.
POSTHUMUS                       Sie nahms wohl ab,
  Es mir zu senden.
IACHIMO           Schreibt sie das? Nun, tut sies?    [auch.
POSTHUMUS O nein, nein, nein, 's ist wahr. Hier, nehmt das
  *Er nimmt den Ring aus Philarios Hand und gibt ihn Iachimo.*
  Ein Basilisk ist er nun meinem Auge,
  Sein Anblick tötet mich. Streicht Ehre aus,

Where there is Beauty: Truth, where semblance: Loue,
Where there's another man. The Vowes of Women,
Of no more bondage be, to where they are made,
Then they are to their Vertues, which is nothing:
O, aboue measure false.
*Phil.* Haue patience Sir,
And take your Ring againe, 'tis not yet wonne:
It may be probable she lost it: or
Who knowes if one her women, being corrupted
Hath stolne it from her.
*Post.* Very true,
And so I hope he came by't: backe my Ring,
Render to me some corporall signe about her
More euident then this: for this was stolne.
*Iach.* By Iupiter, I had it from her Arme.
*Post.* Hearke you, he sweares: by Iupiter he sweares.
'Tis true, nay keepe the Ring; 'tis true: I am sure
She would not loose it: her Attendants are
All sworne, and honourable: they induc'd to steale it?
And by a Stranger? No, he hath enioy'd her,
The Cognisance of her incontinencie
Is this: she hath bought the name of Whore, thus deerly
There, take thy hyre, and all the Fiends of Hell
Diuide themselues betweene you.

*Phil.* Sir, be patient:
This is not strong enough to be beleeu'd
Of one perswaded well of.
*Post.* Neuer talke on't:
She hath bin colted by him.
*Iach.* If you seeke
For further satisfying, vnder her Breast

Wo Schönheit ist: streicht Treue, wo ihr Anschein,
Liebe, wo ein andrer Mann ist. Binden
Soll der Schwur der Frau den, dem er abgelegt,
Wie ihre Tugend sie, und das ist gar nicht.
O, aus der Maßen falsch!

PHILARIO                Geduld noch, Sir,
Und nehmt den Ring zurück, noch ist er Euer:
Denkbar ist, das Band verlor sich, oder
Wer weiß, ob ihrer Frauen eine nicht,
Bestochen, es ihr wegstahl?

POSTHUMUS              Sehr gut möglich,
Und so, hoff ich, kam er dazu. Den Ring her,
Bringt mir von ihr ein unzweideutig Zeichen,
Das mehr beweist, als dies: dies ward gestohlen.

IACHIMO Bei Jupiter, ich habs von ihrem Arm.

POSTHUMUS Hört Ihr, er schwört: er schwört bei Jupiter.
's ist wahr, nein, Euer ist der Ring, 's ist wahr:
Ich weiß bestimmt, verloren hat sies nimmer,
Und ihre Fraun sind eingeschworn und ehrlich.
Beschwatzt zum Diebstahl? Und von einem Fremden?
Nein, sie beglückte ihn: das Standeswappen
Ihrer Unbeständigkeit ist dies.
So teuer kaufte sie den Titel Hure.
Da, nimm dein Handgeld, mögen alle Teufel
Der Hölle um euch würfeln!

PHILARIO                 Sir, Geduld,
Dies hat nicht Kraft genug, zu überreden,
Wenn man an einen Menschen glaubt.

POSTHUMUS                   Nichts mehr:
Geritten hat er sie.

IACHIMO          Seid Ihr noch völlig
Nicht befriedigt, liegt auf ihrer linken

(Worthy her pressing) lyes a Mole, right proud
Of that most delicate Lodging. By my life
I kist it, and it gaue me present hunger
To feede againe, though full. You do remember
This staine vpon her?

*Post.*  I, and it doth confirme
   Another staine, as bigge as Hell can hold,
   Were there no more but it.
*Iach.*  Will you heare more?
*Post.*  Spare your Arethmaticke,
   Neuer count the Turnes: Once, and a Million.
*Iach.*  Ile be sworne.
*Post.*  No swearing:
   If you will sweare you haue not done't, you lye,
   And I will kill thee, if thou do'st deny
   Thou'st made me Cuckold.
*Iach.*  Ile deny nothing.
*Post.*  O that I had her heere, to teare her Limb-meale:
   I will go there and doo't, i'th'Court, before
   Her Father. Ile do something.                    *Exit.*
*Phil.*  Quite besides
   The gouernment of Patience. You haue wonne:
   Let's follow him, and peruert the present wrath
   He hath against himselfe.
*Iach.*  With all my heart.                          *Exeunt.*
                   *Enter Posthumus.*
*Post.*  Is there no way for Men to be, but Women
   Must be halfe-workers? We are all Bastards,
   And that most venerable man, which I
   Did call my Father, was, I know not where
   When I was stampt. Some Coyner with his Tooles

Brust (wert, sie zu drücken) Euch ein Mal,
Recht stolz auf seine delikate Wohnung.
Ich küßte es, bei diesem meinem Leben,
Und immer trieb es mich, satt wie ich war,
Erneut zu weiden an. Erinnert Ihr
Euch an dies Mal?

POSTHUMUS          Jawohl, und es bezeugt
Ein andres Mal, groß, wies die Hölle faßte,
Wär außer ihm nichts in ihr.

IACHIMO                    Wollt Ihr mehr hörn?

POSTHUMUS Spart Eure Rechenkunst, zählt nicht die Gänge:
Ob einmal, ob Millionen mal!

IACHIMO                    Zum Schwur.

POSTHUMUS Kein Schwur: schwört Ihr, Ihr tatets nicht, so
Und töten muß ich dich, wenn du es leugnest,     [lügt Ihr,
Daß ich durch dich zum Hahnrei ward.


IACHIMO                                        Nicht leugn' ichs.

POSTHUMUS O, hätt ich sie, sie gliedweis zu zerstücken!
Ich geh und tus, am Hof, vor ihrem Vater.
Irgendetwas tu ich.                              *Ab.*

PHILARIO          Wie ganz neben
Aller Selbstbeherrschung! Ihr seid Sieger:
Laßt uns ihm folgen, und den Zorn abwenden,
Den gegen sich er richtet.

IACHIMO                    Herzlich gern.     *Beide ab.*

                    *Posthumus.*

POSTHUMUS Ist denn kein Weg zum Mann, wo nicht die
Halb mittun muß? Bastarde sind wir, alle,     [Männin
Und jener hochverehrte Herr, den ich
Vater nenne, war, ich weiß nicht wo,
Als ich geprägt ward. Irgend so ein Münzer

Made me a counterfeit: yet my Mother seem'd
The *Dian* of that time: so doth my Wife
The Non-pareill of this. Oh Vengeance, Vengeance!
Me of my lawfull pleasure she restrain'd,
And pray'd me oft forbearance: did it with
A pudencie so Rosie, the sweet view on't
Might well haue warm'd olde Saturne;
That I thought her
As Chaste, as vn-Sunn'd Snow. Oh, all the Diuels!
This yellow *Iachimo* in an houre, was't not?
Or lesse; at first? Perchance he spoke not, but
Like a full Acorn'd Boare, a Iarmen on,
Cry'de oh, and mounted; found no opposition
But what he look'd for, should oppose, and she
Should from encounter guard. Could I finde out
The Womans part in me, for there's no motion
That tends to vice in man, but I affirme
It is the Womans part: be it Lying, note it,
The womans: Flattering, hers; Deceiuing, hers:
Lust, and ranke thoughts, hers, hers: Reuenges hers:
Ambitions, Couetings, change of Prides, Disdaine,
Nice-longing, Slanders, Mutability;
All Faults that name, nay, that Hell knowes,
Why hers, in part, or all: but rather all. For euen to Vice
They are not constant, but are changing still;
One Vice, but of a minute old, for one
Not halfe so old as that. Ile write against them,
Detest them, curse them: yet 'tis greater Skill
In a true Hate, to pray they haue their will:
The very Diuels cannot plague them better.          *Exit.*

Schlug mich mit seinem Werkelzeug zu Falschgeld:
Und meine Mutter galt als die Diana
Ihrer Zeit, ganz wie mein Weib der heutgen
Ein Inbild scheint. O Rache, Rache!
Mir wehrte sie die ehelichen Freuden
Und bat mich ein ums andre Mal, zu warten;
Mit einer rosigen Verschämtheit tat sies,
Saturn, dem kalten, hätt der süße Anblick
Eingeheizt, daß ich für keusch sie ansah,
Wie unbesonnten Schnee. O, alle Teufel!
Der gelbe Iachimo, in Stundenfrist,
Wars nicht so? Schneller? Gleich? Blieb stumm gar, oder
Grunzte wie ein eichelmastger Eber,
Ein deutscher, ›Oh‹ und stieg hinauf; fand nicht
Verriegelt, was sich, als er vordrang, schließen,
Und wozu sie den Zugang weigern mußte.
Könnt ich, was in mir Weib ist, nur ermitteln,
Denn keine Regung zielt im Mann aufs Laster,
Sie stammte denn vom Weibsanteil: wie Lügen,
weibisch; Schmeicheln, weibisch; Täuschen, weibisch;
Wollust und Begierden, weibisch, weibisch;
Rachsucht, weibisch; Ruhmsucht, Habsucht, Launen,
Hoffart, Neid, Verleumdung, Wankelmut;
Was nur als Fehl gilt, nein, die Hölle kennt,
Ist weibisch, häufig, oder stets: mehr stets.
Denn selbst im Laster sind sie nicht beständig,
Vielmehr gleich wechselhaft; ein Laster, kaum 'ne
Minute alt, für eins, nicht halb so alt,
Wie jenes. Schreiben will ich wider sie,
Sie schmähen, sie verfluchen: klug zu hassen,
Heißt hier, sie, wie sie sein wolln, sein zu lassen:
Der Teufel selbst kann sie nicht ärger plagen.           *Ab.*

## Actus Tertius. Scena Prima.

*Enter in State, Cymbeline, Queene, Clotten, and Lords at
one doore, and at another, Caius Lucius;
and Attendants.*

*Cym.* Now say, what would *Augustus Cæsar* with vs?
*Luc.* When *Iulius Cæsar* (whose remembrance yet
  Liues in mens eyes, and will to Eares and Tongues
  Be Theame, and hearing euer) was in this Britain,
  And Conquer'd it, *Cassibulan* thine Vnkle
  (Famous in *Cæsars* prayses, no whit lesse
  Then in his Feats deseruing it) for him,
  And his Succession, granted Rome a Tribute,
  Yeerely three thousand pounds; which (by thee) lately
  Is left vntender'd.

*Qu.* And to kill the meruaile,
  Shall be so euer.
*Clot.* There be many *Cæsars,*
  Ere such another *Iulius*: Britaine's a world
  By it selfe, and we will nothing pay
  For wearing our owne Noses.
*Qu.* That opportunity
  Which then they had to take from's, to resume
  We haue againe. Remember Sir, my Liege,
  The Kings your Ancestors, together with
  The naturall brauery of your Isle, which stands
  As Neptunes Parke, ribb'd, and pal'd in
  With Oakes vnskaleable, and roaring Waters,
  With Sands that will not beare your Enemies Boates,
  But sucke them vp to'th'Top-mast. A kinde of Conquest

III. Akt 1. Szene

*Cymbeline. Königin. Cloten. Lord 1. Lord 2. Caius Lucius.*

CYMBELINE Sag nun, was Uns Augustus Caesar will.
LUCIUS Als Julius Caesar (dessen Bild dem Auge
    Weiterlebt, und der für Ohr und Zunge
    Ewig Thema bleibt und Hörstoff) hierher
    Nach Britannien zog und es besiegte,
    Bewilligte Cassibelan, dein Oheim,
    (Berühmt durch Caesars löbliche Erwähnung,
    Wie durch sein eigen Tun, das sie verdiente),
    Ihm und seiner Sukzession Tribut
    An Rom, dreitausend Pfund im Jahr, den du
    Seit kurzem einbehältst.
KÖNIGIN                 Und um das Wundern ab-
    Zukürzen, dabei bleibts auch.
CLOTEN Auf hundert Caesars kommt höchstens ein so'n Ju-
    lius. Britannien ist 'ne Welt für sich, und wir berappen
    nix fürs Tragen eigner Nasen.
KÖNIGIN               Wie sie damals
    Uns was nehmen konnten, können wir
    Jetzt uns was nehmen. Sir, mein Fürst, gedenkt
    Der Könige, die Eure Ahnen, denkt auch,
    Wie Eure Insel von Natur aus stark ist;
    Sie ragt als Park Neptuns, umrippt, umzäunt
    Von Felsen unersteigbar, Wasserschluchten,
    Von Stränden, die das Schiff des Feinds nicht tragen,
    Nein, schlingen bis zur Topp. Wohl machte Caesar
    Hier eine Art Erobrung, aber nicht hier

*Cæsar* made heere, but made not heere his bragge
Of Came, and Saw, and Ouer-came: with shame
(The first that euer touch'd him) he was carried
From off our Coast, twice beaten: and his Shipping
(Poore ignorant Baubles) on our terrible Seas
Like Egge-shels mou'd vpon their Surges, crack'd
As easily 'gainst our Rockes. For ioy whereof,
The fam'd *Cassibulan,* who was once at point
(Oh giglet Fortune) to master *Cæsars* Sword,
Made *Luds-Towne* with reioycing-Fires bright,
And Britaines strut with Courage.

*Clot.*  Come, there's no more Tribute to be paid: our
Kingdome is stronger then it was at that time: and (as I
said) there is no mo such *Cæsars,* other of them may haue
crook'd Noses, but to owe such straite Armes, none.
*Cym.*  Son, let your Mother end.
*Clot.*  We haue yet many among vs, can gripe as hard
as *Cassibulan,* I doe not say I am one: but I haue a hand.
Why Tribute? Why should we pay Tribute? If *Cæsar*
can hide the Sun from vs with a Blanket, or put the Moon
in his pocket, we will pay him Tribute for light: else Sir,
no more Tribute, pray you now.

*Cym.*  You must know,
Till the iniurious Romans, did extort
This Tribute from vs, we were free. *Cæsars* Ambition,
Which swell'd so much, that it did almost stretch
The sides o'th'World, against all colour heere,
Did put the yoake vpon's; which to shake off
Becomes a warlike people, whom we reckon

Sein Prahlen wahr von ›Kam und sah und siegte‹:
Voll Scham (die er bis da nicht kannte) trugs ihn
Von unsrer Küste weg, zweimal geschlagen:
Und seine Schiffahrt (arm untüchtig Spielzeug!)
In unsrer Schreckenssee, gleich Eierschalen
Auf ihren Wogen tanzend und so leicht auch
Geknackt von unsern Riffen. Freudig machte
Cassibelan, der Held, der um ein Haar
(O Dirne du, Fortuna) Caesars Schwert
Bemeistert hätte, König Luds Stadt hell
Mit Jubelfeuern und die Briten ließ er
Vor Courage bersten.

CLOTEN Kommt, Tribut zahlen ist nicht: unser Königreich
ist stärker als es zu eurer Zeit war, und (wie ich sagte), mit
so welchen Caesars ist es vorbei, haben andre auch vielleicht solche Hakennasen, aber so stabile Arme keiner.

CYMBELINE Sohn, laßt Eure Mutter aussprechen.

CLOTEN Wir haben bei uns noch einige, die ähnlich hart
hinlangen können wie Cassibelan, ich sag nicht, ich bin
einer, aber ich hab 'ne Pranke. Weswegen Tribut? Weswegen solln wir Tribut zahlen? Kann Caesar uns die
Sonne mit 'ner Wolldecke zuhängen oder sich den Mond
in die Tasche stecken, dann zahln wir ihm Tribut von
wegen Licht: ansonsten, Sir, nix Tribut mehr, bitte schön.

CYMBELINE Bedenk, wir waren frei, bis Rom anmaßlich
Uns den Tribut aufzwang. Die Machtgier Caesars,
Gebläht, bis daß der Welt die Seiten schwollen,
Erlegte uns, der Farbe unsrer Krägen
Nicht achtend, dieses Joch auf, welches ab
Zu schütteln einem Kriegsvolk ziemt, als das wir
Uns verstehn.

CLOTEN                Das tun wir.

Our selues to be, we do. Say then to *Cæsar,*
Our Ancestor was that *Mulmutius,* which
Ordain'd our Lawes, whose vse the Sword of *Cæsar*
Hath too much mangled; whose repayre, and franchise,
Shall (by the power we hold) be our good deed,
Tho Rome be therfore angry. *Mulmutius* made our lawes
Who was the first of Britaine, which did put
His browes within a golden Crowne, and call'd
Himselfe a King.

*Luc.* I am sorry *Cymbeline,*
That I am to pronounce *Augustus Cæsar*
(*Cæsar,* that hath moe Kings his Seruants, then
Thy selfe Domesticke Officers) thine Enemy:
Receyue it from me then. Warre, and Confusion
In *Cæsars* name pronounce I 'gainst thee: Looke
For fury, not to be resisted. Thus defide,
I thanke thee for my selfe.
*Cym.* Thou art welcome *Caius,*
Thy *Cæsar* Knighted me; my youth I spent
Much vnder him; of him, I gather'd Honour,
Which he, to seeke of me againe, perforce,
Behooues me keepe at vtterance. I am perfect,
That the Pannonians and Dalmatians, for
Their Liberties are now in Armes: a President
Which not to reade, would shew the Britaines cold:
So *Cæsar* shall not finde them.

*Luc.* Let proofe speake.
*Clot.* His Maiesty biddes you welcome. Make pa-
stime with vs, a day, or two, or longer: if you seek vs af-
terwards in other tearmes, you shall finde vs in our Salt-

CYMBELINE                    Sag drum Caesar,
    Unser Ahnherr war Mulmutius,
    Er gab uns die Gesetze, deren Brauch
    Caesars Schwert zu sehr beschnitten hat;
    Ihre Rückkehr soll, und freie Folge,
    (Kraft Unsrer Herrschaft) Unser Lebenswerk sein,
    Ärgert das auch Rom. Mulmutius machte
    Uns das Gesetz, der erste in Britannien,
    Der um die Schläfe tat die goldne Krone
    Und sich König nannte.
LUCIUS                      Mit Bedauern
    Cymbeline, muß ich Augustus Caesar
    (Caesar, dem mehr Könige zu Dienst stehn,
    Als Knechte dir) zu deinem Feind erklären;
    Vernimm daher durch mich: Krieg und Vernichtung
    Verkünde ich in Caesars Namen dir,
    Zorn erwarte, den nichts aufhält. Dir
    Bedrohtem danke ich für mich.
CYMBELINE                    Willkommen, Caius.
    Zum Ritter schlug dein Caesar mich; die Jugend
    Verbracht ich nahzu unter ihm; von ihm
    Erwarb ich Ehren mir, und muß, will er
    Sie mit Gewalt nun von mir wiederhaben,
    Sie bis aufs Blut verteidgen. Nachricht hab ich,
    Daß die Dalmatier und Pannonier für
    Ihre Freiheit unter Waffen sind, ein Aufruf,
    Der, ungehört, als dumpf die Briten zeigte:
    So find sie Caesar nicht.
LUCIUS                      Die Tat mag sprechen.
CLOTEN Seine Majestät heißt Euch willkommen. Spannt bei
    uns aus, einen Tag oder zwei, gern auch länger. Wollt
    Ihr uns hinterher anders besuchen, stecken wir leider

water-Girdle: if you beate vs out of it, it is yours: if you
fall in the aduenture, our Crowes shall fare the better for
you: and there's an end.

*Luc.* So sir.

*Cym.* I know your Masters pleasure, and he mine:
All the Remaine, is welcome.                    *Exeunt.*


## Scena Secunda.


*Enter Pisanio reading of a Letter.*


*Pis.* How? of Adultery? Wherefore write you not
What Monsters her accuse? *Leonatus:*
Oh Master, what a strange infection
Is falne into thy eare? What false Italian,
(As poysonous tongu'd, as handed) hath preuail'd
On thy too ready hearing? Disloyall? No.
She's punish'd for her Truth; and vndergoes
More Goddesse-like, then Wife-like; such Assaults
As would take in some Vertue. Oh my Master,
Thy mind to her, is now as lowe, as were
Thy Fortunes. How? That I should murther her,
Vpon the Loue, and Truth, and Vowes; which I
Haue made to thy command? I her? Her blood?
If it be so, to do good seruice, neuer
Let me be counted seruiceable. How looke I,
That I should seeme to lacke humanity,
So much as this Fact comes to? Doo't: The Letter.
That I haue sent her, by her owne command,
*Shall giue thee opportunitie.* Oh damn'd paper,

hinter unserem Salzwasserwall; schlagt ihr uns da heraus,
ist er euer. Stolpert ihr über das Abenteuer, haben
unsre Krähen um so mehr von euch; und Ende.
LUCIUS Ihr sagt es, Sir.
CYMBELINE Ich kenne deines Herrn Begehr, er meines:
Drum noch einmal willkommen.                    *Alle ab.*

## 2. Szene

*Pisanio mit einem Brief.*

PISANIO Wie denn? Des Ehebruchs? Was schreibst du nicht,
Welch Monster sie beschuldigt? Leonatus!
O Herr, wie seltsam ist dein Ohr erkrankt!
Welch ein hinterlistger Italiener
(Gift auf der Zunge grad wie in den Fingern)
Bewog dein allzu williges Gehör?
Sie untreu? Nie. Bestraft wird sie für Treue,
Und erduldet, darin einer Göttin
Mehr als einer Frau gleich, Drangsal der Art,
Die manch ein Herz schon niederwarf. O Herr,
Jetzt bist du geistig, im Vergleich zu ihr,
So weit am Boden, wie dein Glück es ist.
Wie denn? Daß ich sie morden soll, aus Pflicht
Und aus Gehorsam und dem Eid nach, den ich
Auf deine Fahne leistete? Ich, sie?
Ihr Blut? Wenn das anständig Dienst tun heißt,
Laßt mich nie mehr für dienstbar gelten. Seh ich
So aus, als fehlte mirs an Menschlichkeit,
In dem Maß, wies die Tat hier braucht? »Führs aus,
Auf den Brief hin, den ich ihr sende, gibt dir
Ihr eigener Befehl Gelegenheit«.

Blacke as the Inke that's on thee: senselesse bauble,
Art thou a Fœdarie for this Act; and look'st
So Virgin-like without? Loe here she comes.

*Enter Imogen.*

I am ignorant in what I am commanded.
*Imo.* How now *Pisanio?*
*Pis.* Madam, heere is a Letter from my Lord.
*Imo.* Who, thy Lord? That is my Lord *Leonatus?*
Oh, learn'd indeed were that Astronomer
That knew the Starres, as I his Characters,
Heel'd lay the Future open. You good Gods,
Let what is heere contain'd, rellish of Loue,
Of my Lords health, of his content: yet not
That we two are asunder, let that grieue him;
Some griefes are medcinable, that is one of them,
For it doth physicke Loue, of his content,
All but in that. Good Wax, thy leaue: blest be
You Bees that make these Lockes of counsaile. Louers,
And men in dangerous Bondes pray not alike,
Though Forfeytours you cast in prison, yet
You claspe young *Cupids* Tables: good Newes Gods.

*IVstice and your Fathers wrath (should he take me in his
Dominion) could not be so cruell to me, as you: (oh the deerest of Creatures) would euen renew me with your eyes. Take
notice that I am in* Cambria *at* Milford-Hauen: *what your
owne Loue, will out of this aduise you, follow. So he wishes you
all happinesse, that remaines loyall to his Vow, and your encreasing in Loue.* Leonatus Posthumus.

Oh for a Horse with wings: Hear'st thou *Pisanio?*

O Höllenwisch! Schwarz wie auf dir die Tinte!
Bist, fühllos Zeug, dem Anschlag ein Komplize
Und eine Jungfer außen? Seht, da kommt sie.
Von dem, was mir befohlen, weiß ich nichts.

*Imogen.*

IMOGEN Pisanio, was ist dir?

PISANIO Madam, hier ist ein Brief von meinem Herrn.

IMOGEN Von wem? Von deinem Herrn? Von meinem Herrn,
Von Leonatus! O, ein Astrolog
Wär wohl gelehrt zu nennen, kennte er
Die Sterne so wie ich die Züge hier;
Die Zukunft läg ihm offen. Gute Götter,
Laßt, was dies enthält, nach Liebe schmecken,
Nach Gesundheit, nach Zufriedenheit:
Nur damit nicht, daß wir geschieden sind,
Da laßt ihn leiden; manche Leiden heilen,
Darunter dies, da es die Liebe kräftigt;
Zufriedenheit mit allem außer damit!
Du liebes Wachs, gestatte: seid gesegnet,
Bienen, Briefverschließerinnen! Liebend
Grüßt man euch anders als in arger Fessel;
Sperrt ihr auch Schuldner ein, beschirmt ihr doch
Cupidos Botschaft. Gute Nachricht, Götter! *Liest.*
»Die Justiz und der Zorn Eures Vaters (ergriffe er mich in
seinem Machtbereich) können nicht so grausam an mir
handeln, als daß ein Blick von Euch (O innig geliebtes Ge-
schöpf) mich nicht neu erschaffen würde. Wißt, ich bin in
Cambria bei Milford-Haven: was Eure Liebe Euch hieraus
rät, dem folgt. Alles Gute wünscht er Euch, der treu seinem
Eide bleibt und der Eure in immerfort sich steigernder
Liebe – LEONATUS Posthumus.«
O, mir ein Flügelroß! Hörst dus, Pisanio?

He is at Milford-Hauen: Read, and tell me
How farre 'tis thither. If one of meane affaires
May plod it in a weeke, why may not I
Glide thither in a day? Then true *Pisanio,*
Who long'st like me, to see thy Lord; who long'st
(Oh let me bate) but not like me: yet long'st
But in a fainter kinde. Oh not like me:
For mine's beyond, beyond: say, and speake thicke
(Loues Counsailor should fill the bores of hearing,
To'th'smothering of the Sense) how farre it is
To this same blessed Milford. And by'th'way
Tell me how Wales was made so happy, as
T' inherite such a Hauen. But first of all,
How we may steale from hence: and for the gap
That we shall make in Time, from our hence-going,
And our returne, to excuse: but first, how get hence.
Why should excuse be borne or ere begot?
Weele talke of that heereafter. Prythee speake,
How many store of Miles may we well rid
Twixt houre, and houre?

*Pis.*   One score 'twixt Sun, and Sun,
    Madam's enough for you: and too much too.
*Imo.*   Why, one that rode to's Execution Man,
    Could neuer go so slow: I haue heard of Riding wagers,
    Where Horses haue bin nimbler then the Sands
    That run i'th'Clocks behalfe. But this is Foolrie,
    Go, bid my Woman faigne a Sicknesse, say
    She'le home to her Father; and prouide me presently
    A Riding Suit: No costlier then would fit
    A Franklins Huswife.

In Milford-Haven ist er: lies und sag mir,
Wie weit das ist. Schleppt wer um Alltagskram
Sich in 'ner Woche hin, wieso sollt' ich nicht
An einem Tag hinsausen? Du, mein treuer
Pisanio, der du, wie ich, dir wünschst,
Den Herrn zu sehn; der dus dir wünschst (o laß
Michs mäßigen), doch nicht wie ich: wohl wünschst dus,
Doch anders, schwächer. O, wie ich nicht: meins
Überwünscht das Wünschen! Sags, und schnell,
(Ein Liebesbeirat sollte den Gehörgang
Füllen, bis der Sinn ertaubt), wie weit
Ists bis zu jenem segensvollen Milford?
Ja, und sag, wie das beglückte Wales
Zu solchem Hafen kam: doch erst einmal,
Wie stehlen wir uns weg? Und wie entschuldgen
Wir das Loch, das in die Zeit wir machen
Von unserm Weggang bis zur Wiederkehr?
Doch zuerst, wie kommen wir hier weg?
Wozu Schuld gebären vor der Zeugung?
Wir sprechen davon später. Bitte sag mir,
Wieviele Dutzend Meilen schaffen wir
Von Stund zu Stunde?
PISANIO                      Eins von Sonn zu Sonne,
     Ist, Madam, Euch genug: und viel zu viel.
IMOGEN Wie bitte? Wer zum Galgen ritte, Mann,
     Könnt langsamer nicht sein: von Rennen hört ich
     Wo Pferde flinker waren als der Sand
     Im Stundenglas. Schluß mit dem Unfug: geh,
     Helen soll sich krankstelln, sagen soll sie,
     Sie will zum Vater heim; und du besorgst mir
     Rasch ein Reitkleid, unscheinbar, wie eine
     Pächtersfrau es trägt.

*Pisa.* Madam, you're best consider.

*Imo.* I see before me (Man) nor heere, not heere;
    Nor what ensues but haue a Fog in them
    That I cannot looke through. Away, I prythee,
    Do as I bid thee: There's no more to say:
    Accessible is none but Milford way.     *Exeunt.*

### Scena Tertia.

*Enter Belarius, Guiderius, and Aruiragus.*

*Bel.* A goodly day, not to keepe house with such,
    Whose Roofe's as lowe as ours: Sleepe Boyes, this gate
    Instructs you how t'adore the Heauens; and bowes you
    To a mornings holy office. The Gates of Monarches
    Are Arch'd so high, that Giants may iet through
    And keepe their impious Turbonds on, without
    Good morrow to the Sun. Haile thou faire Heauen,
    We house i'th'Rocke, yet vse thee not so hardly
    As prouder liuers do.

*Guid.* Haile Heauen.

*Aruir.* Haile Heauen.

*Bela.* Now for our Mountaine sport, vp to yond hill
    Your legges are yong: Ile tread these Flats. Consider,
    When you aboue perceiue me like a Crow,
    That it is Place, which lessen's, and sets off,
    And you may then reuolue what Tales, I haue told you,
    Of Courts, of Princes; of the Tricks in Warre.
    This Seruice, is not Seruice; so being done,
    But being so allowed. To apprehend thus,

PISANIO          Madam, bedenkt Euch.

IMOGEN Ich seh geradeaus, Mann: das nicht, dies nicht,
　　Noch, was folgt, das liegt in einem Nebel,
　　Durch den mein Blick nicht dringt. Hinweg, ich bitte,
　　Tu wie ich sagte: schau nicht so betroffen:
　　Nur noch der Weg nach Milford steht uns offen. *Beide ab.*


### 3. Szene

*Belarius. Guiderius. Arviragus.*


BELARIUS Zu schön der Tag, im Haus herumzuhocken,
　　Besonders, wenn das Dach so drückt wie unsres!
　　Bückt euch, Jungs: die Pforte instruiert euch,
　　Wie die Himmel zu verehren sind,
　　Und beugt zur Morgenandacht euch. Die Königs-
　　Pforten sind so hoch gewölbt, daß Riesen
　　Hindurchspazieren und den Heidenturban
　　Aufbehalten könnten, ohne Ehrung
　　Der Morgensonne. Gruß dir, schöner Himmel!
　　Wir Felsbehausten sind nicht so verhärtet
　　Wie die Begüterten.

GUIDERIUS          Gruß, Himmel!

ARVIRAGUS                    Gruß!

BELARIUS Zum Jagdsport ins Gebirg! Ersteigt den Hügel!
　　Ihr habt die jungen Beine: mir das Flache.
　　Bedenkt, seht ihr von oben mich als Krähe,
　　Es ist der Platz, der klein macht und heraushebt,
　　Und dann besinnt euch dessen, was ich euch
　　Von Höfen sprach, von Fürsten, von der Kriegskunst.
　　Da ist ein Dienst kein Dienst, wenn er getan,
　　Nein, wenn er anerkannt wird. Das zu wissen,

Drawes vs a profit from all things we see:
And often to our comfort, shall we finde
The sharded-Beetle, in a safer hold
Then is the full-wing'd Eagle. Oh this life,
Is Nobler, then attending for a checke:
Richer, then doing nothing for a Babe:
Prouder, then rustling in vnpayd-for Silke:
Such gaine the Cap of him, that makes him fine,
Yet keepes his Booke vncros'd: no life to ours.
*Gui.*  Out of your proofe you speak: we poore vnfledg'd
Haue neuer wing'd from view o'th'nest; nor knowes not
What Ayre's from home. Hap'ly this life is best,
(If quiet life be best) sweeter to you
That haue a sharper knowne. Well corresponding
With your stiffe Age; but vnto vs, it is
A Cell of Ignorance: trauailing a bed,
A Prison, or a Debtor, that not dares
To stride a limit.
*Arui.*  What should we speake of
When we are old as you? When we shall heare
The Raine and winde beate darke December? How
In this our pinching Caue, shall we discourse
The freezing houres away? We haue seene nothing:
We are beastly; subtle as the Fox for prey,
Like warlike as the Wolfe, for what we eate:
Our Valour is to chace what flyes: Our Cage
We make a Quire, as doth the prison'd Bird,
And sing our Bondage freely.

*Bel.*  How you speake.
Did you but know the Citties Vsuries,
And felt them knowingly: the Art o'th'Court,

Läßt Nutzen uns aus dem ziehn, was wir sehen:
Und häufig finden wir, zu unserm Trost,
Den harten Käfer besser aufgehoben,
Als den beschwingten Adler. O, dies Leben
Ist edler als das Warten auf Befördrung,
Reicher als sich Roben zu ersitzen,
Stolzer als erborgter Seide Rauschen:
So wer hat Beifall eines, der ihn aufputzt,
Und doch im Schuldbuch führt: wer will so leben?

GUIDERIUS  Ihr wißt, wovon Ihr sprecht: wir zwei, kaum flügge,
Wir warn nie weit vom Nest, noch kennen wir
Die Luft fern von daheim. Dies Leben mag
Das Bessre sein (falls immer gleich denn gut ist),
Süß Euch, weil Ihr ein schärfres kennt, und dieses
Eurer Altersweisheit paßt; uns aber ist es
Wie eine Wand aus Weißnicht, wie Verreisen
Im Bett, ein Kerker, oder wie ein Geizhals
Der uns knapp hält.

ARVIRAGUS                    Wovon sprechen wir,
Wenn wir alt sind, wie Ihr? Wenn Wind und Wasser
Den düsteren Dezember schlagen, wie
Verschwatzen wir in unsrer klammen Höhle
Die kalte Zeit? Wir haben nichts gesehn:
Wir sind wie Tiere: klüger nicht als wie
Der Fuchs auf Beute, kühner nicht als wie
Der Wolf, der hungert: unsre Tapferkeit
Heißt jag, was flieht: wir halten unsern Käfig,
Wie gefangne Vögel, für die Welt
Und singen Sklavenfreiheit.

BELARIUS                    Was ihr redet!
Hättet ihr den Geldgeist nur der Stadt
Am eignen Leib erlebt: die Lügenkunst

As hard to leaue, as keepe: whose top to climbe
Is certaine falling: or so slipp'ry, that
The feare's as bad as falling. The toyle o'th'Warre,
A paine that onely seemes to seeke out danger
I'th'name of Fame, and Honor, which dyes i'th'search,
And hath as oft a sland'rous Epitaph,
As Record of faire Act. Nay, many times
Doth ill deserue, by doing well: what's worse
Must curt'sie at the Censure. Oh Boyes, this Storie
The World may reade in me: My bodie's mark'd
With Roman Swords; and my report, was once
First, with the best of Note. *Cymbeline* lou'd me,
And when a Souldier was the Theame, my name
Was not farre off: then was I as a Tree
Whose boughes did bend with fruit. But in one night,
A Storme, or Robbery (call it what you will)
Shooke downe my mellow hangings: nay my Leaues,
And left me bare to weather.

*Gui.* Vncertaine fauour.
*Bel.* My fault being nothing (as I haue told you oft)
But that two Villaines, whose false Oathes preuayl'd
Before my perfect Honor, swore to *Cymbeline,*
I was Confederate with the Romanes: so
Followed my Banishment, and this twenty yeeres,
This Rocke, and these Demesnes, haue bene my World,
Where I haue liu'd at honest freedome, payed
More pious debts to Heauen, then in all
The fore-end of my time. But, vp to'th'Mountaines,

This is not Hunters Language; he that strikes

Des Hofs, zu lernen schwer und schwer zu lassen:
Wo an die Spitze klettern sichren Sturz bringt,
Wo nicht, so glatten Boden, daß die Furcht
Vorm Sturz gleich schlimm ist wie der Sturz: die Mühsal
Des Kriegs, der die Gefahr im Namen von
Ruhm und Ehre sucht, die sterben auf
Der Suche, und ihr Epitaph spricht öfter
Als von Heldentaten von Verbrechen.
Nein, aufrecht erntet Unrecht, immer wieder:
Und muß, was übler ist, dem Tadel schöntun
Mit Schmeichelein. O Jungs, just die Geschichte
Mag die Welt an mir ablesen: narbig
Ist mir der Leib vom Römerschwert; mein Ruf
Flog dem der Besten noch voran. Mich liebte
Cymbeline, und sprach man vom Soldaten,
Fiel mein Name: einem Baum glich ich,
Der schwer mit Früchten hängt. In einer Nacht
Riß ein Wetter, oder Raub (nennts wie ihr wollt)
Die goldne Last mir ab, ja noch die Blätter,
Und ließ mich kahl der Wittrung.

GUIDERIUS                                    Faule Gunst!

BELARIUS Mehr war an mir (ich habs wohl schon erzählt)
Nicht falsch, als daß zwei Gauner, deren Meineid
Meine fleckenlose Ehre aufwog,
Cymbeline beschwuren, ich sei mit
Rom verbündet: das verbannte mich,
Und seit nunmehr zwanzig Jahren sind
Der Fels hier, diese Wälder meine Welt,
In der ich lebe, ehrenhaft und frei,
Mehr Schulden bei dem Himmel fromm begleichend,
Als in all meiner Zeit zuvor. Doch auf
In das Gebirge! Jäger sprechen so nicht;

The Venison first, shall be the Lord o'th'Feast,
To him the other two shall minister,
And we will feare no poyson, which attends
In place of greater State:
Ile meete you in the Valleyes.                    *Exeunt.*
How hard it is to hide the sparkes of Nature?
These Boyes know little they are Sonnes to'th'King,
Nor *Cymbeline* dreames that they are aliue.
They thinke they are mine,
And though train'd vp thus meanely
I'th' Caue, whereon the Bowe their thoughts do hit,
The Roofes of Palaces, and Nature prompts them
In simple and lowe things, to Prince it, much
Beyond the tricke of others. This *Paladour,*
The heyre of *Cymbeline* and Britaine, who
The King his Father call'd *Guiderius.* Ioue,
When on my three-foot stoole I sit, and tell
The warlike feats I haue done, his spirits flye out
Into my Story: say thus mine Enemy fell,
And thus I set my foote on's necke, euen then
The Princely blood flowes in his Cheeke, he sweats,
Straines his yong Nerues, and puts himselfe in posture
That acts my words. The yonger Brother *Cadwall,*
Once *Aruiragus,* in as like a figure
Strikes life into my speech, and shewes much more
His owne conceyuing. Hearke, the Game is rows'd,
Oh *Cymbeline,* Heauen and my Conscience knowes

Thou didd'st vniustly banish me: whereon

Wer das Wild erlegt, ist Herr des Festes,
Die zwei andern müssen ihn bedienen,
Und Gift macht uns nicht bange, lauert es
Doch nur, wo Prunk herrscht. Treffpunkt ist das Tal.

*Guiderius, Arviragus ab.*

Wie aussichtslos es ist, den Ursprungsfunken
Zu unterdrücken! Daß sie Königssöhne sind,
Ahnen diese Knaben nicht, noch läßt
Cymbeline sich träumen, daß sie leben.
Sie glauben, mein zu sein, und doch, der schlichten
Aufzucht in der Höhle ungeachtet,
Schnellt ihr Denken wie von einem Bogen
Aufs Palastdach, und Natur sagt ihnen vor,
In simplen Dingen prinzlich es zu halten,
Fern vom Großtun andrer. Polydor,
Der Cymbelines Britannien ererbt,
Guiderius vom Vater her – Jupiter!
Sitz ich auf meinem dreibeinigen Stuhl,
Und laß von meinem Kriegsglück etwas hören,
Dann schwingt sein jugendlicher Geist
In mein Erzählen ein: sag ich, so fiel
Mein Feind, und so setzt' auf den Nacken
Ich ihm den Fuß, dann deckt im Augenblick
Das edle Blut die Wange ihm, er schwitzt,
Er spannt die jungen Muskeln, und er ahmt
Die Haltung nach, die meinen Worten folgt.
Der jüngre Bruder, Cadwal, Arviragus
Einst getauft, spielt gleichermaßen mit,
Gibt meinen Reden Leben und zeigt doch
Weit mehr sich selbst. Die Jagd beginnt.
O Cymbeline, der Himmel weiß und ich,
Du hast zu Unrecht mich verbannt: worauf

At three, and two yeeres old, I stole these Babes,
Thinking to barre thee of Succession, as
Thou refts me of my Lands. *Euriphile,*
Thou was't their Nurse, they took thee for their mother,
And euery day do honor to her graue:
My selfe *Belarius,* that am *Mergan* call'd
They take for Naturall Father. The Game is vp.     *Exit.*

### Scena Quarta.

*Enter Pisanio and Imogen.*

*Imo.*  Thou told'st me when we came from horse, y$^e$ place
Was neere at hand: Ne're long'd my Mother so
To see me first, as I haue now. *Pisanio,* Man:
Where is *Posthumus?* What is in thy mind
That makes thee stare thus? Wherefore breaks that sigh
From th'inward of thee? One, but painted thus
Would be interpreted a thing perplex'd
Beyond selfe-explication. Put thy selfe
Into a hauiour of lesse feare, ere wildnesse
Vanquish my stayder Senses. What's the matter?
Why tender'st thou that Paper to me, with
A looke vntender? If't be Summer Newes
Smile too't before: if Winterly, thou need'st
But keepe that count'nance stil. My Husbands hand?
That Drug-damn'd Italy, hath out-craftied him,
And hee's at some hard point. Speake man, thy Tongue
May take off some extreamitie, which to reade
Would be euen mortall to me.

*Pis.*  Please you reade,

Ich diese Kinder stahl, drei Jahre alt
Und zwei, dich deiner Erben zu berauben,
Wie du mich meines Lands. Euriphile,
Du warst ihnen Amme, für die Mutter
Hielten sie dich, und sie ehren täglich
Dein Grab. Und mich, Belarius, jetzt Morgan,
Sehn sie als Vater an. Die Jagd ist los.                    *Ab.*


## 4. Szene


*Pisanio. Imogen.*


IMOGEN Als wir von den Pferden stiegen, sprachst du,
    Weit sei es nicht mehr: meine Mutter wünschte
    So stark nicht, mich zum ersten Mal zu sehn,
    Wie ich es jetzt – Pisanio! Mann! Wo ist
    Posthumus? Was geht dir durch den Kopf,
    Daß du so starrst? Warum entringt der Seufzer
    Sich deinem Innern? Jemand so Gemalter
    Würd als ein Ding verstanden außer Fassung,
    Unfähig zur Selbstauskunft. Leg dein
    Entsetztes Wesen ab, eh mir der Wahnsinn
    Den Verstand besiegt. Was ist? Was hältst du
    Mir, mit einem Blick ganz haltlos, dies
    Papier hin? Ist es sommerliche Botschaft,
    Lächle erst einmal: ists winterliche,
    Kannst du so bleiben. Meines Gatten Hand?
    Dies verdammte Gift-Italien hat
    Im Griff ihn und am Boden. Rede, Mann,
    Mag sein, dein Mund dämpft mir den Schrecken, der
    Gelesen, tödlich wäre.
PISANIO             Bitt Euch, lest,

And you shall finde me (wretched man) a thing
The most disdain'd of Fortune.

*Imogen reades.*

*THy Mistris (Pisanio) hath plaide the Strumpet in my
Bed: the Testimonies whereof, lyes bleeding in me. I speak
not out of weake Surmises, but from proofe as strong as my
greefe, and as certaine as I expect my Reuenge. That part, thou
(Pisanio) must acte for me, if thy Faith be not tainted with the
breach of hers; let thine owne hands take away her life: I shall
giue thee opportunity at Milford Hauen. She hath my Letter
for the purpose; where, if thou feare to strike, and to make mee
certaine it is done, thou art the Pander to her dishonour, and
equally to me disloyall.*

*Pis.*  What shall I need to draw my Sword, the Paper
Hath cut her throat alreadie? No, 'tis Slander,
Whose edge is sharper then the Sword, whose tongue
Out-venomes all the Wormes of Nyle, whose breath
Rides on the posting windes, and doth belye
All corners of the World. Kings, Queenes, and States,
Maides, Matrons, nay the Secrets of the Graue
This viperous slander enters. What cheere, Madam?

*Imo.*  False to his Bed? What is it to be false?
To lye in watch there, and to thinke on him?
To weepe 'twixt clock and clock? If sleep charge Nature,
To breake it with a fearfull dreame of him,
And cry my selfe awake? That's false to's bed? Is it?
*Pisa.*  Alas good Lady.
*Imo.*  I false? Thy Conscience witnesse: *Iachimo,*
Thou didd'st accuse him of Incontinencie,
Thou then look'dst like a Villaine: now, me thinkes

Und findet in mir (Elendem) ein Ding,
Dem Fortunas ganzer Abscheu gilt.

IMOGEN *liest* »Deine Herrin, Pisanio, hat Hure gespielt in
meinem Bett: das Zeugnis dessen liegt blutend in mir. Ich
spreche nicht aus dürftigem Mutmaßen, dagegen auf
Grund von Beweisen stark wie mein Schmerz und so sicher, wie ich meiner Rache bin. Diese Rolle mußt du, Pisanio, für mich übernehmen, sofern deine Treue nicht be-
fleckt ist mit dem Bruch der ihrigen; mögen deine Hände
ihr das Leben nehmen: ich werde dir Gelegenheit in Milford Haven geben. Sie erhält meinen Brief zu diesem
Zweck; fürchtest du dich dort, den Streich zu führen und
mich davon zu überzeugen, daß es getan ist, bist du der
Kuppler ihrer Schande und gleich treulos gegen mich.«

PISANIO Was muß ich noch mein Schwert ziehn? Das Papier
Zerschnitt ihr schon den Hals. Nein, 's ist Verleumdung,
Die schärfer schmerzt als Schwertstreich, deren Zunge
Jeden Wurm des Nilstroms übergiftet,
Deren Pesthauch sich dem Sturmwind aufhockt,
Und die vier Enden dieser Welt belügt.
Zu Fürsten, Fürstinnen und Würdenträgern,
Zu jung und alt, ja selbst zum Grabesdunkel
Hat diese Natter Zutritt. Lacht Ihr, Madam?

IMOGEN Treulos seinem Bett? Was ist das, treulos?
Wach da zu liegen und an ihn zu denken?
Zu weinen Stund um Stunde? Siegte Schlaf dann,
Aus einem Angsttraum schreiend zu erwachen?
Ist das wohl treulos seinem Bett, was meinst du?

PISANIO Ach, beste Lady!

IMOGEN Ich treulos? Frag dich selbst: du, Iachimo,
Hast ihn der Unbeständigkeit geziehn;
Unehrlich sahst du da aus, doch nun scheint mir

Thy fauours good enough. Some Iay of Italy
(Whose mother was her painting) hath betraid him:
Poore I am stale, a Garment out of fashion,
And for I am richer then to hang by th'walles,
I must be ript: To peeces with me: Oh!
Mens Vowes are womens Traitors. All good seeming
By thy reuolt (oh Husband) shall be thought
Put on for Villainy; not borne where't growes,
But worne a Baite for Ladies.

*Pisa.* Good Madam, heare me.
*Imo.* True honest men being heard, like false *Æneas,*
    Were in his time thought false: and *Synons* weeping
    Did scandall many a holy teare: tooke pitty
    From most true wretchednesse. So thou, *Posthumus*
    Wilt lay the Leauen on all proper men;
    Goodly, and gallant, shall be false and periur'd
    From thy great faile: Come Fellow, be thou honest,
    Do thou thy Masters bidding. When thou seest him,
    A little witnesse my obedience. Looke
    I draw the Sword my selfe, take it, and hit
    The innocent Mansion of my Loue (my Heart:)
    Feare not, 'tis empty of all things, but Greefe:
    Thy Master is not there, who was indeede
    The riches of it. Do his bidding, strike,
    Thou mayst be valiant in a better cause;
    But now thou seem'st a Coward.

*Pis.* Hence vile Instrument,
    Thou shalt not damne my hand.

Dein Anblick wahr genug. So eine Dohle
Italiens (die geschminkt geboren wird)
Hat ihn verdreht: mein armes Ich ist übrig,
Ein Kleid, das aus der Mode kam, und wird,
Weil es zu kostbar ist, im Schrank zu hängen,
Aufgetrennt: in Stücke mit mir! Oh,
Schwört der Mann, ist schon das Weib verraten!
Aller Anstand muß, nach deiner Abkehr,
O mein Gemahl, Berechnung sein: dem Herzen
Nicht entspringend, nur getragen als
Ein Damenköder.

PISANIO                Gute Madam, hört mich.

IMOGEN Der Ehrliche, der wie Aeneas spricht,
Gilt, seit Aeneas log, als Lügenbold.
Und in Verruf kam mancher heil'ge Kummer
Durch Sinons, des Verräters, falsche Tränen,
Wahrem Elend stehlen sie das Mitleid:
Dem gleich wirst, Posthumus, du brave Männer
Mit Aussatz überziehn; galant und gütig,
Ist Lug und Trug nach deinem tiefen Fall.
Komm, Alter, zeige Anstand, tu, worum
Dein Herr dich bittet. Solltest du ihn sehn,
Erwähne kurz auch meiner Folgsamkeit.
Da, ich ziehe selbst das Schwert, nimms, triff
Das Gehäuse, schuldlos, meiner Liebe,
Mein Herz: befürchte nichts, 's ist ausgeräumt
Bis auf den Schmerz: dein Herr ist nicht zugegen,
Der in der Tat sein Reichtum war. Schlag zu.
Bei besserm Anlaß bist du wohl ein Held,
Feig scheinst du hier.

PISANIO                Weg, Schandwerkzeug! Du wirst
Mir nicht die Hand verdammen.

*Imo.* Why, I must dye:
And if I do not by thy hand, thou art
No Seruant of thy Masters. Against Selfe-slaughter,
There is a prohibition so Diuine,
That crauens my weake hand: Come, heere's my heart:
Something's a-foot: Soft, soft, wee'l no defence,
Obedient as the Scabbard. What is heere,
The Scriptures of the Loyall *Leonatus,*
All turn'd to Heresie? Away, away
Corrupters of my Faith, you shall no more
Be Stomachers to my heart: thus may poore Fooles
Beleeue false Teachers: Though those that are betraid
Do feele the Treason sharpely, yet the Traitor
Stands in worse case of woe. And thou *Posthumus,*
That didd'st set vp my disobedience 'gainst the King
My Father, and makes me put into contempt the suites
Of Princely Fellowes, shalt heereafter finde
It is no acte of common passage, but
A straine of Rarenesse: and I greeue my selfe,
To thinke, when thou shalt be disedg'd by her,
That now thou tyrest on, how thy memory
Will then be pang'd by me. Prythee dispatch,
The Lambe entreats the Butcher. Wher's thy knife?
Thou art too slow to do thy Masters bidding
When I desire it too.

*Pis.* Oh gracious Lady:
Since I receiu'd command to do this businesse,
I haue not slept one winke.
*Imo.* Doo't, and to bed then.

IMOGEN                          Sterben muß ich:
Und tu ichs nicht von deiner Hand, bist du
Kein Diener deines Herrn. Den Selbstmord
Verbietet ein Gesetz, so göttlich, daß es
Meine schwache Hand mir ängstigt. Komm,
Hier ist mein Herz. Ein Hemmnis: warte, warte,
Wir wollen keinen Schild, gefügig sind wir
Ein Ort für deine Klinge. Was ist das?
Die Schriften des getreuen Leonatus,
In Ketzerei verwandelt, alle? Weg, weg,
Was mir den Sinn betörte, nie sollt ihr
Mehr Brustwehr meines Herzens sein: so folgen
Arme Narren falschen Predigern:
Doch fühlen die Betrognen den Betrug
Auch überscharf, erwartet den Betrüger
Noch schlimmres Weh. Und du, Posthumus, der du
Mich angestiftet hast zum Aufstand gegen
Den König, meinen Vater, und mich drängtest,
Fürstliche Verehrer zu verschmähen,
Du wirst finden, das mit mir war nichts
Alltägliches, vielmehr recht ungewöhnlich,
Und mich bekümmert es schon jetzt, zu denken
Wie die Erinnerung an mich, hast du dich erst
An ihr, auf die du nun fliegst, abgestumpft,
Dich quälend heimsucht. Bitte, mach ein Ende:
Lamm sucht Metzger. Wo bleibt mir dein Messer?
Du tust zu zögerlich was dir befohlen,
Zumal ich selbst es will.
PISANIO                          O beste Lady,
Seit der Befehl zu dem Geschäft kam, kann ich
Nicht mehr schlafen.
IMOGEN                          Tus und dann ins Bett.

*Pis.* Ile wake mine eye-balles first.

*Imo.* Wherefore then
  Didd'st vndertake it? Why hast thou abus'd
  So many Miles, with a pretence? This place?
  Mine Action? and thine owne? Our Horses labour?
  The Time inuiting thee? The perturb'd Court
  For my being absent? whereunto I neuer
  Purpose returne. Why hast thou gone so farre
  To be vn-bent? when thou hast 'tane thy stand,
  Th'elected Deere before thee?

*Pis.* But to win time
  To loose so bad employment, in the which
  I haue consider'd of a course: good Ladie
  Heare me with patience.

*Imo.* Talke thy tongue weary, speake:
  I haue heard I am a Strumpet, and mine eare
  Therein false strooke, can take no greater wound,
  Nor tent, to bottome that. But speake.


*Pis.* Then Madam,
  I thought you would not backe againe.

*Imo.* Most like,
  Bringing me heere to kill me.

*Pis.* Not so neither:
  But if I were as wise, as honest, then
  My purpose would proue well: it cannot be,
  But that my Master is abus'd. Some Villaine,
  I, and singular in his Art, hath done you both
  This cursed iniurie.

*Imo.* Some Roman Curtezan?

*Pisa.* No, on my life:
  Ile giue but notice you are dead, and send him

PISANIO  Eher wach ich mir die Augen aus.

IMOGEN  Was unternahmst dus dann? Was schindest du
    Soviele Meilen einer Täuschung wegen?
    Zu was der Platz? Mein Aufbruch? Und der deine?
    Der Pferde Arbeit? Die gelegne Zeit?
    Der aufgewühlte Hof, der mich vermißt?
    An den ich nun nicht mehr zurückkehrn werde?
    Warum gingst du so weit, um auf dem Ansitz,
    Das gewählte Wild vor dir, den Bogen
    Nicht zu spannen?

PISANIO              Zeit gewinnen wollt ich,
    Die schlimme Arbeit loszusein, indem mir
    Ein Ausweg einfällt: beste Lady, hört
    In Ruhe zu.

IMOGEN        Sprich deine Zunge müde,
    Rede: hören, ich sei eine Hure, konnt ich,
    Und mein Ohr, so fälschlich angegriffen,
    Kann eine größre Wunde nicht empfangen,
    Noch der bis auf den Grund sehn. Aber sprich.

PISANIO  Das dacht ich, Madam, daß Ihr nicht zurückgeht.


IMOGEN  Ich glaubs dir, der mich herbringt, mich zu töten.


PISANIO  So auch nicht: doch bin ich so schlau als ehrlich,
    Muß es glücken: anders kanns nicht sein,
    Als daß mein Herr getäuscht ward: ein Halunke
    Und Meister seines Fachs, tat an euch beiden
    Das verfluchte Unrecht.


IMOGEN  Eine Kurtisane Roms.

PISANIO  Bei meinem Leben, nein: ich laß ihn wissen,
    Ihr seid tot und sende ihm ein Zeichen,

Some bloody signe of it. For 'tis commanded
I should do so: you shall be mist at Court,
And that will well confirme it.

*Imo.* Why good Fellow,
What shall I do the while? Where bide? How liue?
Or in my life, what comfort, when I am
Dead to my Husband?

*Pis.* If you'l backe to'th'Court.

*Imo.* No Court, no Father, nor no more adoe
With that harsh, noble, simple nothing:
That *Clotten,* whose Loue-suite hath bene to me
As fearefull as a Siege.

*Pis.* If not at Court,
Then not in Britaine must you bide.

*Imo.* Where then?
Hath Britaine all the Sunne that shines? Day? Night?
Are they not but in Britaine? I'th'worlds Volume
Our Britaine seemes as of it, but not in't:
In a great Poole, a Swannes-nest, prythee thinke
There's liuers out of Britaine.

*Pis.* I am most glad
You thinke of other place: Th'Ambassador,
*Lucius* the Romane comes to Milford-Hauen
To morrow  Now, if you could weare a minde
Darke, as your Fortune is, and but disguise
That which t'appeare it selfe, must not yet be,
But by selfe-danger, you should tread a course
Pretty, and full of view: yea, happily, neere
The residence of *Posthumus*; so nie (at least)
That though his Actions were not visible, yet
Report should render him hourely to your eare,

Blutig, denn er will es so: Ihr werdet
Bei Hof vermißt, und alles paßt aufs Beste.

IMOGEN Je nun, mein Guter, was mach ich derweil?
Wo bleib ich? Wovon leb ich? Oder lebend,
Welch ein Trost bleibt, bin ich für den Gatten
Gestorben?
PISANIO          Ja, wenn Ihr zum Hof zurückwollt.
IMOGEN Kein Hof, kein Vater, kein Gehampel mehr
Mit diesem groben, adeligen Nichts,
Dem Cloten, dessen Werben mir bedrückend
Wie Belagrung war.
PISANIO               Wenn nicht am Hof,
Bleibt auch nicht in Britannien.
IMOGEN                         Wohin gehts?
Hat nur Britannien Sonne? Tag, Nacht, gibts die
Nur in Britannien? Aus dem Buch der Welt
Ward dies Britannien herausgeschnitten,
In einem großen Teich ein Schwanennest:
Das glaube nur, auch ferne von Britannien
Ist Leben.
PISANIO          Überglücklich bin ich, daß Ihr
Auf andre Orte denkt: Roms Botschafter
Kommt, Caius Lucius, nach Milford-Haven,
Morgen. Könnt ihr Euer Wesen so
Verdunkeln, wie Eur Schicksal es verlangt,
Und das verhüllen, was, kommt es zum Vorschein,
Euch in Gefahr bringt, könnt Ihr einen Weg gehn,
Bequem und aussichtsreich, ja, glücklich nahe
Der Wohnung Eures Gatten, mindestens
So dicht dabei, daß, seht Ihr auch sein Tun nicht,
Euch der Bericht davon zu Ohren kommt,

As truely as he mooues.

*Imo.*  Oh for such meanes,
Though perill to my modestie, not death on't
I would aduenture.

*Pis.*  Well then, heere's the point:
You must forget to be a Woman: change
Command, into obedience. Feare, and Nicenesse
(The Handmaides of all Women, or more truely
Woman it pretty selfe) into a waggish courage,
Ready in gybes, quicke-answer'd, sawcie, and
As quarrellous as the Weazell: Nay, you must
Forget that rarest Treasure of your Cheeke,
Exposing it (but oh the harder heart,
Alacke no remedy) to the greedy touch
Of common-kissing *Titan:* and forget
Your laboursome and dainty Trimmes, wherein
You made great *Iuno* angry.

*Imo.*  Nay be breefe?
I see into thy end, and am almost
A man already.

*Pis.*  First, make your selfe but like one,
Fore-thinking this. I haue already fit
('Tis in my Cloake-bagge) Doublet, Hat, Hose, all
That answer to them: Would you in their seruing,
(And with what imitation you can borrow
From youth of such a season) 'fore Noble *Luclus*
Present your selfe, desire his seruice: tell him
Wherein you're happy; which will make him know,
If that his head haue eare in Musicke, doubtlesse
With ioy he will imbrace you: for hee's Honourable,
And doubling that, most holy. Your meanes abroad:

Stündlich und getreulich.

IMOGEN                    Oh, das Mittel!
Sofern es nur den Anstand schrammt, nicht tötet,
Wag ich alles.

PISANIO        Gut, zur Sache dann:
Vergeßt, daß Ihr ein Weib seid: tauscht das Herrschen
Mit dem Dienen: Scheu und Lieblichkeit
(Gehilfinnen der Frauen, oder besser
Ihr wahres Ich) mit vorlauter Kurage,
Spöttisch, quick, rotzfrech und voller Streitlust
Wie ein Wiesel: glatt vergessen müßt Ihr
Die rare Köstlichkeit der Frauenwange,
Entbieten müßt Ihr sie (oh, härtres Herz!
Doch ach, kein Mittel) dem frivolen Anprall
Des gierig allesküssenden Titanen:
Vergessen auch aufwendig feine Locken,
Die Juno neidisch machten.

IMOGEN                      Faß dich kurz:
Ich seh das Ende ab und bin so ziemlich
Schon ein Mann.

PISANIO        Erst macht, daß Ihr so ausseht.
Mit Vorbedacht halt ich für Euch bereit
(In meinem Mantelsack) ein Wams, Hut, Hose,
Und was dazugehört: Ihr müßt darin
(Und so ähnlich, wie Ihr einem Jüngling
Eures Alters sein könnt) Euch dem edlen
Lucius vorstelln für seine Dienste:
Sagt ihm, worin Ihr glänzt, und er wird Euch,
Hört ers erst und hat am Kopf ein Ohr
Für Töne, freudig in die Arme schließen:
Denn er hat Geschmack, und ist Euch ferner
Sehr fromm. Für Eure Auslandsmittel habt Ihr

You haue me rich, and I will neuer faile
Beginning, nor supplyment.
*Imo.* Thou art all the comfort
The Gods will diet me with. Prythee away,
There's more to be consider'd: but wee'l euen
All that good time will giue vs. This attempt,
I am Souldier too, and will abide it with
A Princes Courage. Away, I prythee.
*Pis.* Well Madam, we must take a short farewell,
Least being mist, I be suspected of
Your carriage from the Court. My Noble Mistris,
Heere is a boxe, I had it from the Queene,
What's in't is precious: If you are sicke at Sea,
Or Stomacke-qualm'd at Land, a Dramme of this
Will driue away distemper. To some shade,
And fit you to your Manhood: may the Gods
Direct you to the best.

*Imo.* Amen: I thanke thee.                    *Exeunt.*

## Scena Quinta.

*Enter Cymbeline, Queene, Cloten, Lucius,*
*and Lords.*

*Cym.* Thus farre, and so farewell.
*Luc.* Thankes, Royall Sir:
My Emperor hath wrote, I must from hence,
And am right sorry, that I must report ye
My Masters Enemy.
*Cym.* Our Subiects (Sir)
Will not endure his yoake; and for our selfe

Die meinen, reichlich, und ich sorge stets
Für Euren Nachschub.
IMOGEN                 Du bist aller Trost,
   Mit dem mich Götter nähren. Laß uns gehn,
   Mehr noch ist zu bedenken: doch wir planen
   Soviel, als Zeit uns bleibt. Dem Unterfangen
   Bin ich Soldat, und mutig wie ein Prinz
   Will ichs bestehn. Komm, laß uns nun verschwinden.
PISANIO Erst, Madam, gilt es einen kurzen Abschied,
   Soll ich, der fehlt, nicht in Verdacht geraten,
   Ein Helfershelfer Eurer Flucht zu sein.
   Edle Herrin, hier ist eine Dose,
   Mir gab sie die Königin, was drin ist
   Ist kostbar: wenn Ihr seekrank werdet,
   Oder unwohl seid an Land, vertreibts Euch
   Die Übelkeit. Ab in den Schatten und
   Euch zum Mann gemacht: die Götter leiten
   Euch zum Besten!
IMOGEN           Amen: Dank sei dir.         *Beide ab.*

## 5. Szene

*Cymbeline. Königin. Cloten. Lucius. Lord 1. Lord 2.*

CYMBELINE Bis hierher. Lebt nun wohl.
LUCIUS                Dank, edler König:
   Mein Kaiser ruft mich ab, und ich bedaure,
   Daß ich von Euch als seinem Feind Bericht
   Muß geben.
CYMBELINE    Unsre Untertanen, Sir,
   Ertragen länger nicht sein Joch; und Wir

To shew lesse Soueraignty then they, must needs
    Appeare vn-Kinglike.
*Luc.*  So Sir: I desire of you
    A Conduct ouer Land, to Milford-Hauen.
    Madam, all ioy befall your Grace, and you.
*Cym.*  My Lords, you are appointed for that Office:
    The due of Honor, in no point omit:
    So farewell Noble *Lucius.*
*Luc.*  Your hand, my Lord.
*Clot.*  Receiue it friendly: but from this time forth
    I weare it as your Enemy.
*Luc.*  Sir, the Euent
    Is yet to name the winner. Fare you well.
*Cym.*  Leaue not the worthy *Lucius,* good my Lords
    Till he haue crost the Seuern. Happines.      *Exit Lucius, &c*

*Qu.*  He goes hence frowning: but it honours vs
    That we haue giuen him cause.
*Clot.*  'Tis all the better,
    Your valiant Britaines haue their wishes in it.
*Cym.*  *Lucius* hath wrote already to the Emperor
    How it goes heere. It fits vs therefore ripely
    Our Chariots, and our Horsemen be in readinesse:
    The Powres that he already hath in Gallia
    Will soone be drawne to head, from whence he moues
    His warre for Britaine.
*Qu.*  'Tis not sleepy businesse,
    But must be look'd too speedily, and strongly.
*Cym.*  Our expectation that it would be thus
    Hath made vs forward. But my gentle Queene,
    Where is our Daughter? She hath not appear'd
    Before the Roman, nor to vs hath tender'd

Erschienen, zeigten Wir geringren Freiheits-
Drang, unköniglich.
LUCIUS                    Nun gut, Sir: ich
Ersuche um Geleit nach Milford-Haven.
Madam, alles Gute Euch, und Euch!
CYMBELINE Lords, Ihr werdet mir den Dienst versehen:
Erfüllt die Ehrenpflicht in jedem Punkt.
Leb wohl, mein edler Lucius.
LUCIUS                         Eure Hand, Sir.
CLOTEN Nehmt sie in Freundschaft: doch von heute an
Trag ich sie Euch als Feindeshand.
LUCIUS                              Der Ausgang,
Sir, nennt erst den Sieger. Lebt nun wohl.
CYMBELINE Geleitet den verehrten Lucius, Lords,
Bis er den Severn überschritt. Viel Glück!
*Lucius, Lord 1 ab.*
KÖNIGIN Er geht bedrückt. Doch uns gereichts zur Ehre,
Daß wir den Grund ihm gaben.
CLOTEN                           Alles bestens:
Es geht, wies Eure tapfren Briten wünschen.
CYMBELINE Lucius hat dem Kaiser schon geschrieben,
Wie es hier steht. Drum scheint es angezeigt,
Kampfwagen aufzustellen und Berittne:
Die Truppen, die sie schon in Gallien haben,
Sind rasch gesammelt, um den Krieg von dort
Zu Uns zu tragen.
KÖNIGIN          Zeit wirds, aufzuwachen,
Und ungesäumt und nachhaltig zu handeln.
CYMBELINE Daß es so käme, haben Wir erwartet
Und sind bereit. Doch, meine Königin,
Wo ist Unsre Tochter? Vor dem Römer trat sie
Nicht in Erscheinung, noch erwies sie Uns

The duty of the day. She looke vs like
A thing more made of malice, then of duty,
We haue noted it. Call her before vs, for
We haue beene too slight in sufferance.

*Qu.* Royall Sir,
Since the exile of *Posthumus,* most retyr'd
Hath her life bin: the Cure whereof, my Lord,
'Tis time must do. Beseech your Maiesty,
Forbeare sharpe speeches to her. Shee's a Lady
So tender of rebukes, that words are stroke,
And strokes death to her.

*Enter a Messenger.*

*Cym.* Where is she Sir? How
Can her contempt be answer'd?

*Mes.* Please you Sir,
Her Chambers are all lock'd, and there's no answer
That will be giuen to'th'lowd of noise, we make.

*Qu.* My Lord, when last I went to visit her,
She pray'd me to excuse her keeping close,
Whereto constrain'd by her infirmitie,
She should that dutie leaue vnpaide to you
Which dayly she was bound to proffer: this
She wish'd me to make knowne: but our great Court
Made me too blame in memory.

*Cym.* Her doores lock'd?
Not seene of late? Grant Heauens, that which I
Feare, proue false.                                        *Exit.*

*Qu.* Sonne, I say, follow the King.

*Clot.* That man of hers, *Pisanio,* her old Seruant
I haue not seene these two dayes.                        *Exit.*

Den Morgengruß. In Unsern Augen ist sie
Ein Ding aus Bosheit mehr als Pflichtgefühl,
Wir sind nicht blind. Gleich ruft sie vor Uns, denn
Wir waren noch zu duldsam.                    *Lord 2 ab.*

KÖNIGIN                    Großer König,
Sie zog sich ganz zurück, seit Posthumus
Verbannt ward: Zeit allein, Mylord, heilt hier.
Ich ersuche Eure Majestät,
Sie nicht hart anzusprechen. Eine Lady
Ist sie, die den Tadel ihres Vaters
So tief empfindet, daß ihr Worte Schläge
Und Schläge tödlich sind.

                    *Lord 2.*

CYMBELINE                    Wo bleibt sie, Sir?
Was ist zu soviel Mißachtung zu sagen?

Lord 2  Mit Verlaub, Sir, ihre Kammern sind
Verschlossen, und wie kräftig wir auch klopften,
's blieb alles still.

KÖNIGIN                    Mylord, sie bat mich, als ich
Zuletzt sie sah, die Abgeschiedenheit
Ihr zu verzeihn, zu der sie Schwäche nötigt,
Welche nicht erlaubt, daß sie den Pflichten
Gegen Euch tagtäglich nachkommt. Das
Bat sie mich, bekannt zu geben, doch
Der Trubel hier zu Hof ließ michs vergessen.
Eine Schande.

CYMBELINE                    Ihre Türen zu?
Sie nicht zu sehn? Der Himmel gebe, daß
Mich meine Ahnung trügt.          *Ab (mit den Lords).*


CLOTEN                    Ihr alter Diener,
Der Pisanio, seit zwei Tagen hab ich

*Qu.* Go, looke after:
   *Pisanio,* thou that stand'st so for *Posthumus,*
   He hath a Drugge of mine: I pray, his absence
   Proceed by swallowing that. For he beleeues
   It is a thing most precious. But for her,
   Where is she gone? Haply dispaire hath seiz'd her:
   Or wing'd with feruour of her loue, she's flowne
   To her desir'd *Posthumus*: gone she is,
   To death, or to dishonor, and my end
   Can make good vse of either. Shee being downe,
   I haue the placing of the Brittish Crowne.

*Enter Cloten.*

   How now, my Sonne?
*Clot.* 'Tis certaine she is fled:
   Go in and cheere the King, he rages, none
   Dare come about him.
*Qu.* All the better: may
   This night fore-stall him of the comming day.    *Exit Qu.*
*Clo.* I loue, and hate her: for she's Faire and Royall,
   And that she hath all courtly parts more exquisite
   Then Lady, Ladies, Woman, from euery one
   The best she hath, and she of all compounded
   Out-selles them all. I loue her therefore, but
   Disdaining me, and throwing Fauours on
   The low *Posthumus,* slanders so her iudgement,
   That what's else rare, is choak'd: and in that point
   I will conclude to hate her, nay indeede,
   To be reueng'd vpon her. For, when Fooles shall——

                                        

Den nicht erblickt.

KÖNIGIN                   Geh mit, sieh nach. *Cloten ab.* Der
Ist auch Stütze dieses Posthumus
und hat meine Mixtur: ich bete drum
Daß er verschwand, weil er sie schluckte
Meint er doch, sie sei was ganz Gesundes.
Sie dagegen, wo ist sie? Vielleicht
Hat Verzweiflung sie ergriffen, oder
Auf den Flügeln ihrer Brunst entflog sie,
zu ihrem liebsten Posthumus: weg ist sie,
In den Tod, wo nicht, in ihre Schande,
Und beides bringt mir Nutzen. Ist sie aus,
Regiere ich Britanniens Königshaus.
                    *Cloten.*
Nun und, mein Sohn?

CLOTEN 's steht fest, sie floh: geht hin,
Und sprecht dem König zu, er rast, kein Mensch
Wagt ihm zu nahen.

KÖNIGIN                   Desto besser: mag
Die Nacht ihn bringen um den nächsten Tag.          *Ab.*

CLOTEN Ich liebe sie und hasse sie: weil, hübsch
Ist sie und vornehm, und das Hofzeugs
Hat sie mehr exquisit als jede Lady,
All die Ladies, alle Weiber, von
Jeder hat das Beste sie, und sie,
Aufgebaut aus allen, schlägt sie alle.
Drum liebe ich sie, doch mich zu verabscheun,
Und ihre Gunst dem Stallknecht Posthumus
Nachzuschmeißen, setzt sie derart 'runter,
Daß es all die schönen Extras abwürgt.
Und in dem Punkt werde ich beschließen,
Sie zu hassen, nein, beileibe nicht nur,

*Enter Pisanio.*

Who is heere? What, are you packing sirrah?
Come hither: Ah you precious Pandar, Villaine,
Where is thy Lady? In a word, or else
Thou art straightway with the Fiends.

*Pis.* Oh, good my Lord.

*Clo.* Where is thy Lady? Or, by Iupiter,
    I will not aske againe. Close Villaine,
    Ile haue this Secret from thy heart, or rip
    Thy heart to finde it. Is she with *Posthumus*?
    From whose so many waights of basenesse, cannot
    A dram of worth be drawne.

*Pis.* Alas, my Lord,
    How can she be with him? When was she miss'd?
    He is in Rome.

*Clot.* Where is she Sir? Come neerer:
    No farther halting: satisfie me home,
    What is become of her?

*Pis.* Oh, my all-worthy Lord.

*Clo.* All-worthy Villaine,
    Discouer where thy Mistris is, at once,
    At the next word: no more of worthy Lord:
    Speake, or thy silence on the instant, is
    Thy condemnation, and thy death.

*Pis.* Then Sir:
    This Paper is the historie of my knowledge
    Touching her flight.

*Clo.* Let's see't: I will pursue her

Mich zu rächen auch. Denn dürfen Narren
Sich ihr –

*Pisanio.*

Wer ist da? Wie, belauschst du, Freundchen?
Komm hierher: ah, ein saubrer Kuppler! Schurke,
Wo ist deine Lady? Faß dich kurz, sonst gehst du
Stracks den Weg zum bösen Feind.

PISANIO                                    Oh, Herr!

CLOTEN Wo ist die Lady? Sonst, bei Jupiter,
Ich frage nicht noch einmal. Sturer Stiesel,
Ich wühl dir dein Geheimnis aus dem Herzen,
Oder dir das Herz raus, es zu finden.
Ist sie bei Posthumus? Bei dem siebst du
Aus seinen vielen Zentnern Niedertracht
Nicht ein Gramm Anstand.

PISANIO                              Ach, Mylord,
Wie kann sie bei ihm sein? Seit wann wird sie
Vermißt? In Rom ist er.

CLOTEN                          Und sie, Sir? Komm schon,
Kein Drumrum mehr: klär mich völlig auf,
Was ist aus ihr geworden?

PISANIO Oh, hochwerter Herr!

CLOTEN                                  Hochwerter Hund!
Spucks aus, wo deine Herrin ist, und zügig,
Beim nächsten Satz: nichts mit ›Hochwerter Herr‹!
Sprich, sonst wird dein Schweigen augenblicks
Dein Todesurteil sein und Ende.

PISANIO                              Dann, Sir:
Dem Papier hier schuld ich, was ich weiß
Von ihrer Flucht.

*Zeigt einen Brief.*

CLOTEN                  Zeig her: ich folge ihr

Euen to *Augustus* Throne.

*Pis.* Or this, or perish.
   She's farre enough, and what he learnes by this,
   May proue his trauell, not her danger.

*Clo.* Humh.

*Pis.* Ile write to my Lord she's dead: Oh *Imogen,*
   Safe mayst thou wander, safe returne agen.

*Clot.* Sirra, is this Letter true?

*Pis.* Sir, as I thinke.

*Clot.* It is *Posthumus* hand, I know't. Sirrah, if thou
   would'st not be a Villain, but do me true seruice: vnder-
   go those Imployments wherin I should haue cause to vse
   thee with a serious industry, that is, what villainy soere I
   bid thee do to performe it, directly and truely, I would
   thinke thee an honest man: thou should'st neither want
   my meanes for thy releefe, nor my voyce for thy preferment.

*Pis.* Well, my good Lord.

*Clot.* Wilt thou serue mee? For since patiently and
   constantly thou hast stucke to the bare Fortune of that
   Begger *Posthumus,* thou canst not in the course of grati-
   tude, but be a diligent follower of mine. Wilt thou serue
   mee?

*Pis.* Sir, I will.

*Clo.* Giue mee thy hand, heere's my purse. Hast any
   of thy late Masters Garments in thy possession?

*Pisan.* I haue (my Lord) at my Lodging, the same
   Suite he wore, when he tooke leaue of my Ladie & Mi-
   stresse.

Bis vor Augustus' Stuhl.

PISANIO                    Das oder aus.
Sie hat den Vorsprung, und was er draus lernt,
Bringt ihn auf Trab, doch sie nicht in Gefahr.

CLOTEN Hm!

PISANIO Ich melde ihren Tod. Oh, Imogen,
Froh sei dein Wandern, froh das Wiedersehn!

CLOTEN Freundchen, der Brief hier ist echt?

PISANIO Sir, ich denke, ja.

CLOTEN Posthumus schrieb das, wie ich wohl erkenne.
Freundchen, wolltest du auf Schurkerei verzichten, aber
mir ein treuer Dienstmann sein, und den Anstellungen,
bei denen ich mich auf dich zu stützen Grund habe, mit
ernstem Eifer nachgehen, das heißt, jede Schurkerei, die
ich dir zutraue, ausführen, sogleich und gewissenhaft, ich
wollte dich für einen ehrbaren Kerl halten: weder sollst
du meiner Mittel entraten beim dir Wohltun, noch meiner Stimme beim dich Voranbringen.

PISANIO Gut, mein edler Lord.

CLOTEN Du willst mich bedienern? Denn wenn du ohne
mucken und stur an dem abgerissnen Glück von diesem
Bettler Posthumus geklebt hast, kannst du, nach dem Gesetz vom Geben und vom Nehmen, gar nicht anders können als mir ein fanatischer Gefolgsmann sein. Du willst
mich bedienern?

PISANIO Sir, das will ich.

CLOTEN Deine Hand, hier mein Beutel. Hast du irgendwel-
che Anziehsachen deines abgegangenen Herrn in deiner
Obhut?

PISANIO Habe ich, Mylord, in meiner Behausung, den näm-
lichen Anzug, den er trug, als er von meiner Lady Herrin
Abschied nahm.

*Clo*.  The first seruice thou dost mee, fetch that Suite
hither, let it be thy first seruice, go.

*Pis*.  I shall my Lord.                                    *Exit*.

*Clo*.  Meet thee at Milford-Hauen: (I forgot to aske
him one thing, Ile remember't anon:) euen there, thou
villaine *Posthumus* will I kill thee. I would these Garments were come. She saide vpon a time (the bitternesse
of it, I now belch from my heart) that shee held the very
Garment of *Posthumus,* in more respect, then my Noble
and naturall person; together with the adornement of
my Qualities. With that Suite vpon my backe wil I ra-
uish her: first kill him, and in her eyes; there shall she see
my valour, which wil then be a torment to hir contempt.
He on the ground, my speech of insulment ended on his
dead bodie, and when my Lust hath dined (which, as I
say, to vex her, I will execute in the Cloathes that she so
prais'd:) to the Court Ile knock her backe, foot her home
againe. She hath despis'd mee reioycingly, and Ile bee
merry in my Reuenge.

*Enter Pisanio.*

Be those the Garments?

*Pis*.  I, my Noble Lord.

*Clo*.  How long is't since she went to Milford-Hauen?

*Pis*.  She can scarse be there yet.

*Clo*.  Bring this Apparrell to my Chamber, that is
the second thing that I haue commanded thee. The third
is, that thou wilt be a voluntarie Mute to my designe. Be
but dutious, and true preferment shall tender it selfe to
thee. My Reuenge is now at Milford, would I had wings
to follow it. Come, and be true.                          *Exit*

*Pis*.  Thou bid'st me to my losse: for true to thee,
Were to proue false, which I will neuer bee

CLOTEN Dein erster Dienst für mich ist, schaff den Anzug
her, das soll dein erster Dienst sein, geh.

PISANIO Das werde ich, Mylord.                                    *Ab.*

CLOTEN Treffpunkt Milford-Haven! (Ich vergaß, ihn was zu
fragen, will mich sogleich erinnern.) Genau da, du Lump
Posthumus, mach ich dich kalt. Wär der Anzug nur schon
da. Einmal sprach sie (das Ätzende darin stößt mir sofort
auf im Herz), selbst das Hemd des Posthumus sei ihr teurer als meine ganze edle Erbperson samt dem Zierrat ihrer
Qualitäten. Mit dem Anzug auf dem Hintern will ich sie
schänden: erst ihn kaltmachen, und vor ihren Augen;
merkt sie meinen Mut, ist das Folter für ihren Hochmut.
Liegt er, und meine Schmährede auf seine Leiche ist aus,
laß ich meine Lust tafeln (was ich, wie ich schon sagte, in
den Kleidern tun will, die sie so anpries) und dann stoß
ich sie zurück an den Hof, tret sie hübsch nach Hause. Sie
hat mich vergnügt verabscheut, ich bin fidel bei meiner
Vergeltung.

> *Pisanio, mit dem Anzug.*

Ist das der Anzug?

PISANIO Ja, mein edler Lord.

CLOTEN Wie lang ists her, daß sie nach Milford weglief?

PISANIO Kaum, daß sie dort sein kann.

CLOTEN Trag die Tracht in meine Räume, das ist die Nummero zwei, die ich dir befehle. Die Nummero drei ist, du
sei ein Fisch im Wasser meiner Pläne. Tu schlicht deine
Pflicht, und echtes Vorwärtskommen wird sich dir bieten.
Meine Rache harrt in Milford: hätte ich Flügel, ihr zu
folgen! Komm, und bleib mir treu.                               *Ab.*

PISANIO Du befiehlst mir schlecht: dir treu zu bleiben,
Wär ein Betrug, den ich nicht werd betreiben

To him that is most true. To Milford go,
And finde not her, whom thou pursuest. Flow, flow
You Heauenly blessings on her: This Fooles speede
Be crost with slownesse; Labour be his meede.      *Exit*

## Scena Sexta.

*Enter Imogen alone.*

*Imo.*  I see a mans life is a tedious one,
I haue tyr'd my selfe: and for two nights together
Haue made the ground my bed. I should be sicke,
But that my resolution helpes me: Milford,
When from the Mountaine top, *Pisanio* shew'd thee,
Thou was't within a kenne. Oh Ioue, I thinke
Foundations flye the wretched: such I meane,
Where they should be releeu'd. Two Beggers told me,
I could not misse my way. Will poore Folkes lye
That haue Afflictions on them, knowing 'tis
A punishment, or Triall? Yes; no wonder,
When Rich-ones scarse tell true. To lapse in Fulnesse
Is sorer, then to lye for Neede: and Falshood
Is worse in Kings, then Beggers. My deere Lord,
Thou art one o'th'false Ones: Now I thinke on thee,
My hunger's gone; but euen before, I was
At point to sinke, for Food. But what is this?
Heere is a path too't: 'tis some sauage hold:
I were best not call; I dare not call: yet Famine
Ere cleane it o're-throw Nature, makes it valiant.
Plentie, and Peace breeds Cowards: Hardnesse euer
Of Hardinesse is Mother. Hoa? who's heere?

An ihm, der treu blieb. Zieh nach Milford ab,
Verfehl sie, der du folgst. Strömt, strömt herab
Auf sie, ihr Himmelssegen! Diesen Narren
Lohnt mit Lahmheit; mag er ganz erstarren!

## 6. Szene

*Imogen, in Männerkleidern.*

IMOGEN Ein Männerdasein, sehe ich, ist mühsam;
Erschöpft bin ich: und habe schon zwei Nächte
Die Erde als mein Bett. Ich wär schon krank,
Wenn mein Vorsatz mich nicht stärkte: Milford,
Als Pisanio dich vom Berg mir zeigte,
Schienst du ganz nah. Oh, Jupiter! Ich glaube,
Dächer fliehn den Elenden: ich meine,
Die, wo Labsal auf ihn wartet. Mir
Beteuerten zwei Landstreicher, der Weg
Sei nicht zu verfehlen. Lügt die Armut
Beladen wie sie ist und wissend, Strafe
Ist dies oder Prüfung? Ja; kein Wunder,
Sagt doch kein Reicher je ein wahres Wort.
Übler ists, im Überfluß zu straucheln,
Als aus Not zu lügen, und Betrug wiegt
Beim König schwerer als beim Bettelmann.
Geliebter Gatte, zu den Lügnern zählst nun
Auch du! Kaum daß ich an dich denke, schwindet
Mein Mangel, und doch war ich an dem Punkt,
Vor Hunger umzufallen. Was ist das?
Ein Pfad führt hin: 's ist eine wilde Höhle:
Ich rufe besser nicht; ich wag es nicht:
Doch Knappheit, eh sie die Natur besiegt,

If any thing that's ciuill, speake: if sauage,
Take, or lend. Hoa? No answer? Then Ile enter.
Best draw my Sword; and if mine Enemy
But feare the Sword like me, hee'l scarsely looke on't.
Such a Foe, good Heauens.                                    *Exit.*


## Scena Septima.

*Enter Belarius, Guiderius, and Aruiragus.*

*Bel.* You *Polidore* haue prou'd best Woodman, and
    Are Master of the Feast: *Cadwall,* and I
    Will play the Cooke, and Seruant, 'tis our match:
    The sweat of industry would dry, and dye
    But for the end it workes too. Come, our stomackes
    Will make what's homely, sauoury: Wearinesse
    Can snore vpon the Flint, when restie Sloth
    Findes the Downe-pillow hard. Now peace be heere,
    Poore house, that keep'st thy selfe.
*Gui.* I am throughly weary.
*Arui* I am weake with toyle, yet strong in appetite.

*Gui.* There is cold meat i'th'Caue, we'l brouz on that
    Whil'st what we haue kill'd, be Cook'd.

*Bel.* Stay, come not in:
    But that it eates our victualles, I should thinke
    Heere were a Faiery.

Erkühnt sie erst. Die Fülle und der Frieden
Erzeugen Feigheit, immer Druck macht dreist.
He! Ist hier wer? Wenns wer Ziviles ist,
Gebt Antwort: seid ihr Räuber, raubt, wo ihr
Nicht retten wollt. He! Keine Antwort? Dann
Tret ich ein, mit blankem Schwert am besten;
Und fürchtet sich mein Feind vor meinem Schwert
Wie ich, schaut er kaum hin. Ihr Himmlischen,
Solch einen Gegner mir!                    *Ab in die Höhle.*

## 7. Szene

*Belarius. Guiderius. Arviragus.*

BELARIUS Polydor, du warst der bessre Weidmann
    Und bist der Herr des Fests: Cadwal und ich,
    Wir spielen Koch und Kellner, wie gewettet:
    Schweiß und Fleiß versiegen und vetrocknen,
    Führen sie zu nichts. Kommt, unsre Mägen
    Machen Schlichtes schmackhaft: Arbeitsam
    Schnarcht auf dem Stein, den Müßiggang
    Drückt selbst das Daunenkissen. Frieden
    Gib uns, armes Haus, das selbst sich hütet!
GUIDERIUS Ich bin ganz schlapp.
ARVIRAGUS                    Ich schlafe zwar, doch leider
    Ist mein Appetit wach.
GUIDERIUS            In der Höhle
    Ist kalter Braten, an dem kauen wir,
    Bis das Gejagte gar ist.
BELARIUS            Bleibt, geht nicht:
    Wenns nicht vom Vorrat äße, würd ich meinen,
    Wir hätten einen Elf hier.

*Gui.*  What's the matter, Sir?

*Bel.*  By Iupiter an Angell: or if not
    An earthly Paragon. Behold Diuinenesse
    No elder then a Boy.

*Enter Imogen.*

*Imo.*  Good masters harme me not:
    Before I enter'd heere, I call'd, and thought
    To haue begg'd, or bought, what I haue took: good troth
    I haue stolne nought, nor would not, though I had found
    Gold strew'd i'th'Floore. Heere's money for my Meate,
    I would haue left it on the Boord, so soone
    As I had made my Meale; and parted
    With Pray'rs for the Prouider.

*Gui.*  Money? Youth.

*Aru.*  All Gold and Siluer rather turne to durt,
    As 'tis no better reckon'd, but of those
    Who worship durty Gods.

*Imo.*  I see you're angry:
    Know, if you kill me for my fault, I should
    Haue dyed, had I not made it.

*Bel.*  Whether bound?

*Imo*  To Milford-Hauen.

*Bel.*  What's your name?

*Imo.*  *Fidele* Sir: I haue a Kinsman, who
    Is bound for Italy; he embark'd at Milford,
    To whom being going, almost spent with hunger,
    I am falne in this offence.

*Bel.*  Prythee (faire youth)

GUIDERIUS                      Wie beliebt, Sir?
                    *Imogen.*

BELARIUS  Bei Jupiter, ein Engel! Oder aber
    Die irdische Entsprechung! Göttlichkeit,
    Nicht älter als ein Knabe!


IMOGEN  Ihr guten Herren, tut mir nichts zuleide:
    Bevor ich eintrat, rief ich, und gedachte
    Zu erbetteln oder zu erstehn,
    Was ich mir nahm. Mein Seel, gestohlen hab ich
    Nichts, noch würd ichs, fänd ich auch mit Gold
    Den Boden überstreut. Hier, Geld für meine
    Mahlzeit, auf das Brett hätt ichs gelegt,
    Sobald ich aufgegessen; und gebetet,
    Vor ich wegging, für den Spender.
BELARIUS                        Geld,
    Jüngling?
ARVIRAGUS  Eher sollen Gold und Silber
    Zu Scheiße werden, was nur dem nicht paßt,
    Der so beschissne Götter ehrt.
IMOGEN                  Ihr zürnt:
    Wißt, eh ihr mich für mein Vergehen umbringt,
    Unterließ ichs, wäre ich schon tot.
BELARIUS  Wo geht die Reise hin?
IMOGEN                  Nach Milford-Haven.
BELARIUS  Wie ist dein Name?
IMOGEN                  Sir, Fidelius:
    Ein Verwandter von mir segelt nach
    Italien; in Milford liegt sein Schiff.
    Auf dem Weg zu ihm, schon halb verhungert,
    Machte ich mich schuldig.
BELARIUS                  Schöner Jüngling,

Thinke vs no Churles: nor measure our good mindes
By this rude place we liue in. Well encounter'd,
'Tis almost night, you shall haue better cheere
Ere you depart; and thankes to stay, and eate it:
Boyes, bid him welcome.


*Gui.* Were you a woman, youth,
   I should woo hard, but be your Groome in honesty:
   I bid for you, as I do buy.

*Arui.* Ile make't my Comfort
   He is a man, Ile loue him as my Brother:
   And such a welcome as I'ld giue to him
   (After long absence) such is yours. Most welcome:
   Be sprightly, for you fall 'mongst Friends.
*Imo.* 'Mongst Friends?
   If Brothers: would it had bin so, that they
   Had bin my Fathers Sonnes, then had my prize
   Bin lesse, and so more equall ballasting
   To thee *Posthumus.*
*Bel.* He wrings at some distresse.
*Gui.* Would I could free't.
*Arui.* Or I, what ere it be,
    What paine it cost, what danger: Gods!
*Bel.* Hearke Boyes.
*Imo.* Great men
   That had a Court no bigger then this Caue,
   That did attend themselues, and had the vertue
   Which their owne Conscience seal'd them: laying by
   That nothing-guift of differing Multitudes
   Could not out-peere these twaine. Pardon me Gods,

Bitte nimm uns nicht für Bauern, noch
Bemiß du unsre Denkungsart nach diesem
Rauhen Ort, der uns als Wohnstatt dient.
Du trafst es gut! Es dunkelt schon, und dir
Wird besser aufgetragen, eh du gehst;
Und Dank fürs Bleiben und fürs Essen: Jungs,
Heißt ihn willkommen.

GUIDERIUS                    Wärest du ein Mädchen,
Jüngling, heftig würde ich drum werben,
In aller Form dir Bräutigam zu sein:
Um dich bietend, überböt ich mich.

ARVIRAGUS Mich soll es freun, daß er ein Mann ist, ich
Werde ihn wie einen Bruder lieben:
Und wie ich den willkommen heißen würde
(Nach langer Trennung), so jetzt dich. Willkommen!
Freu dich, denn du kamst hier unter Freunde.

IMOGEN Unter Freunde? Unter Brüder wär
Mir lieber: wenn sie meines Vaters Söhne
Wären, sänke ich im Wert und ausgeglichen
Stünden du und ich da, Posthumus.


BELARIUS Ihn drückt ein Kummer.

GUIDERIUS                    Könnte ich ihm beistehn!

ARVIRAGUS Und ich, was es auch sei, was es auch koste
An Mühe und Gefahr! Ihr Götter!

BELARIUS                    Hört, Jungs. *Sie flüstern.*

IMOGEN Große Männer, wär ihr Hof so klein
Wie diese Höhle, und sie selbst sich Diener,
Und nichts als ihr Gewissen siegelte
Ihr Tun und Lassen, ohne Rücksicht auf
Den Un-Beifall der immer schwanken Menge,
Sie überträfen diese zwei in nichts.

I'ld change my sexe to be Companion with them,
Since *Leonatus* false.

*Bel.*  It shall be so:
Boyes wee'l go dresse our Hunt. Faire youth come in;
Discourse is heauy, fasting: when we haue supp'd
Wee'l mannerly demand thee of thy Story,
So farre as thou wilt speake it.

*Gui.*  Pray draw neere.
*Arui.*  The Night to'th'Owle,
And Morne to th'Larke lesse welcome.
*Imo.*  Thankes Sir.
*Arui.*  I pray draw neere.                    *Exeunt.*


### Scena Octaua.

*Enter two Roman Senators, and Tribunes.*


*1. Sen.*  This is the tenor of the Emperors Writ;
That since the common men are now in Action
'Gainst the Pannonians, and Dalmatians,
And that the Legions now in Gallia, are
Full weake to vndertake our Warres against
The falne-off Britaines, that we do incite
The Gentry to this businesse. He creates
*Lucius* Pro-Consull: and to you the Tribunes
For this immediate Leuy, he commands
His absolute Commission. Long liue *Cæsar.*
*Tri.*  Is *Lucius* Generall of the Forces?
*1. Sen.*  I.
*Tri.*  Remaining now in Gallia?

Vergebt mir, Götter! Tauschen wollt ich mein
Geschlecht, ihr Kamerad zu sein, nachdem
Mich Leonatus irrte.
BELARIUS                    So solls sein:
　　Jungs, bereiten wir das Wild zu. Jüngling,
　　Tritt ein; es spricht sich schwer beim Fasten.
　　Nach unserm Nachtmahl wolln wir ernst dich bitten,
　　Uns von deinem Leben zu erzählen,
　　Soweit du drüber sprechen magst.
GUIDERIUS                              Tritt näher.
ARVIRAGUS  Wie Nacht der Eule, Tag der Lerche lieb.

IMOGEN  Danke, Sir.
ARVIRAGUS  Ich bitte dich, tritt näher.          *Alle ab.*


## 8. Szene

*Senator 1. Senator 2. Tribun 1. Tribun 2.*


SENATOR 1  Die Anordnung des Kaisers lautet so:
　　Da die Gemeinen schon beschäftigt sind
　　Gegen die Pannonier und Dalmatier,
　　Und die Legionen, die in Gallien liegen,
　　Allein zu schwach, die aufständigen Briten
　　Zu bekriegen, daher haben wir
　　Den Adel in der Sache aufzurufen.
　　Lucius wird Prokonsul, und ihr,
　　Tribunen, habt die absolute Vollmacht
　　Zur schnellen Aushebung. Lang lebe Caesar!
TRIBUN 1  Befehligt Lucius die Truppen?
SENATOR 2                                Ja.
TRIBUN 1  Er steht in Gallien noch?

*2. Sen.* With those Legions
   Which I haue spoke of, whereunto your leuie
   Must be suppliant: the words of your Commission
   Will tye you to the numbers, and the time
   Of their dispatch.
*Tri.* We will discharge our duty.                    *Exeunt.*

### Actus Quartus. Scena Prima.

*Enter Clotten alone.*

*Clot* I am neere to'th'place where they should meet,
   if *Pisanio* haue mapp'd it truely. How fit his Garments
   serue me? Why should his Mistris who was made by him
   that made the Taylor, not be fit too? The rather (sauing
   reuerence of the Word) for 'tis saide a Womans fitnesse
   comes by fits: therein I must play the Workman, I dare
   speake it to my selfe, for it is not Vainglorie for a man,
   and his Glasse, to confer in his owne Chamber; I meane,
   the Lines of my body are as well drawne as his; no lesse
   young, more strong, not beneath him in Fortunes, beyond him in the aduantage of the time, aboue him in
   Birth, alike conuersant in generall seruices, and more re-
   markeable in single oppositions; yet this imperseuerant
   Thing loues him in my despight. What Mortalitie is?
   *Posthumus,* thy head (which now is growing vppon thy
   shoulders) shall within this houre be off, thy Mistris in-
   forced, thy Garments cut to peeces before thy face: and
   all this done, spurne her home to her Father, who may
   (happily) be a little angry for my so rough vsage: but my

SENATOR 1                          Mit den Legionen,
   Die ich ansprach, welche eure Werbung
   Ergänzen muß: die Vollmacht nennt euch Zahlen
   Sowie den Zeitplan.

TRIBUN 1                   Wir tun unsre Pflicht.          *Alle ab.*

## IV. Akt 1. Szene

*Cloten, in Posthumus' Anzug.*

CLOTEN Ich muß dicht dran sein an ihrem Treffpunkt, wenn
   Pisanio ihn getreulich kartifiziert hat. Wie gut ich in seine
   Klamotten passe! Warum soll ich nicht genauso gut in seine
   Mistress passen, die just von dem gemacht ist, der den
   Schneider machte? Eher noch besser, heißt es doch (ohne
   das Wort tot zu reiten), den Frauen paßt, wers ihnen ver-
   paßt. Darin will ich den Facharbeiter spielen, ich wag es hier
   zu sagen, denn unterhält sich ein Mann in seinen vier Wänden mit seinem Spiegelbild, dann ist das keine Eitelkeit; ich
   meine, die Gestaltung meines Leibes hat die Güte der seini-
   gen; kein bißchen unfrischer ich, dafür kräftiger, in nichts
   hinter ihm zurück, was die Aussichten angeht, dafür mit rie-
   sigem Zeitvorteil, von Geburt höher, gleich gut geschult im
   Kriegsdienst und noch beachtlicher in Ehrenhändeln; gleichwohl zieht ihn dies halsstarrige Ding mir vor. Aber das Ster-
   benmüssen! Posthumus, dein Kopf (der dir gegenwärtig noch
   auf den Schultern wächst) ist in einer Stunde ab, deiner
   Mistress Gewalt getan, deine Klamotten vor ihrer Nase in
   Stücke gesäbelt: und damit durch, prügle ich sie nach Haus
   zu ihrem Papa, der (könnte sein) ein kleines bißchen sauer ist
   über meine strengen Umgangsformen: aber meine Mum, die

Mother hauing power of his testinesse, shall turne all into my commendations. My Horse is tyed vp safe, out
Sword, and to a sore purpose: Fortune put them into my
hand: This is the very description of their meeting place
and the Fellow dares not deceiue me.                    *Exit.*

## Scena Secunda.

*Enter Belarius, Guiderius, Aruiragus, and
Imogen from the Caue.*

*Bel.* You are not well: Remaine heere in the Caue,
   Wee'l come to you after Hunting.
*Arui.* Brother, stay heere:
   Are we not Brothers?
*Imo.* So man and man should be,
   But Clay and Clay, differs in dignitie,
   Whose dust is both alike. I am very sicke.
*Gui.* Go you to Hunting, Ile abide with him.
*Imo.* So sicke I am not, yet I am not well:
   But not so Citizen a wanton, as
   To seeme to dye, ere sicke: So please you, leaue me,
   Sticke to your Iournall course: the breach of Custome,
   Is breach of all. I am ill, but your being by me
   Cannot amend me. Society, is no comfort
   To one not sociable: I am not very sicke,
   Since I can reason of it: pray you trust me heere,
   Ile rob none but my selfe, and let me dye
   Stealing so poorely.
*Gui.* I loue thee: I haue spoke it,
   How much the quantity, the waight as much,
   As I do loue my Father.

seine Reizbarkeit am Zügel führt, wird alles mir zum Besten
wenden! Mein Pferd ist fest vertäut, heraus, Schwert, und zu
erschröcklichen Zwecken! Fortuna, liefre sie mir frei Hand!
Die Beschreibung paßt auf den Treffpunkt, und der Lakai
wagt es nicht, mich in die Irre zu führen.                    *Ab.*

## 2. Szene

*Belarius. Guiderius. Arviragus. Imogen.*


BELARIUS Euch ist nicht gut: bleibt besser in der Höhle,
  Wir kommen nach der Jagd zurück.
ARVIRAGUS                         Bleib, Bruder;
  Sind wir Brüder?
IMOGEN          Solltens sein, hienieden;
  Doch zwischen Lehm und Lehm wird unterschieden,
  Ist beider Staub auch gleich. Ich bin sehr krank.
GUIDERIUS Geht ihr zur Jagd, ich werde ihn behüten.
IMOGEN Nicht so krank bin ich, gehts mir auch nicht gut:
  Bin kein verzogner Stadtmensch, der gleich stirbt,
  Wenn er erkrankt: drum bitte, laßt mich, folgt nur
  Eurem Tageslauf: der Bruch des Brauchs
  Bricht alles. Ich bin krank, doch Euer Bleiben
  Heilt mich nicht. Gesellschaft bringt nicht Trost
  Dem Ungeselligen. Ich bin nicht sehr krank,
  Kann ich davon noch handeln: bitte, traut mir,
  Ich stehle, wenn, nur mich, und mich laßt sterben
  Mit so kleinem Raub.
GUIDERIUS             Ich liebe dich:
  Der Menge nach, der Schwere, sprach ich das
  Wie ich den Vater liebe.

*Bel.* What? How? how?

*Arui.* If it be sinne to say so (Sir) I yoake mee
   In my good Brothers fault: I know not why
   I loue this youth, and I haue heard you say,
   Loue's reason's, without reason. The Beere at doore,
   And a demand who is't shall dye, I'ld say
   My Father, not this youth.

*Bel.* Oh noble straine!
   O worthinesse of Nature, breed of Greatnesse!
   »Cowards father Cowards, & Base things Syre Bace;
   »Nature hath Meale, and Bran; Contempt, and Grace.
   I'me not their Father, yet who this should bee,
   Doth myracle it selfe, lou'd before mee.
   'Tis the ninth houre o'th'Morne.
*Arui.* Brother, farewell.

*Imo.* I wish ye sport.
*Arui.* You health.—— So please you Sir.

*Imo.* These are kinde Creatures.
   Gods, what lyes I haue heard:
   Our Courtiers say, all's sauage, but at Court;
   Experience, oh thou disproou'st Report.
   Th'emperious Seas breeds Monsters; for the Dish,
   Poore Tributary Riuers, as sweet Fish:
   I am sicke still, heart-sicke; *Pisanio,*
   Ile now taste of thy Drugge.
*Gui.* I could not stirre him:
   He said he was gentle, but vnfortunate;
   Dishonestly afflicted, but yet honest.
*Arui.* Thus did he answer me: yet said heereafter,

BELARIUS                          Was? Wie? Wie?

ARVIRAGUS Ist der Ausspruch Sünde, Sir, schirr ich mich
Ein in die Bruderschuld: warum der Jüngling
Mir lieb ist, weiß ich nicht und hört Euch sagen,
Daß Liebe ohn' Verstand versteht. Stünd vor
Der Tür die Bahre, und man fragte mich,
Wer sterben soll, ich spräche wohl ›Mein Vater,
Nicht dieser Knabe hier‹.

BELARIUS                          O schönes Erbe!
O Adel von Natur aus! Frucht der Größe!
Feig war des Feigen Vater, arm zeugt arm
Natur schafft Korn und Stroh, Ungunst und Gunst.
Bin ich ihr Vater nicht, wer ist dann er,
Daß er so wundersam mich aussticht.
Neun Stunden ist der Tag alt.

ARVIRAGUS                          Bruderherz,
Leb wohl.

IMOGEN          Ich wünsche Jagdglück.

GUIDERIUS                          Wir Gesundheit. –
Sir, nach Euch.

IMOGEN          Welch freundliche Geschöpfe.
Ihr Götter, was für Lügen hörte ich!
Wo er nicht ist, dort wähnt der Hof Barbaren:
Die Wahrheit, o, ich habe sie erfahren!
Die hohe See birgt Monster; süßen Fisch,
Ihn stellen arme Flüsse auf den Tisch:
Krank bin ich sehr, von Herzen krank; Pisanio,
Nun nehme ich dein Mittel.

GUIDERIUS                          Nichts erfuhr ich:
Von Adel sei er, sagt er, doch im Unglück;
Ehrverletzt, doch selber ehrenhaft.

ARVIRAGUS Ganz so beschied er mich: doch einmal, sagt er,

I might know more.

*Bel.* To'th'Field, to'th'Field:

Wee'l leaue you for this time, go in, and rest.

*Arui.* Wee'l not be long away.

*Bel.* Pray be not sicke,

For you must be our Huswife.

*Imo.* Well, or ill,

I am bound to you.                                            *Exit.*

*Bel.* And shal't be euer.

This youth, how ere distrest, appeares he hath had

Good Ancestors.

*Arui.* How Angell-like he sings?

*Gui.* But his neate Cookerie?

*Arui.* He cut our Rootes in Charracters,

And sawc'st our Brothes, as *Iuno* had bin sicke,

And he her Dieter.

*Arui.* Nobly he yoakes

A smiling, with a sigh; as if the sighe

Was that it was, for not being such a Smile:

The Smile, mocking the Sigh, that it would flye

From so diuine a Temple, to commix

With windes, that Saylors raile at.

*Gui.* I do note,

That greefe and patience rooted in them both,

Mingle their spurres together.

*Arui.* Grow patient,

And let the stinking-Elder (Greefe) vntwine

His perishing roote, with the encreasing Vine.

*Bel.* It is great morning. Come away: Who's there?

*Enter Cloten.*

*Clo.* I cannot finde those Runnagates, that Villaine

Hath mock'd me. I am faint.

Bekäm ich mehr zu wissen.

BELARIUS                    Auf, ins Feld!
Wir lassen Euch einstweilen, geht und ruht.

ARVIRAGUS  Wir sind nicht lange fort.

BELARIUS                         Nicht krank sein, denn
Ihr seid die Frau im Haus.

IMOGEN                  Krank oder nicht,
Verbunden bin ich Euch.                          *Ab.*

BELARIUS                  Und sollst es bleiben.
Der junge Mensch, obschon betrübt, er scheint
Aus gutem Haus.

ARVIRAGUS      Wie engelgleich er singt!

GUIDERIUS  Und seine Kochkunst erst! Zu Formen schnitt er
Die Wurzeln, und die Brühe würzte er,
Als wäre Juno krank und er ihr Leibkoch.

ARVIRAGUS  Ein Lächeln paart er fein mit einem Seufzer;
Als sei der Seufzer, was er ist, weil er
Kein solches Lächeln wurde; als verspotte
Das Lächeln diesen Seufzer, der es vorzog,
So schönem Tempel zu entfliegen, um sich
Dem Sturm zu mischen, dem der Seemann flucht.

GUIDERIUS  Beides sprießt aus Gram zugleich und Hochsinn:
Die schlingen ihre Wurzeln ineinander.

ARVIRAGUS  Wachse, Hochsinn! Gram, du Hollerbaum,
Du stinkst, drum gib dem Weinstock Raum!

BELARIUS  's ist hoher Tag. Kommt, gehn wir! Wer ist das?
                           *Cloten.*

CLOTEN  Ich finde die Entwichnen nicht, der Schuft
Betrog mich. Mir ist mulmig.

*Bel.*   Those Runnagates?
    Meanes he not vs? I partly know him, 'tis
    *Cloten,* the Sonne o'th'Queene. I feare some Ambush:
    I saw him not these many yeares, and yet
    I know 'tis he: We are held as Out-Lawes: Hence.

*Gui.*   He is but one: you, and my Brother search
    What Companies are neere: pray you away,
    Let me alone with him.

*Clot.*   Soft, what are you
    That flye me thus? Some villaine-Mountainers?
    I haue heard of such. What Slaue art thou?
*Gui.*   A thing
    More slauish did I ne're, then answering
    A Slaue without a knocke.
*Clot.*   Thou art a Robber,
    A Law-breaker, a Villaine: yeeld thee Theefe.
*Gui.*   To who? to thee? What art thou? Haue not I
    An arme as bigge as thine? A heart, as bigge:
    Thy words I grant are bigger: for I weare not
    My Dagger in my mouth. Say what thou art:
    Why I should yeeld to thee?

*Clot.*   Thou Villaine base,
    Know'st me not by my Cloathes?
*Gui.*   No, nor thy Taylor, Rascall:
    Who is thy Grandfather? He made those cloathes,
    Which (as it seemes) make thee.
*Clo.*   Thou precious Varlet,
    My Taylor made them not.
*Gui.*   Hence then, and thanke

                                         

BELARIUS                    Die Entwichnen?
   Meint er nicht uns? Ich sollt ihn kennen, 's ist
   Cloten, Sohn der Königin. Ich fürchte
   Einen Überfall. All diese Jahre
   Sah ich ihn nicht, und weiß doch, er ist es:
   Wir gelten als gesetzlos: weg von hier!!
GUIDERIUS Er ist allein: Ihr und mein Bruder sucht
   Ob er Begleitung hat. Zieht los, ich bitt euch.
   Überlaßt ihn mir.
                    *Belarius, Arviragus ab.*
CLOTEN               He, he, was läuft da
   Weg vor mir? Bergvolk, heimtückisches?
   Davon hört ich. Was fürn Torfkopp bist du?
GUIDERIUS Kein so ein Torfkopp, daß ich mit 'nem Torfkopp
   Red ohne Prügel.

CLOTEN               Bist ein Wegelagrer,
   Rechtsbrecher, ein Schuft: ergib dich, Dieb.
GUIDERIUS Wem? Dir? Was bist du? Ist mein Arm vielleicht
   Unkräftiger als deiner? Ist mein Herz
   Unkräftiger? Dein Maul ist kräftiger,
   Wett ich: ich hab kein Messer auf der Zunge.
   Sag, was du bist: warum soll ich mich dir
   Ergeben.
CLOTEN      Dreckskerl, siehst du meinen Rock nicht?

GUIDERIUS Nein, noch auch den Schneider, deinen Opa,
   Du Lump: er machte deinen Rock, und der,
   So scheint es, dich.
CLOTEN               Du süßer Silbenstecher,
   Mein Schneider hat ihn nicht gemacht.
GUIDERIUS                          Dann pack dich,

The man that gaue them thee. Thou art some Foole,
I am loath to beate thee.
*Clot.* Thou iniurious Theefe,
  Heare but my name, and tremble.
*Gui.* What's thy name?

*Clo.* *Cloten,* thou Villaine.
*Gui.* *Cloten,* thou double Villaine be thy name,
  I cannot tremble at it, were it Toad, or Adder, Spider,
  'Twould moue me sooner.

*Clot.* To thy further feare,
  Nay, to thy meere Confusion, thou shalt know
  I am Sonne to'th'Queene.
*Gui.* I am sorry for't: not seeming
  So worthy as thy Birth.
*Clot.* Art not afeard?
*Gui.* Those that I reuerence, those I feare: the Wise:
  At Fooles I laugh: not feare them.

*Clot.* Dye the death:
  When I haue slaine thee with my proper hand,
  Ile follow those that euen now fled hence:
  And on the Gates of *Luds-Towne* set your heads:
  Yeeld Rusticke Mountaineer.          *Fight and Exeunt.*
            *Enter Belarius and Aruiragus.*
*Bel.* No Companie's abroad?
*Arui.* None in the world: you did mistake him sure.

*Bel.* I cannot tell: Long is it since I saw him,
  But Time hath nothing blurr'd those lines of Fauour

Und danke dem, der ihn dir schenkte. Depp,
Ich fühle Unlust, dich zu haun.

CLOTEN                                   Diebsfresse,
Hör meinen Namen und erzittre.

GUIDERIUS                          Wie
Ist dein Name?

CLOTEN              Cloten, Sauhund.

GUIDERIUS                          Wär er
Auch Cloten Doppelsauhund, davor
Kann ich nicht zittern: Kröte, Natter, Spinne
Schreckt mich mehr.

CLOTEN                    Dich vollends bleich zu machen
Nein, zur Verzweiflung dich zu bringen, sollst du
Wissen, Sohn bin ich der Königin.

GUIDERIUS Sie tut mir leid: du scheinst die hohe Abkunft
Nicht wert zu sein.

CLOTEN              Hast du denn keine Angst?

GUIDERIUS Vor denen, die ich achte, hab ich Angst:
Den Weisen. Narren lach ich aus: nichts da
Von Angst.

CLOTEN        Den Tod stirb. Hab ich dich von Hand
Geschlachtet, nehm ich die Verfolgung auf
Von denen, die entflohn: und auf Luds Tore
Steck ich euern Kopf. Ergib dich mir,
Erzgrober Bergbewohner.        *Sie gehen fechtend ab.*

                *Belarius. Arviragus.*

BELARIUS Begleitung fand sich keine?

ARVIRAGUS                          Nicht die Spur.
Ihr habt ihn wohl verwechselt.

BELARIUS                          Kanns nicht sagen:
's ist lange her, daß ich zuletzt ihn sah,
Doch hat die Zeit die Züge nicht verwischt,

Which then he wore: the snatches in his voice,
And burst of speaking were as his: I am absolute
'Twas very *Cloten*.

*Arui.* In this place we left them;
    I wish my Brother make good time with him,
    You say he is so fell.

*Bel.* Being scarse made vp,
    I meane to man; he had not apprehension
    Of roaring terrors: For defect of iudgement
    Is oft the cause of Feare.

                    *Enter Guiderius.*

    But see thy Brother.

*Gui.* This *Cloten* was a Foole, an empty purse,
    There was no money in't: Not *Hercules*
    Could haue knock'd out his Braines, for he had none:
    Yet I not doing this, the Foole had borne
    My head, as I do his.

*Bel.* What hast thou done?

*Gui.* I am perfect what: cut off one *Clotens* head,
    Sonne to the Queene (after his owne report)
    Who call'd me Traitor, Mountaineer, and swore
    With his owne single hand heel'd take vs in,
    Displace our heads, where (thanks the Gods) they grow
    And set them on *Luds-Towne*.

*Bel.* We are all vndone.

*Gui.* Why, worthy Father, what haue we to loose,
    But that he swore to take our Liues? the Law
    Protects not vs, then why should we be tender,
    To let an arrogant peece of flesh threat vs?
    Play Iudge, and Executioner, all himselfe?
    For we do feare the Law. What company

Die er schon damals trug: auch das Gestotter ist
Und das Gehaspel seins. Ich bin mir sicher,
Es war Cloten.
ARVIRAGUS        Hier verließen wir sie;
Ich hoff, mein Bruder kommt zurecht mit ihm,
Ihr sagt, er sei so wild.
BELARIUS                Kaum war er halbwegs
Zum Mann geworden, spielte er den Helden.
Das Fürchten lehrt uns, wer sich selbst falsch einschätzt.
Doch sieh, dein Bruder.
                *Guiderius, mit Clotens Kopf.*


GUIDERIUS Der Cloten war ein Narr, 'ne leere Börse,
Geld war keins drin: nicht mal Herkules
Konnt ihm das Hirn ausschlagen, denn da war keins:
Doch hätt ichs unterlassen, trüg der Narr
Nun meinen Kopf wie seinen ich.
BELARIUS                        Was tatst du?
GUIDERIUS Das sag ich doch: schnitt eines Cloten Kopf ab,
Sohn der Königin (hat er behauptet),
Der mich Verräter nannte, Bergbewohner,
Und schwor, mit eigner Hand uns einzufangen,
Den Kopf uns von dem Platz zu rücken, wo er
(Dank den Göttern!) wächst und ihn zu pflanzen
Hoch auf Luds Stadt.
BELARIUS                Wir alle sind verloren.
GUIDERIUS Was, guter Vater, gibts hier zu verlieren,
Als was er uns zu nehmen schwor, das Leben?
Kein Recht beschützt uns nicht, wozu also brav sein
Wenn so ein stolzer Fleischklotz uns bedroht,
Den Richter samt dem Henker spielen will
Auf eigne Faust? Wir achten ja das Recht!

Discouer you abroad?

*Bel.* No single soule
    Can we set eye on: but in all safe reason
    He must haue some Attendants. Though his Honor
    Was nothing but mutation, I, and that
    From one bad thing to worse: Not Frenzie,
    Not absolute madnesse could so farre haue rau'd
    To bring him heere alone: although perhaps
    It may be heard at Court, that such as wee
    Caue heere, hunt heere, are Out-lawes, and in time
    May make some stronger head, the which he hearing,
    (As it is like him) might breake out, and sweare
    Heel'd fetch vs in, yet is't not probable
    To come alone, either he so vndertaking,
    Or they so suffering: then on good ground we feare,
    If we do feare this Body hath a taile
    More perillous then the head.


*Arui.* Let Ord'nance
    Come as the Gods fore-say it: howsoere,
    My Brother hath done well.
*Bel.* I had no minde
    To hunt this day: The Boy *Fideles* sickenesse
    Did make my way long forth.
*Gui.* With his owne Sword,
    Which he did waue against my throat, I haue tane
    His head from him: Ile throw't into the Creeke
    Behinde our Rocke, and let it to the Sea,
    And tell the Fishes, hee's the Queenes Sonne, *Cloten*,
    That's all I reake.               *Exit.*

Entdecktet ihr Begleitung?

BELARIUS                          Keine Seele
Kam uns vors Auge; doch Vernunft sagt uns,
Er muß Gefolge haben. Zwar geheuchelt
War der Respekt vor ihm seit je, ja, gings auch
Von einer Übeltat zur schlimmren, aber
Selbst Tollwut nicht, nicht völlige Verrücktheit
Kann so rasen, daß sie ihn allein
Hierherbringt: hätte man bei Hofe auch
Gehört, daß unsresgleichen hier in Höhlen
Haust und jagt, Rechtlose, die allmählich
Sich sammeln könnten, was, wenn ers vernahm,
Ihn (wies ihm ähnlich sähe) toben ließ
Und schwören, uns zu fangen, ist es doch
Nicht glaublich, daß nur er kam, weil entweder
Ers nicht wagen, oder man bei Hof
Es nicht erlauben würde. Gute Gründe
Für uns, mit einem Schwanz des Tiers zu rechnen,
Ärger als der Kopf.

ARVIRAGUS                    Was uns die Götter
Verhängen, das soll kommen: dennoch tat
Mein Bruder recht.

BELARIUS                    Mir war heut nicht nach Jagen:
Fidelius' Krankheit machte mir den Weg
Auf einmal lang.

GUIDERIUS          Mit seinem eignen Schwert,
Das er vor meiner Nase schwenkte, hab ich
Den Kopf ihm abgenommen: in den Bach
Will ich den werfen hinterm Felsen, meerwärts
Mag er treiben und den Fischen sagen,
Cloten sei er, Sohn der Königin;
Was schiert das mich.                              *Ab.*

*Bel.*  I feare 'twill be reueng'd:
  Would (*Polidore*) thou had'st not done't: though valour
  Becomes thee well enough.
*Arui.*  Would I had done't:
  So the Reuenge alone pursu'de me: *Polidore*
  I loue thee brotherly, but enuy much
  Thou hast robb'd me of this deed: I would Reuenges
  That possible strength might meet, wold seek vs through
  And put vs to our answer.

*Bel.*  Well, 'tis done:
  Wee'l hunt no more to day, nor seeke for danger
  Where there's no profit. I prythee to our Rocke,
  You and *Fidele* play the Cookes: Ile stay
  Till hasty *Polidore* returne, and bring him
  To dinner presently.
*Arui.*  Poore sicke *Fidele*.
  Ile willingly to him, to gaine his colour,
  Il'd let a parish of such *Clotens* blood,
  And praise my selfe for charity.                    *Exit.*

*Bel.*  Oh thou Goddesse,
  Thou diuine Nature; thou thy selfe thou blazon'st
  In these two Princely Boyes: they are as gentle
  As Zephires blowing below the Violet,
  Not wagging his sweet head; and yet, as rough
  (Their Royall blood enchaf'd) as the rud'st winde,
  That by the top doth take the Mountaine Pine,
  And make him stoope to th'Vale. 'Tis wonder
  That an inuisible instinct should frame them
  To Royalty vnlearn'd, Honor vntaught,

BELARIUS               Ich aber fürchte Rache:
  Ich wünschte, daß dus nicht tatst, Polydor,
  Ob dich dein Mut auch schmückt.
ARVIRAGUS            Ich wünschte, ich tats:
  So daß die Rache mich allein verfolgte!
  Polydor, ich lieb dich brüderlich,
  Doch neid dirs sehr, daß du die Tat mir wegnahmst:
  Ich wünschte, daß viel Rache, unsre Kraft
  Zu prüfen, uns besuchte und uns zwänge,
  Antwort ihr zu geben.
BELARIUS          Nun, geschehn ists:
  Wir jagen heute nicht, noch suchen wir
  Gefahr, wos keinen Sinn hat. In die Höhle,
  Fidelius und du, ihr seid die Köche:
  Ich warte auf den Hitzkopf Polydor,
  Und bring ihn mit zum Essen.
ARVIRAGUS        Armer kranker
  Fidelius! Ich eile zu ihm; ihm
  Die Wangen rot zu machen, ließ ich
  Eine Pfarre voller Clotens bluten
  Und hielt mich für barmherzig.        *Ab.*
BELARIUS         O du Göttin,
  Heilige Natur; du spiegelst dich
  In diesen beiden Prinzen: sanft sind sie
  Wie der Zephyr, der das Veilchen anweht
  Des zarten Köpfchens aber schont;
  Und doch so rauh (ihr Königsblut erhitzt)
  Wie Sturmwind, der den Wipfel greift der Fichte
  Des Gebirges und ihn talwärts biegt.
  's ist wunderbar, wie eine unsichtbare
  Regung sie mit einem unerlernten
  Königtum geprägt hat, einem nie

Ciuility not seene from other: valour
That wildely growes in them, but yeelds a crop
As if it had beene sow'd: yet still it's strange
What *Clotens* being heere to vs portends,
Or what his death will bring vs.

*Enter Guidereus.*

*Gui.* Where's my Brother?
  I haue sent *Clotens* Clot-pole downe the streame,
  In Embassie to his Mother; his Bodie's hostage
  For his returne.

*Solemn Musick.*

*Bel.* My ingenuous Instrument,
  (Hearke *Polidore*) it sounds: but what occasion
  Hath *Cadwal* now to giue it motion? Hearke.

*Gui.* Is he at home?
*Bel.* He went hence euen now.
*Gui.* What does he meane?
  Since death of my deer'st Mother
  It did not speake before. All solemne things
  Should answer solemne Accidents. The matter?
  Triumphes for nothing, and lamenting Toyes,
  Is iollity for Apes, and greefe for Boyes.
  Is *Cadwall* mad?

*Enter Aruiragus, with Imogen dead, bearing
her in his Armes.*

*Bel.* Looke, heere he comes,
  And brings the dire occasion in his Armes,
  Of what we blame him for.
*Arui.* The Bird is dead
  That we haue made so much on. I had rather

Gelehrten Ehrbegriff, mit einer Tugend
Bei keinem abgeschaut, mit einem Mut,
Der wild in ihnen wächst, doch Früchte trägt,
Als wäre er gepflanzt. Doch fraglich bleibt,
Was Clotens Ankunft uns bedeutet, oder
Sein Tod uns bringen wird.

*Guiderius.*

GUIDERIUS            Wo ist mein Bruder?
Clotens Klotzkopf sandte ich stromabwärts,
Mit Botschaft an die Mama; seine Leiche
Haftet mir für seine Rückkehr.

*Feierliche Musik.*

BELARIUS            Horch,
Polydor, mein selbsterfundnes Klangwerk:
Nur, welchen Grund hat Cadwal, es zu spielen?
Horch!

GUIDERIUS Ist er daheim?

BELARIUS            Er ging just eben hin.

GUIDERIUS Was hat er im Sinn? Seit meine Mutter
Starb, erklang es nicht. Die ernsten Künste
Gelten ernsten Dingen. Und wie hier?
Siegslärm für nichts und Spielkram zu betrauern,
Ist Affenspaß und Leid aus Kindertagen.
Ist er verrückt?

*Arviragus, mit Imogen, tot, in seinen Armen.*

BELARIUS            Sieh doch, er kommt und trägt
Den grauenvollen Anlaß in den Armen,
Den wir ihm abgesprochen.

ARVIRAGUS            Tot das Vöglein,
Das uns so teuer war. Ich wäre lieber

Haue skipt from sixteene yeares of Age, to sixty:
To haue turn'd my leaping time into a Crutch,
Then haue seene this.
*Gui.*  Oh sweetest, fayrest Lilly:
My Brother weares thee not the one halfe so well,
As when thou grew'st thy selfe.
*Bel.*  Oh Melancholly,
Who euer yet could sound thy bottome? Finde
The Ooze, to shew what Coast thy sluggish care
Might'st easilest harbour in. Thou blessed thing,
Ioue knowes what man thou might'st haue made: but I,
Thou dyed'st a most rare Boy, of Melancholly.
How found you him?

*Arui.*  Starke, as you see:
Thus smiling, as some Fly had tickled slumber,
Not as deaths dart being laugh'd at: his right Cheeke
Reposing on a Cushion.

*Gui.*  Where?
*Arui.*  O'th'floore:
His armes thus leagu'd, I thought he slept, and put
My clowted Brogues from off my feete, whose rudenesse
Answer'd my steps too lowd.
*Gui.*  Why, he but sleepes:
If he be gone, hee'l make his Graue, a Bed:
With female Fayries will his Tombe be haunted,
And Wormes will not come to thee.
*Arui.*  With fayrest Flowers
Whil'st Sommer lasts, and I liue heere, *Fidele,*
Ile sweeten thy sad graue: thou shalt not lacke
The Flower that's like thy face. Pale-Primrose, nor

Nach sechzehn Jahrn gleich sechzig alt geworden,
Vom Springinsfeld zu einem Mann auf Krücken,
Als dies zu sehn.
GUIDERIUS           O süße, schönste Lilie:
Nicht halb so gut ists, trägt mein Bruder dich,
Wie als du wuchsest.
BELARIUS           O Melancholie,
Wer maß je deine Tiefe, fand den Schlammgrund,
Und wies die Küste, deine träge Last
Zu leichtern? O gesegnetes Geschöpf,
Der Herr der Götter weiß, welch einen Mann
Du abgegeben hättst, doch ich weiß nur,
Du starbst, ein holder Knabe, an der Schwermut.
Wie fandst du ihn?
ARVIRAGUS           Starr, wie ihr ihn hier seht:
Lächelnd, als hätt eine Fliege ihn
Im Schlaf gekitzelt, und nicht er den Pfeil
Des Tods verlacht: die rechte Wange ruhte
Auf einem Kissen.
GUIDERIUS           Wo?
ARVIRAGUS           Am Boden lag er,
Die Arme so verschränkt; ich denk, er schläft,
Und zieh die groben Stiefel mir vom Fuß,
Die meinen Schritt laut widerhallen ließen.
GUIDERIUS Er schläft: und ging er, wird sein Grab sein Bett:
Elfen werden seine Gruft verzaubern,
Und kein Wurm kommt dir nah.

ARVIRAGUS                    Mit schönsten Blumen
Solang der Sommer währt, und ich hier lebe,
Versüß ich dir, Fidelius, dein Grab.
Fehlen soll dir nicht die Blüte, die

The azur'd Hare-Bell, like thy Veines: no, nor
The leafe of Eglantine, whom not to slander,
Out-sweetned not thy breath: the Raddocke would
With Charitable bill (Oh bill sore shaming
Those rich-left-heyres, that let their Fathers lye
Without a Monument) bring thee all this,
Yea, and furr'd Mosse besides. When Flowres are none
To winter-ground thy Coarse——

*Gui.* Prythee haue done,
And do not play in Wench-like words with that
Which is so serious. Let vs bury him,
And not protract with admiration, what
Is now due debt. To'th'graue.
*Arui.* Say, where shall's lay him?
*Gui.* By good *Euriphile,* our Mother.

*Arui.* Bee't so:
And let vs (*Polidore*) though now our voyces
Haue got the mannish cracke, sing him to'th'ground
As once to our Mother: vse like note, and words,
Saue that *Euriphile,* must be *Fidele.*
*Gui. Cadwall,*
I cannot sing: Ile weepe, and word it with thee;
For Notes of sorrow, out of tune, are worse
Then Priests, and Phanes that lye.
*Arui.* Wee'l speake it then.
*Bel.* Great greefes I see med'cine the lesse: For *Cloten*
Is quite forgot. He was a Queenes Sonne, Boyes,
And though he came our Enemy, remember

Blaß wie dein Antlitz ist, die Primel, noch
Die Glockenblume, blau wie deine Adern,
Noch auch das wilde Rosenblatt, von dem ich
Sagen will, es duftet so nicht wie
Dein Lebensodem uns. Rotkehlchen wird
All dies dir in dem guten Schnabel bringen
(O Schnabel, du beschämst die reichen Erben,
Die ihre Väter ohne Grabmal lassen);
Ja, und mangeln Blumen, dicken Moospelz,
Daß nicht dein Leichnam friert.

GUIDERIUS                      Genug, ich bitt dich,
Und spiel in Mädchenworten nicht mit dem,
Was uns bedrückt. Begraben laßt ihn uns,
Und nicht so selbstbezogen das versäumen,
Was schuld'ge Pflicht nun ist. Ins Grab mit ihm.

ARVIRAGUS Wo betten wir ihn aber?

GUIDERIUS                      Bei Euriphile,
Der lieben Mutter.

ARVIRAGUS          Seis. Und, Polydor,
Laß uns, trotz des Mannbruchs unsrer Stimmen,
Ihm, wie damals ihr, das Grablied singen.
Wir nehmen Melodie und Text, nur daß
Fidelius Euriphile ersetzt.

GUIDERIUS Cadwal, ich kann nicht singen: ich will weinen,
Und den Text mitsprechen; Klagelieder
Sind, wenn sie falsch gesungen, ärger,
Als Priestertrug in gottvergessnen Tempeln.

ARVIRAGUS Gut, dann sprechen wirs.

BELARIUS                      Der große Schmerz
Kuriert den kleinen, seh ich, denn der Cloten
Ist ganz vergessen. Sohn der Königin
War er, Kinder, und wenn auch ein Feind,

He was paid for that: though meane, and mighty rotting
Together haue one dust, yet Reuerence
(That Angell of the world) doth make distinction
Of place 'tweene high, and low. Our Foe was Princely,
And though you tooke his life, as being our Foe,
Yet bury him, as a Prince.

*Gui.* Pray you fetch him hither,
    *Thersites* body is as good as *Aiax,*
    When neyther are aliue.
*Arui.* If you'l go fetch him,
    Wee'l say our Song the whil'st: Brother begin.


*Gui.* Nay *Cadwall,* we must lay his head to th'East,
    My Father hath a reason for't.
*Arui.* 'Tis true.
*Gui.* Come on then, and remoue him.
*Arui.* So, begin.
           SONG.
Guid. *Feare no more the heate o'th'Sun,*
    *Nor the furious Winters rages,*
    *Thou thy worldly task hast don,*
    *Home art gon, and tane thy wages.*
    *Golden Lads, and Girles all must,*
    *As Chimney-Sweepers come to dust.*
Arui. *Feare no more the frowne o'th'Great,*
    *Thou art past the Tirants stroake,*
    *Care no more to cloath and eate,*
    *To thee the Reede is as the Oake:*
    *The Scepter, Learning, Physicke must,*
    *All follow this and come to dust.*

Vergeßt nicht, er bezahlte: faulen auch
Groß und Klein zu einem Staub zusammen,
Teilt Achtung doch (der Engel dieser Welt),
Den Bau gefügt in hoch und niedrig ein.
Ein Prinz war unser Feind, und nahmt ihr ihm,
Feind, der er war, das Leben auch, begrabt ihn
Als Prinzen doch.
GUIDERIUS          Dann, bitte, holt ihn her,
   Thersites teilt mit Ajax eine Stufe,
   Wenn beide nicht mehr sind.
ARVIRAGUS               Ihr geht ihn holen,
   Indes wir unser Lied aufsagen. Bruder,
   Du fängst an.

*Belarius ab.*

GUIDERIUS          Nein, Cadwal, Kopf nach Osten
   Muß er liegen. Vater weiß den Grund.
ARVIRAGUS Stimmt.
GUIDERIUS          Dann komm, wir drehn ihn.
ARVIRAGUS                               So. Fang an.

LIED

GUIDERIUS Nie mehr fürchte Sonnenglut,
   Noch des harten Winters Fron,
   Tatst, was man auf Erden tut,
   Gingst nach Haus, hast deinen Lohn.
   Lippen goldner Jugend müssen
   Wie Schornsteinfeger Staub doch küssen.
ARVIRAGUS Nie mehr fürchte Zorn der Großen,
   Dich kann kein Tyrann erreichen,
   Mußt nicht Rock noch Futter losen,
   Binsen sind dir gleich wie Eichen.
   Szepter, Weisheit, Heilkunst müssen
   Folgen dir und Staub doch küssen.

Guid. *Feare no more the Lightning flash.*
Arui. *Nor th'all-dreaded Thunderstone.*
Gui. *Feare not Slander, Censure rash.*
Arui. *Thou hast finish'd Ioy and mone.*
Both. *All Louers young, all Louers must,*
   *Consigne to thee and come to dust.*
Guid. *No Exorcisor harme thee,*
Arui. *Nor no witch-craft charme thee.*
Guid. *Ghost vnlaid forbeare thee.*
Arui. *Nothing ill come neere thee.*
Both. *Quiet consumation haue,*
   *And renowned be thy graue.*

         *Enter Belarius with the body of Cloten.*

*Gui.* We haue done our obsequies:
   Come lay him downe.
*Bel.* Heere's a few Flowres, but 'bout midnight more:
   The hearbes that haue on them cold dew o'th'night
   Are strewings fit'st for Graues: vpon their Faces.
   You were as Flowres, now wither'd: euen so
   These Herbelets shall, which we vpon you strew.
   Come on, away, apart vpon our knees:
   The ground that gaue them first, ha's them againe:
   Their pleasures here are past, so are their paine.   *Exeunt.*

         *Imogen awakes.*
Yes Sir, to Milford-Hauen, which is the way?
I thanke you: by yond bush? pray how farre thether?
'Ods pittikins: can it be sixe mile yet?
I haue gone all night: 'Faith, Ile lye downe, and sleepe.
But soft; no Bedfellow? Oh Gods, and Goddesses!
These Flowres are like the pleasures of the World;
This bloody man the care on't. I hope I dreame:

GUIDERIUS Nie mehr fürchte Blitzesschlagen,
ARVIRAGUS Noch des grausen Donners Grollen,
GUIDERIUS Üble Nachred, dummes Fragen,
ARVIRAGUS Freud und Leid nun enden wollen.
BEIDE Liebende, Geliebte müssen
   Dir sich weihn und Staub doch küssen.
GUIDERIUS Kein Beschwörer stör dich!
ARVIRAGUS Nicht Hexenkraft betör dich!
GUIDERIUS Wiedergänger werde nicht!
ARVIRAGUS Erdenlast beschwer dich nicht!
   Beide Schweigendes Verzehren dir,
   Und dein Grab berühmen wir!
        *Belarius, mit der Leiche Clotens.*
GUIDERIUS Vorbei die Trauerfeier: legt ihn nieder.

BELARIUS Hier ein paar Blumen, mehr um Mitternacht:
   Blüten voll von nächtlich kaltem Tau
   Sind gerade recht, sie auf ein Grab zu streun:
   Den Kelch nach unten. Blumen gleich wart ihr,
   Seid nun verwelkt: ganz so ergeht es auch
   Dem Kraut, mit dem wir euch bedecken. Kommt,
   Wir wollen abseits gehn und niederknien:
   Woher sie kamen, dorthin sind sie gangen:
   Vorbei ihr Hoffen hier, wie auch ihr Bangen.
        *Belarius, Guiderius, Arviragus ab.*
IMOGEN *erwachend* Ja, Sir, nach Milford-Haven, wo entlang?
   Danke: bei dem Busch? Wie weit noch, bitte?
   O Jemine, sechs Meilen sind es noch?
   Ich lief die Nacht durch: puh, ich muß doch schlafen.
   Wie, nicht allein? O Göttinnen und Götter!
   Die Blumen sind die Freuden dieser Welt;
   Der Mann voll Blut verkörpert ihre Leiden.

For so I thought I was a Caue-keeper,
And Cooke to honest Creatures. But 'tis not so:

'Twas but a bolt of nothing, shot at nothing,
Which the Braine makes of Fumes. Our very eyes,
Are sometimes like our Iudgements, blinde. Good faith
I tremble still with feare: but if there be
Yet left in Heauen, as small a drop of pittie
As a Wrens eye; fear'd Gods, a part of it.

The Dreame's heere still: euen when I wake it is
Without me, as within me: not imagin'd, felt.
A headlesse man? The Garments of *Posthumus*?

I know the shape of's Legge: this is his Hand:
His Foote Mercuriall: his martiall Thigh
The brawnes of *Hercules*: but his Iouiall face---
Murther in heauen? How? 'tis gone. *Pisanio*,
All Curses madded *Hecuba* gaue the Greekes,
And mine to boot, be darted on thee: thou
Conspir'd with that Irregulous diuell *Cloten*,
Hath heere cut off my Lord. To write, and read,
Be henceforth treacherous. Damn'd *Pisanio*,
Hath with his forged Letters (damn'd *Pisanio*)
From this most brauest vessell of the world
Strooke the maine top! Oh *Posthumus*, alas,
Where is thy head? where's that? Aye me! where's that?
*Pisanio* might haue kill'd thee at the heart,
And left this head on. How should this be, *Pisanio*?
'Tis he, and *Cloten*: Malice, and Lucre in them

Ich träume hoffentlich: war mir doch auch
Als hütete ich eine Höhle und
Kochte da für ehrenwerte Leute.
Doch ist das nicht: ein Pfeil wars aus dem Nichts
Auf Nichts geschossen, den das Hirn aus Dunst formt.
Sind doch diese unsre Augen manchmal
Wie unser Urteil blind. Du liebes bißchen,
Ich zittre immer noch: ist in den Himmeln
Ein Tröpfchen Mitleid übrig, klein wie aus
Dem Sperlingsauge, gebt, ihr Götter, ihr
Gestrengen, mir davon. Geht denn der Alptraum
Nicht weg: wach bin ich nun, doch er ist außer
Mir wie in mir: nicht geträumt, gefühlt.
Mann ohne Kopf? Gekleidet wie Posthumus?
Ich kenn die Form des Beins: dies seine Hand:
Sein Fuß des Flügelgotts: sein Schenkel der
Des Mars: ein Arm wie Herakles: doch sein
Profil des Herrn der Götter – Mord im Himmel?
Wie? Es ist fort. Pisanio, alle Flüche,
Die rasend Hekuba den Griechen zuschrie,
Dazu die meinen, sei'n auf dich geschleudert:
Du, im Bund mit dem entsprungnen Teufel,
Dem Cloten, hast hier meinen Mann verkürzt.
Das Schreiben gelte, wie das Lesen, künftig
Als Hochverrat. Der Höllenknecht Pisanio
Hat mit gefälschtem Brief (der Höllenknecht)
Dem schönen Schiff den Hauptmast abgeschlagen!
O Posthumus, ach, wo ist dein Kopf?
Wo ist er? Weh mir! Wo? Pisanio hätte
Dich am Herzen treffen können und den Kopf
Dir lassen. Warum so, Pisanio? Er wars,
Und Cloten: ihre Eifersucht und Habgier

Haue laid this Woe heere. Oh 'tis pregnant, pregnant!
The Drugge he gaue me, which hee said was precious
And Cordiall to me, haue I not found it
Murd'rous to'th'Senses? That confirmes it home:
This is *Pisanio*'s deede, and *Cloten*: Oh!
Giue colour to my pale cheeke with thy blood,
That we the horrider may seeme to those
Which chance to finde vs. Oh, my Lord! my Lord!


      *Enter Lucius, Captaines, and a Soothsayer.*
*Cap.*  To them, the Legions garrison'd in Gallia
    After your will, haue crost the Sea, attending
    You heere at Milford-Hauen, with your Shippes:
    They are heere in readinesse.
*Luc.*  But what from Rome?
*Cap.*  The Senate hath stirr'd vp the Confiners,
    And Gentlemen of Italy, most willing Spirits,
    That promise Noble Seruice: and they come
    Vnder the Conduct of bold *Iachimo,*
    *Syenna*'s Brother.
*Luc.*  When expect you them?
*Cap.*  With the next benefit o'th'winde.
*Luc.*  This forwardnesse
    Makes our hopes faire. Command our present numbers
    Be muster'd: bid the Captaines looke too't. Now Sir,


What haue you dream'd of late of this warres purpose.

*Sooth.*  Last night, the very Gods shew'd me a vision
    (I fast, and pray'd for their Intelligence) thus:

Legten diesen Jammer aus. O klar ists!
Klar! Das Zeug, das er mir gab, von dem
Er sagte, kostbar sei es und mir heilsam,
Erfuhr ichs nicht als tödlich für die Sinne?
Das schließt den Kreis: es ist Pisanios Tat
Und Clotens! O! die bleiche Wange färbe
Mir mit deinem Blut, daß um so grauser
Wir denen scheinen, die vielleicht uns finden.
O mein Gemahl! O mein Gemahl!
*Sie bricht über der Leiche zusammen.*
*Lucius. Hauptmann 1. Hauptmann 2. Wahrsager. 2 Legionäre.*
HAUPTMANN 1  Die gallischen Legionen überquerten
Befehlsgemäß die See und liegen jetzt
Hier in Milford-Haven in Bereitschaft,
Wo sie auf Euch und Eure Flotte warten.
LUCIUS  Doch was tut Rom?
HAUPTMANN 2                  Auf bietet der Senat
Italiens Stadt- und Landvolk, vaterländisch
Gesinntes, das selbstlosen Dienst verspricht:
Der Bruder führt des Herzogs Siena sie,
Der kühne Iachimo.
LUCIUS                  Wann werden sie erwartet?
HAUPTMANN 2  Mit nächstem Wind.
LUCIUS                  Der reibungslose Aufmarsch
Verbessert unsre Kriegsaussicht. Befehlt
Die Musterung der aufgestellten Mannschaft;
Den Offizieren rat ich Strenge an.
*Hauptmann 1, Hauptmann 2 ab.*
                  Nun, Sir,
Was wars, das Ihr die Nacht vom Krieg geträumt?
WAHRSAGER  Die Götter selber ließen mich ein Bild schaun
(Ich fastete und bat um ihre Sendung):

I saw Ioues Bird, the Roman Eagle wing'd
From the spungy South, to this part of the West,
There vanish'd in the Sun-beames, which portends
(Vnlesse my sinnes abuse my Diuination)
Successe to th'Roman hoast.

*Luc.* Dreame often so,
And neuer false. Soft hoa, what truncke is heere?
Without his top? The ruine speakes, that sometime
It was a worthy building. How? a Page?
Or dead, or sleeping on him? But dead rather:
For Nature doth abhorre to make his bed
With the defunct, or sleepe vpon the dead.
Let's see the Boyes face.

*Cap.* Hee's aliue my Lord.
*Luc.* Hee'l then instruct vs of this body: Young one,
Informe vs of thy Fortunes, for it seemes
They craue to be demanded: who is this
Thou mak'st thy bloody Pillow? Or who was he
That (otherwise then noble Nature did)
Hath alter'd that good Picture? What's thy interest
In this sad wracke? How came't? Who is't?
What art thou?
*Imo.* I am nothing; or if not,
Nothing to be were better: This was my Master,
A very valiant Britaine, and a good,
That heere by Mountaineers lyes slaine: Alas,
There is no more such Masters: I may wander
From East to Occident, cry out for Seruice,
Try many, all good: serue truly: neuer
Finde such another Master.

Jupiters Vogel sah ich in dem Traum,
Roms Adler, schwebend aus dem warmen Süden,
In diesen Teil des Westens, wo er mir
Im Sonnenglanz entschwand, was für Roms Feldzug
(Trübt Sünde mir die Seherkräfte nicht)
Erfolg verheißt.
LUCIUS                    Mögt Ihr noch oft so träumen
Und nie irren. Still doch, welch ein Stamm
Liegt hier? Ganz wipfellos? Noch die Ruine
Zeugt von einem stattlichen Gebäude.
Wie? Ein Page? Wo nicht tot, doch auf ihm
Schlafend? Wohl doch tot: Natur verabscheut
Bei Verstorbnen sich zu betten, oder gar
Auf einer Leiche einzuschlafen. Laßt uns
Das Gesicht des Jungen sehn.
WAHRSAGER                              Er lebt.
LUCIUS Dann wird er Auskunft von dem Leichnam geben.
Junger Mann, belehr uns, was dein Los ist,
Denn es scheint, als wolle es befragt sein.
Den du als dein blutig Kissen nahmst,
Wer ist er? Oder wer war er, der (gegen
Die Arbeit der Natur) dies Bildnis umschuf?
Was geht das arme Wrack dich an? Wie kams?
Wer ist es? Wer bist du?
IMOGEN                              Bin nichts; falls das nicht,
Wär nichts sein besser. Dieser war mein Herr,
Ein sehr gestandner Brite, und ein guter,
Der hier liegt, von Bergvolk totgeschlagen.
Weh! Herrn wie der sind keine mehr: und lief ich
Vom Osten bis zum Okzident und riefe
Meine Dienste aus, versuchte es
Bei vielen, alle gut und diente treu:

*Luc.* 'Lacke, good youth:
 Thou mou'st no lesse with thy complaining, then
 Thy Maister in bleeding: say his name, good Friend.
*Imo.*  *Richard du Champ:* If I do lye, and do
 No harme by it, though the Gods heare, I hope
 They'l pardon it. Say you Sir?
*Luc.*  Thy name?
*Imo.*  *Fidele* Sir.
*Luc.*  Thou doo'st approue thy selfe the very same:
 Thy Name well fits thy Faith; thy Faith, thy Name:
 Wilt take thy chance with me? I will not say
 Thou shalt be so well master'd, but be sure
 No lesse belou'd. The Romane Emperors Letters
 Sent by a Consull to me, should not sooner
 Then thine owne worth preferre thee: Go with me.
*Imo.*  Ile follow Sir. But first, and't please the Gods,
 Ile hide my Master from the Flies, as deepe
 As these poore Pickaxes can digge: and when
 With wild wood-leaues & weeds, I ha' strew'd his graue
 And on it said a Century of prayers
 (Such as I can) twice o're, Ile weepe, and sighe,
 And leauing so his seruice, follow you,
 So please you entertaine mee.


*Luc.*  I good youth,
 And rather Father thee, then Master thee: My Friends,
 The Boy hath taught vs manly duties: Let vs
 Finde out the prettiest Dazied-Plot we can,
 And make him with our Pikes and Partizans
 A Graue: Come, Arme him: Boy hee's preferr'd

Nie fänd ich ihn noch einmal.
LUCIUS                         Armer Junge!
  Du rührst nicht weniger mit deinen Klagen,
  Als dein Herr in seinem Blut: wie hieß er?
IMOGEN Richard du Champ. Die Lüge, die unschädlich,
  Verzeihn die Götter, obschon sie uns hören,
  Das hoffe ich. Ja bitte, Sir?
LUCIUS                         Dein Name?
IMOGEN Fidelius, Sir.
LUCIUS          Der Name kommt dir zu:
  Er paßt zu dir, wie zu dem Namen du:
  Willst dus mit mir versuchen? Ich sag nicht,
  Ich könnt dich halten wie dein Herr, nur schätzen
  Würd ich dich wie er. Ein Brief des Kaisers,
  Den mir ein Konsul brächte, könnte dich
  Nicht mehr empfehlen als du selbst: komm mit mir.
IMOGEN Ich folge, Sir. Zuvor jedoch muß ich,
  Den Göttern mich gefällig zu erzeigen,
  Meinen Herrn der Fliegenbrut verbergen,
  So tief als diese armen Spaten graben:
  Und deckte ich sein Grab mit Laub und Pflanzen,
  Und sprach einhundert Bitten drüber hin
  (So gut ich kann), zweifach, dann weine ich,
  Und seufze ich, und seine Dienste so
  Verlassend, folg ich Euch, sofern es Euch
  Gefällt, mich aufzunehmen.
LUCIUS                         Ja, mein Junge,
  Um dir mehr Vater als ein Herr zu sein:
  Der Knabe, Freunde, lehrt uns Mannespflichten:
  Finden wir den blumenschönsten Platz,
  Und Lanzen richten ihm und Hellebarden
  Ein Grab: kommt, nehmt ihn auf: du, Knabe

By thee, to vs, and he shall be interr'd
As Souldiers can. Be cheerefull; wipe thine eyes,
Some Falles are meanes the happier to arise.      *Exeunt*

## Scena Tertia.

*Enter Cymbeline, Lords, and Pisanio.*

*Cym.*  Againe: and bring me word how 'tis with her,

A Feauour with the absence of her Sonne;
A madnesse, of which her life's in danger: Heauens,
How deeply you at once do touch me. *Imogen,*
The great part of my comfort, gone: My Queene
Vpon a desperate bed, and in a time
When fearefull Warres point at me: Her Sonne gone,
So needfull for this present? It strikes me, past
The hope of comfort. But for thee, Fellow,
Who needs must know of her departure, and
Dost seeme so ignorant, wee'l enforce it from thee
By a sharpe Torture.

*Pis.*  Sir, my life is yours,
I humbly set it at your will: But for my Mistris,
I nothing know where she remaines: why gone,
Nor when she purposes returne  Beseech your Highnes,
Hold me your loyall Seruant.

*Lord.*  Good my Liege,
The day that she was missing, he was heere;
I dare be bound hee's true, and shall performe
All parts of his subiection loyally. For *Cloten,*

Empfahlst ihn uns, bestattet soll er werden
Nach Kriegerart. Sei heiter, wisch die Augen:
Oft will ein Fall zu freiem Aufstieg taugen.            *Alle ab.*

## 3. Szene

*Cymbeline. Lord 1. Lord 2. Pisanio.*

CYMBELINE Ja, geh: und sag mir gleich, wies um sie steht.
                              *Lord 1 ab.*
Sie fiebert, seit ihr Sohn verschwand, wie Wahnsinn
Greifts nach ihrem Leben: Himmel, ihr
Habt mich tief erschüttert. Imogen,
Mein größter Trost, ist weg: die Königin
Wirft die Verzweiflung nieder, während mir
Fürchterliche Kriege drohen: weg ist
Auch ihr Sohn, der nun so nötig wäre.
Geschlagen bin ich, Besserung ist keine.
Dir aber, Kerl, der du, wo sie geblieben,
Notwendig weißt und gleichwohl dumm dich stellst,
Dir wird dein Wissen abgezwungen werden
Durch schwere Foltern.
PISANIO                         Sir, mein Leben liegt
In Eurer Hand: was meine Herrin angeht,
Weiß ich, wo sie verblieben, nicht zu sagen:
Noch den Beweggrund, noch, wann sie zurückkehrt.
Ich bitte Eure Hoheit dringend, seht mich
Als loyalen Diener an.
LORD 2                         Mein Fürst,
Am Tag, als sie verschwand, was er zugegen:
Ich bürge Euch, daß er die Wahrheit sagt,
Und seine Pflicht als treuer Untertan erfüllt.

There wants no diligence in seeking him,
And will no doubt be found.
*Cym.* The time is troublesome:
 Wee'l slip you for a season, but our iealousie
 Do's yet depend.


*Lord.* So please your Maiesty,
 The Romaine Legions, all from Gallia drawne,
 Are landed on your Coast, with a supply
 Of Romaine Gentlemen, by the Senate sent.
*Cym.* Now for the Counsaile of my Son and Queen,
 I am amaz'd with matter.
*Lord.* Good my Liege,
 Your preparation can affront no lesse   (ready:
 Then what you heare of. Come more, for more you're
 The want is, but to put those Powres in motion,
 That long to moue.
*Cym.* I thanke you: let's withdraw
 And meete the Time, as it seekes vs. We feare not
 What can from Italy annoy vs, but
 We greeue at chances heere. Away.   *Exeunt*


*Pisa.* I heard no Letter from my Master, since
 I wrote him *Imogen* was slaine. 'Tis strange:
 Nor heare I from my Mistris, who did promise
 To yeeld me often tydings. Neither know I
 What is betide to *Cloten,* but remaine
 Perplext in all. The Heauens still must worke:
 Wherein I am false, I am honest: not true, to be true.
 These present warres shall finde I loue my Country,

Nach Cloten wird mit Gründlichkeit gesucht,
Gewiß wird man ihn finden.

CYMBELINE                     Was für Zeiten!
Für diesmal sei entlassen, Unser Mißtraun
Aber bleibt.

*Pisanio ab.*

*Lord 1.*

LORD 1          Wenn Majestät geruhn,
Die römischen Legionen von ganz Gallien
Faßten Fuß auf unserm Strand, verstärkt
Von einem Heer, das der Senat von Rom schickt.

CYMBELINE So ohne Rat von Sohn und Königin
Macht alles das mich wirr.

LORD 2                 Verehrter Fürst,
Gerüstet steht Ihr da für nichts Geringres,
Als man Euch meldet. Käme mehr, wärt Ihr
Auf mehr gefaßt: setzt nur das Heer in Marsch,
Das froh marschiert.

CYMBELINE            Habt Dank: Wir wollen gehn,
Der Zeit so zu begegnen, wie sie Uns.
Italiens Drohen ists nicht, was Wir fürchten,
Uns bekümmert, wie es hier steht. Folgt mir!

*Cymbeline, Lords ab.*

*Pisanio.*

PISANIO Geschrieben hab ich meinem Herrn, erschlagen
Läg Imogen, doch kommt kein Brief zurück.
's ist sonderbar: auch meine Herrin läßt
Nicht von sich hören und versprach mir doch,
Oft Nachricht mir zu geben. Weiß auch nicht,
Was Cloten zustieß, tappe nur im Dunkeln.
Mag es der Himmel richten: mein Betrug
Ist meine Treue, ich lüg ehrlich. Dieser Krieg

Euen to the note o'th'King, or Ile fall in them:
All other doubts, by time let them be cleer'd,
Fortune brings in some Boats, that are not steer'd.     *Exit.*

## Scena Quarta.

*Enter Belarius, Guiderius, & Aruiragus.*

*Gui.* The noyse is round about vs.
*Bel.* Let vs from it.
*Arui.* What pleasure Sir, we finde in life, to locke it
    From Action, and Aduenture.
*Gui.* Nay, what hope
    Haue we in hiding vs? This way the Romaines
    Must, or for Britaines slay vs or receiue vs
    For barbarous and vnnaturall Reuolts
    During their vse, and slay vs after.
*Bel.* Sonnes,
    Wee'l higher to the Mountaines, there secure vs.
    To the Kings party there's no going: newnesse
    Of *Clotens* death (we being not knowne, not muster'd
    Among the Bands) may driue vs to a render
    Where we haue liu'd; and so extort from's that
    Which we haue done, whose answer would be death
    Drawne on with Torture.
*Gui.* This is (Sir) a doubt
    In such a time, nothing becomming you,
    Nor satisfying vs.
*Arui.* It is not likely,
    That when they heare their Roman horses neigh,
    Behold their quarter'd Fires; haue both their eyes

Zeig auch dem König, daß ich Brite bin,
Wo nicht, zieh ich es vor, zu fallen: was noch
An Zweifeln blieb, klärt Zeit, mit etwas Glück
Kehrts Schiff euch ohne Steuermann zurück.          *Ab.*

## 4. Szene

*Belarius. Guiderius. Arviragus.*

GUIDERIUS Rings um uns ist der Lärm.
BELARIUS                                    Laßt ihn uns meiden.
ARVIRAGUS Was an unserm Leben ist so schön, Sir,
    Daß es Aktion und Abenteuer ausschließt?
GUIDERIUS Ja, was erhoffen wir von dem Versteckspiel?
    Die Römer töten uns als Feinde oder
    Halten uns für aufständisches Bergvolk,
    Benutzen uns, und töten uns danach.

BELARIUS Meine Söhne, folgt mir ins Gebirge,
    Wo wir sicher sind. Verwehrt ists uns,
    Ums Königsbanner uns zu scharen: Nachricht
    Von Clotens Tod (wir fremd, zum Kriegsdienst nicht
    Gemustert) zwänge uns, zu offenbaren,
    Wo wir lebten, und was wir getan:
    Die Folge wär ein langer Foltertod.

GUIDERIUS Bedenken sind das, Sir, die Euch nicht anstehn,
    In einer Zeit wie dieser, noch uns beide
    Überzeugen.
ARVIRAGUS      Schwer zu glauben ist es,
    Daß sie, die schon Roms Pferde wiehern hören
    Und seinen Rauch der Feldquartiere sehn,

And eares so cloyd importantly as now,
That they will waste their time vpon our note,
To know from whence we are.

*Bel.*  Oh, I am knowne
Of many in the Army: Many yeeres
(Though *Cloten* then but young) you see, not wore him
From my remembrance. And besides, the King
Hath not deseru'd my Seruice, nor your Loues,
Who finde in my Exile, the want of Breeding;
The certainty of this heard life, aye hopelesse
To haue the courtesie your Cradle promis'd,
But to be still hot Summers Tanlings, and
The shrinking Slaues of Winter.


*Gui.*  Then be so,
Better to cease to be. Pray Sir, to'th'Army:
I, and my Brother are not knowne; your selfe
So out of thought, and thereto so ore-growne,
Cannot be question'd.

*Arui.*  By this Sunne that shines
Ile thither: What thing is't, that I neuer
Did see man dye, scarse euer look'd on blood,
But that of Coward Hares, hot Goats, and Venison?
Neuer bestrid a Horse saue one, that had
A Rider like my selfe, who ne're wore Rowell,
Nor Iron on his heele? I am asham'd
To looke vpon the holy Sunne, to haue
The benefit of his blest Beames, remaining
So long a poore vnknowne.

*Gui.*  By heauens Ile go,
If you will blesse me Sir, and giue me leaue,

Mit Augen und mit Ohren, überladen
Von Dringlichstem, noch Zeit verschwenden sollten
Mit Ermitteln, wer wir sind.
BELARIUS                    O mich
    Kennt so mancher noch im Heer: ihr saht,
    Daß auch viele Jahre mir den Cloten,
    (Der damals noch ein Kind war) nicht aus dem
    Gedächtnis schabten. Und erwägt, der König
    Hat meine Dienste nicht verdient, noch eure,
    Die ihr durch meinen Bann den Mangel leidet,
    Nur hartes Leben zur Gewißheit habt,
    Ja, keine Hoffnung, je den Vorrang, den euch
    Die Wiege doch verhieß, auch zu genießen,
    Nur Brätlinge des Sommers seid und Winters
    Eiskrumme Knechte.
GUIDERIUS              Besser nichts als das sein.
    Bitte, Sir, zum Heer: ich und mein Bruder
    Sind unbekannt; Ihr, lang schon aus den Köpfen,
    Werdet, überwachsen wie Ihr seid,
    Nicht ausgefragt.
ARVIRAGUS          Beim Sonnenlicht, ich will
    Dahin: welch Unding, nie den Tod im Krieg schaun,
    Kaum Blut gesehn zu haben, es sei denn
    Von feigen Hasen, Gemsen oder Rotwild!
    Nie ein Pferd zu zügeln, das schon andre
    Reiter trug als mich, der keinen Sporn kennt
    Und keinen Eisenschuh an seiner Ferse!
    Ich schäme mich, blick ich zur Sonne auf,
    Und fühle ihre segensreichen Strahlen,
    Und soll ein Niemand bleiben.
GUIDERIUS                        Bei den Himmeln,
    Ich gehe! Segnet Ihr mich, Sir, und sagt

Ile take the better care: but if you will not,
The hazard therefore due fall on me, by
The hands of Romaines.

*Arui.* So say I, Amen.

*Bel.* No reason I (since of your liues you set
So slight a valewation) should reserue
My crack'd one to more care. Haue with you Boyes:
If in your Country warres you chance to dye,
That is my Bed too (Lads) and there Ile lye.
Lead, lead; the time seems long, their blood thinks scorn
Till it flye out, and shew them Princes borne.      *Exeunt.*


Actus Quintus. Scena Prima.

*Enter Posthumus alone.*


*Post.* Yea bloody cloth, Ile keep thee: for I am wisht
Thou should'st be colour'd thus. You married ones,
If each of you should take this course, how many
Must murther Wiues much better then themselues
For wrying but a little? Oh *Pisanio,*
Euery good Seruant do's not all Commands:
No Bond, but to do iust ones. Gods, if you
Should haue 'tane vengeance on my faults, I neuer
Had liu'd to put on this: so had you saued
The noble *Imogen,* to repent, and strooke
Me (wretch) more worth your Vengeance. But alacke,
You snatch some hence for little faults; that's loue
To haue them fall no more: you some permit

Lebwohl, geh ich gewappnet: weigert Ihrs,
Fällt mich mein eigner Unverstand zu Recht
Mit Römerhänden.

ARVIRAGUS              Dazu sag ich Amen.

BELARIUS Nicht einen Grund gibts (da ihr euer Leben
So knapp veranschlagt) mein geborstnes eignes
Fein wegzupacken. Jungs, ich bin dabei!
Wagt ihr den Hals für euer Land im Krieg,
Seis mein Bett auch, darin zuletzt ich lieg.
Auf denn! Die Zeit ist reif, ihr Blut will Streit.
So fliegt denn auf, zeigt, daß ihr Prinzen seid.     *Alle ab.*


## V. Akt. 1. Szene

*Posthumus.*


POSTHUMUS Doch, Tuch voll Blut, mein bist du: denn ich
Dich mir so gefärbt. Ihr Eheherren,              [wünschte
Nähmt alle ihr den Weg, wie viele müßten
Frauen morden, besser als sie selbst,
Des kleinsten Fehltritts wegen? O, Pisanio,
Kein guter Diener tut uns jeden Dienst:
Pflicht ist ihm nur, was recht ist. Götter, wolltet
Ihr mich für meine Sünden strafen, ich
Hätte niemals dieser Untat leben dürfen:
So hättet ihr die edle Imogen
der Buße aufbewahrt, und mich geschlagen.
Mich Verworfenen, der eure Rache
Weitaus mehr verdient. Doch ach, den einen
Entreißt ihr schon geringen Irrens wegen;
Aus Liebe, daß er euch nicht tiefer falle:

To second illes with illes, each elder worse,
And make them dread it, to the dooers thrift.
But *Imogen* is your owne, do your best willes,
And make me blest to obey. I am brought hither
Among th'Italian Gentry, and to fight
Against my Ladies Kingdome: 'Tis enough
That (Britaine) I haue kill'd thy Mistris: Peace,
Ile giue no wound to thee: therefore good Heauens,
Heare patiently my purpose. Ile disrobe me
Of these Italian weedes, and suite my selfe
As do's a *Britaine* Pezant: so Ile fight
Against the part I come with: so Ile dye
For thee (O *Imogen*) euen for whom my life
Is euery breath, a death: and thus, vnknowne,
Pittied, nor hated, to the face of perill
My selfe Ile dedicate. Let me make men know
More valour in me, then my habits show.

Gods, put the strength o'th'*Leonati* in me:
To shame the guize o'th'world, I will begin,
The fashion lesse without, and more within.          *Exit.*


Scena Secunda.

*Enter Lucius, Iachimo, and the Romane Army at one doore.*
*and the Britaine Army at another: Leonatus Posthumus*
*following like a poore Souldier. They march ouer, and goe*
*out. Then enter againe in Skirmish Iachimo and Posthu-*
*mus: he vanquisheth and disarmeth Iachimo, and then*
*leaues him.*

Manchen laßt ihr Übel tun nach Übel,
Eins schlimmer als das andre, bis ihr ihn
Zur Furcht bringt, die den Täter Einsicht lehrt.
Doch Imogen ist euer, es geschehe
Euer Wille, und mich laßt gehorchen.
Hierher kam mit Italiens Edlen ich,
Krieg gegen meiner Lady Reich zu führen:
Es ist genug, Britannien, daß durch mich
Schon deine Herrin starb: nicht neue Wunden,
Einklang, schlag ich dir: ihr hohen Himmel,
Hört drum gnädig meinen Plan: ab leg ich
Italiens Rock und kleide mich nach Art
Der Bauern dieses Lands: so fecht ich wider
Die eigene Partei: so sterbe ich
Dir nach (o Imogen), der ich lebendig
Mit jedem Atemzug dein Tod bin: unerkannt,
Gehaßt nicht, nur bejammert, tret ich
Vor das Medusenhaupt des Krieges hin.
Ihr Götter, gebt mir Kraft der Leonati!
Einmal noch sei es neu an mir entdeckt:
Kein Rock verrät uns je, wer in ihm steckt.
Beschämt mag sich die Modenwelt besinnen,
Wo Wahrheit liegt: ob außen oder innen.          *Ab.*

## 2. Szene

*Von der einen Seite Lucius, Iachimo, und das römische Heer, von
der anderen das britische Heer, darunter Leonatus Posthumus als
einfacher Soldat. Sie ziehen über die Bühne und gehen ab. Dann
treten Iachimo und Posthumus kämpfend wieder auf: Posthumus
besiegt und entwaffnet Iachimo und läßt ihn liegen.*

*Iac.* The heauinesse and guilt within my bosome,
    Takes off my manhood: I haue belyed a Lady,
    The Princesse of this Country; and the ayre on't
    Reuengingly enfeebles me, or could this Carle,
    A very drudge of Natures, haue subdu'de me
    In my profession? Knighthoods, and Honors borne
    As I weare mine) are titles but of scorne.
    If that thy Gentry (Britaine) go before
    This Lowt, as he exceeds our Lords, the oddes
    Is, that we scarse are men, and you are Goddes.     *Exit.*

    *The Battaile continues, the Britaines fly, Cymbeline is*
    *taken: Then enter to his rescue, Bellarius, Guiderius,*
    *and Aruiragus.*

*Bel.* Stand, stand, we haue th'aduantage of the ground,
    The Lane is guarded: Nothing rowts vs, but
    The villany of our feares.

*Gui. Arui.* Stand, stand, and fight.
    *Enter Posthumus, and seconds the Britaines. They Rescue*
    *Cymbeline, and Exeunt.*
    *Then enter Lucius, Iachimo, and Imogen.*

*Luc.* Away boy from the Troopes, and saue thy selfe:
    For friends kil friends, and the disorder's such
    As warre were hood-wink'd.

*Iac.* 'Tis their fresh supplies.

*Luc.* It is a day turn'd strangely: or betimes
    Let's re-inforce, or fly.     *Exeunt*

     V, ii, 8-33

IACHIMO Die schwere Last der Schuld in meiner Brust
  Drückt auf mein Mannsein: angeschwärzt hab ich
  Die Lady, die Prinzessin dieses Lands ist;
  Rächend drum schwächt seine Luft mich, oder
  Wie sonst gelangs dem Bauern, einem wahren
  Troglodyten, mich, den Waffenkünstler,
  Zu blamieren? Ritterschaft, verstanden
  Wie ich es tue, wird mit Recht zuschanden.
  Hebt dein Adel sich, Britannien
  Von dem Kerl ab, wie er von unserm, dann
  Fängt, was kaum Mann ist, Krieg mit Göttern an.     *Ab.*
    *Schlacht. Fliehende Engländer. Cymbeline wird*
    *gefangengenommen. Dann treten zu seiner Rettung*
    *Belarius, Guiderius, Arviragus auf.*
BELARIUS Steht! Haltet Stand! Wir haben Feldvorteil;
  Der Hohlweg ist verriegelt: nichts vertreibt uns,
  Als der Feind innen, unsre Angst.
GUIDERIUS UND ARVIRAGUS          Steht, kämpft!     *Alle ab.*
    *Posthumus tritt auf und hilft den Engländern.*
    *Sie befreien Cymbeline und gehen ab.*
        *Lucius. Iachimo. Imogen.*
LUCIUS Weg aus der Schlacht, mein Junge, rette dich:
  Hier töten Freunde sich, es herrscht Verwirrung,
  Als wär Krieg blicklos.
IACHIMO                 's ist ihr frischer Nachschub.
LUCIUS Es ist ein fremd verdrehter Tag: entweder
  Sammeln wir uns oder fliehn.                  *Alle ab.*

## Scena Tertia.

*Enter Posthumus, and a Britaine Lord.*

*Lor.* Cam'st thou from where they made the stand?
*Post.* I did,
    Though you it seemes come from the Fliers?
*Lo.* I did.
*Post.* No blame be to you Sir, for all was lost,
    But that the Heauens fought: the King himselfe
    Of his wings destitute, the Army broken,
    And but the backes of Britaines seene; all flying
    Through a strait Lane, the Enemy full-heart'd,
    Lolling the Tongue with slaught'ring: hauing worke
    More plentifull, then Tooles to doo't: strooke downe
    Some mortally, some slightly touch'd, some falling
    Meerely through feare, that the strait passe was damm'd
    With deadmen, hurt behinde, and Cowards liuing
    To dye with length'ned shame.

*Lo.* Where was this Lane?

*Post.* Close by the battell, ditch'd, & wall'd with turph,
    Which gaue aduantage to an ancient Soldiour
    (An honest one I warrant) who deseru'd
    So long a breeding, as his white beard came to,
    In doing this for's Country. Athwart the Lane,
    He, with two striplings (Lads more like to run
    The Country base, then to commit such slaughter,

## 3. Szene

LORD Kommst du von wo die Stellung ward gehalten?

POSTHUMUS Ganz recht, scheint Ihr von denen auch, die
LORD Ganz recht.                                    [flohn.
POSTHUMUS      Sir, Tröstet Euch, denn es war aus
   Wenn nicht die Himmel kämpften: seines Heeres
   Flügel war der König los, zersplittert
   Die Armee, und wo man hinsah Briten,
   Die den Rücken zeigten, eilig fliehend
   Durch einen engen Hohlweg; hochgemut
   Der Feind, das Maul vom Schlachten wäßrig, Arbeit
   Mehr zur Hand als Werkzeug, sie zu tun,
   Traf diesen tödlich, jenen obenhin,
   Den fällte bloße Furcht, bis jener Hohlweg
   Gesperrt mit toten Männern war, die Wunde
   Hinten, und mit Feiglingen, die lebten,
   Um an langer Scham zu sterben.
LORD                               Wo
   War der Hohlweg?
POSTHUMUS            Nahe bei dem Schlachtfeld,
   Eingefurcht, mit Wänden hoch bewachsen;
   Das macht' ein alter Krieger sich zunutze
   (Ein verdienter, schwör ich), der noch einmal
   So lang leben soll, wie ers dem Bart nach
   Schon tut, für diese Tat für unser Land.
   Quer übern Hohlweg stand er mit zwei Buben
   (Knaben, denen das Versteckspiel mehr
   Anstand, als solche Schlächterei, Gesichter,

With faces fit for Maskes, or rather fayrer
Then those for preseruation cas'd, or shame)
Made good the passage, cryed to those that fled.
Our *Britaines* hearts dye flying, not our men,
To darknesse fleete soules that flye backwards; stand,
Or we are Romanes, and will giue you that
Like beasts, which you shun beastly, and may saue
But to looke backe in frowne: Stand, stand. These three,
Three thousand confident, in acte as many:
For three performers are the File, when all
The rest do nothing. With this word stand, stand,
Accomodated by the Place; more Charming
With their owne Noblenesse, which could haue turn'd
A Distaffe, to a Lance, guilded pale lookes;
Part shame, part spirit renew'd, that some turn'd coward
But by example (Oh a sinne in Warre,
Damn'd in the first beginners) gan to looke
The way that they did, and to grin like Lyons
Vpon the Pikes o'th'Hunters. Then beganne
A stop i'th'Chaser; a Retyre: Anon
A Rowt, confusion thicke: forthwith they flye
Chickens, the way which they stopt Eagles: Slaues
The strides the Victors made: and now our Cowards
Like Fragments in hard Voyages became
The life o'th'need: hauing found the backe doore open
Of the vnguarded hearts: heauens, how they wound,
Some slaine before some dying; some their Friends

Zum Schminken fein, nein, hübscher als bei denen,
Die's aus Berechnung machen oder Scham),
Und schrie, den Rückzug deckend, dem, der floh, zu
'Britanniens Wild stirbt fliehend, nicht sein Heer:
Ins Schwarze geht die Seele, die zurückgeht;
Haltet Stand, sonst macht ihr uns zu Römern,
Die euch wie Vieh tun, was wie Vieh ihr meidet,
Und euch erspart, blickt ihr euch um im Zorn:
Steht, haltet Stand!‹ Die drei, stark wie dreitausend
An Selbstvertraun und Tatkraft: denn drei Kämpfer
Sind das Heer, tun alle andern nichts,
Mit ihrem Ruf ›Steht, haltet Stand!‹, vom Platz
Begünstigt, doch durch eignes Vorbild wirkend,
Das eine Spindel euch zur Pike umschuf,
Sie färbten bleiche Mienen; teils aus Scham,
Teils aus erfrischtem Mut geschahs, daß mancher,
Zum Feigling nur vom Beispiel umgewandelt
(O, eine Sünde in dem Krieg, verdammt
In dem, der sie zuerst beging), den dreien
Gleichzusehn begann und wie ein Löwe
Die Zähne nach dem Speer des Jägers bleckte.
Da stockt die Jagd; man weicht zurück; gleich drauf
Setzt wilde Flucht ein, völlige Verwirrung:
Hühnern gleich entflattern, die wie Adler
Niederstießen, Sklaven zähln die Schritte,
Die vordem Sieger gingen: und nun wurden,
Wie schmaler Vorrat auf beschwerter Reise,
Die Memmen euch zu Rettern in der Not:
Kaum sahn sie eine Hintertür erbrochen,
Unbewacht, zum Herzen ihres Feinds,
Himmel, wie sie hieben! Die auf Tote,
Die auf Verletzte, die auf Kameraden,

Ore-borne i'th'former waue, ten chac'd by one,
Are now each one the slaughter-man of twenty:
Those that would dye, or ere resist, are growne
The mortall bugs o'th'Field.

*Lord.* This was strange chance:
    A narrow Lane, an old man, and two Boyes.
*Post.* Nay, do not wonder at it: you are made
    Rather to wonder at the things you heare,
    Then to worke any. Will you Rime vpon't,
    And vent it for a Mock'rie? Heere is one:
    »*Two Boyes, an Oldman (twice a Boy) a Lane,*
    »*Preseru'd the Britaines, was the Romanes bane.*
*Lord.* Nay, be not angry Sir.
*Post.* Lacke, to what end?
    Who dares not stand his Foe, Ile be his Friend:
    For if hee'l do, as he is made to doo,
    I know hee'l quickly flye my friendship too.
    You haue put me into Rime.
*Lord.* Farewell, you're angry.             *Exit.*

*Post.* Still going? This is a Lord: Oh Noble misery
    To be i'th'Field, and aske what newes of me:
    To day, how many would haue giuen their Honours
    To haue sau'd their Carkasses? Tooke heele to doo't,
    And yet dyed too. I, in mine owne woe charm'd
    Could not finde death, where I did heare him groane,
    Nor feele him where he strooke. Being an vgly Monster,
    'Tis strange he hides him in fresh Cups, soft Beds,
    Sweet words; or hath moe ministers then we

Vom vor'gen Angriff überrannt; zehn Mann,
Die zuvor einer jagte, sind nun jeder
Von zwanzig Mann der Schlächter: die den Tod
Der Abwehr vorgezogen, sind gewandelt
Zu Schlachtfelds Rachegeistern.

LORD                Das ist seltsam:
Ein Veteran, zwei Knaben und ein Hohlweg.

POSTHUMUS Da staunt Ihr: nein, Ihr seid gemacht, zu staunen,
Bei Dingen, die ihr hört, statt sie zu tun.

Braucht Ihr 'nen Vers, Euch zu belustigen?
›Wer befreite Britannien von Roms Tyrannei?
Zwei Buben, ein Greis und ein Hohlweg dabei.‹

LORD Nein, ärgert Euch nicht, Sir.

POSTHUMUS           Was würds auch frommen?
Wer seinem Feind weicht, ist als Freund willkommen:
Denn tut er so, wies ihm bestimmt zu tun,
Flieht er alsbald auch meine Freundschaft nun.
Zum Reimer habt Ihr mich gemacht.

LORD              Lebt wohl,
Ihr ärgert euch.                *Ab.*

POSTHUMUS     Fliehst stets? O Jammerlord,
Fragt mich ›Was gibts‹ und war doch selbst am Ort!
Wieviele ließen heut wohl ihren Titel,
Wenns damit glückte, ihren Wanst zu retten?
Und zahlten Fersengeld und starben doch!
Ich, unverwundbar durch mein Leid, fand nicht
Den Tod, wo ich ihn ächzen hörte, fühlt' ihn
Nicht, wo er mähte. Garstig, wie er ist,
Verbirgt er mir gleichwohl in frischem Trunk sich,
Weichen Betten, süßen Worten; oder
Hat andere Lakaien als nur uns,

That draw his kniues i'th'War. Well I will finde him:
For being now a Fauourer to the Britaine,
No more a Britaine, I haue resum'd againe
The part I came in. Fight I will no more,
But yeeld me to the veriest Hinde, that shall
Once touch my shoulder. Great the slaughter is
Heere made by'th'Romane; great the Answer be
Britaines must take. For me, my Ransome's death,
On eyther side I come to spend my breath;
Which neyther heere Ile keepe, nor beare agen,
But end it by some meanes for *Imogen*.

*Enter two Captaines, and Soldiers.*

1 Great Iupiter be prais'd, *Lucius* is taken,
   'Tis thought the old man, and his sonnes, were Angels.
2 There was a fourth man, in a silly habit,
   That gaue th'Affront with them.
1 So 'tis reported:
   But none of 'em can be found. Stand, who's there?
*Post.* A Roman,
   Who had not now beene drooping heere, if Seconds
   Had answer'd him.
2 Lay hands on him: a Dogge,
   A legge of Rome shall not returne to tell
   What Crows haue peckt them here: he brags his seruice
   As if he were of note: bring him to'th'King.

*Enter Cymbeline, Belarius, Guiderius, Aruiragus, Pisanio, and*
   *Romane Captiues. The Captaines present Posthumus to*
   *Cymbeline, who deliuers him ouer to a Gaoler.*

Die wir im Krieg sein Messer ziehn. Ich find ihn:
Macht er sich Briten angenehm, bin ich
Kein Brite mehr und spiele neu die Rolle
Von vordem. Nicht kämpfen will ich mehr,
Doch überliefre mich dem ersten Besten,
Der seine Hand auf meine Schulter legt.
Groß Schlachten hat der Römer hier vollführt;
Groß muß ihm Antwort von den Briten werden.
Mein Lösegeld heißt Tod: auf beide Seiten
Trat ich, mir selbst ein Ende zu bereiten,
Will auch mit mir nun länger so nicht leben,
Nur suchen, mich für Imogen zu geben.

*Hauptmann1. Hauptmann2. Soldaten.*

HAUPTMANN 1   Gelobt sei Jupiter, wir haben Lucius:
Der Alte samt den Söhnen gilt als Engel.
HAUPTMANN 2   Da war ein vierter Mann, auch schlecht ge-
Ders ihnen gleichtat.                                    [rüstet,
HAUPTMANN 1            Hab ich auch gehört:
Zu finden war nicht einer. Halt! Wer da?
POSTHUMUS   Ein Römer, der sich nicht ergeben müßte,
Gäbs seinesgleichen mehr.

HAUPTMANN 2            Legt Hand an ihn:
Kein Hund aus Rom, auch nicht sein Knochen, soll
Verraten, welch ein Krähenvolk ihn hackte:
Er tut sich wichtig: bringt ihn vor den König.

*Auftreten Cymbeline, Belarius, Guiderius, Arviragus, Pisanio, gefangene*
*Römer. Die Hauptleute bringen Posthumus vor Cymbeline, der ihn ei-*
*nem Wachmann übergibt. Alle ab.*

## Scena Quarta.

*Enter Posthumus, and Gaoler.*

*1 Gao.*  You shall not now be stolne,
　　You haue lockes vpon you:
　　So graze, as you finde Pasture.
*2. Gao.*  I, or a stomacke.
*Post.*  Most welcome bondage; for thou art a way
　　(I thinke) to liberty: yet am I better
　　Then one that's sicke o'th'Gowt, since he had rather
　　Groane so in perpetuity, then be cur'd
　　By'th'sure Physitian, Death; who is the key
　　T'vnbarre these Lockes. My Conscience, thou art fetter'd
　　More then my shanks, & wrists: you good Gods giue me
　　The penitent Instrument to picke that Bolt,
　　Then free for euer. Is't enough I am sorry?
　　So Children temporall Fathers do appease;
　　Gods are more full of mercy. Must I repent,
　　I cannot do it better then in Gyues,
　　Desir'd, more then constrain'd, to satisfie
　　If of my Freedome 'tis the maine part, take
　　No stricter render of me, then my All.
　　I know you are more clement then vilde men,
　　Who of their broken Debtors take a third,
　　A sixt, a tenth, letting them thriue againe
　　On their abatement; that's not my desire.
　　For *Imogens* deere life, take mine, and though
　　'Tis not so deere, yet 'tis a life; you coyn'd it,

## 4. Szene

*Wachmann 1. Wachmann 2. Posthumus.*

WACHMANN 1  So angeschlossen klaut Euch keiner. Grast,
Wo Ihr Weide habt.

WACHMANN 2            Ja, oder Kohldampf. *Beide ab.*
POSTHUMUS Sei mir willkommen, Kette; denn zur Freiheit
  Bist du, denk ich, der Weg: auch gehts mir besser,
  Als einem, den die Gicht plagt, weil der lieber
  Fortgesetzt ächzt, statt zum unfehlbaren
  Arzt zu gehn, dem Tod; der ist der Schlüssel,
  Der diese Schlösser aufsperrt. Mein Gewissen,
  Du bist mir mehr als Hand und Fuß gefesselt:
  Gute Götter, gönnt den Riegelöffner
  Der Reue mir, dann frei auf ewig. Daß es
  Mir leid tut, reicht das? So versöhnt ein Kind
  Stets neu den Vater. Gnädiger sind Götter.
  Meine Buße, kann ich bildhafter sie tun
  Als in erwünschten, unerzwungnen Ketten?
  Wenn ich, um zu euch Zugang zu erhalten
  Nicht mehr als meine Freiheit zahlen muß
  Dann erhebt von mir als nächstes
  Keinen höhern Beitrag als mein Alles.
  Ich weiß, ihr seid barmherzig, ihr nehmt nicht
  Wie böse Menschen von verkrachten Schuldnern
  Bloß ein Drittel, Sechstel, Zehntel um
  Durch solche Stundung ihnen Luft zu schaffen;
  Nicht das begehr ich. Für das teure Leben
  Imogens nehmt meins, und ists auch nicht
  Gleich teuer, ist es doch ein Leben; ihr

'Tweene man, and man, they waigh not euery stampe:
Though light, take Peeces for the figures sake,
(You rather) mine being yours: and so great Powres,
If you will take this Audit, take this life,
And cancell these cold Bonds. Oh *Imogen,*
Ile speake to thee in silence.


*Solemne Musicke. Enter (as in an Apparation) Sicillius Leo-*
*natus, Father to Posthumus, an old man, attyred like a war-*
*riour, leading in his hand an ancient Matron (his wife, &*
*Mother to Posthumus) with Musicke before them. Then*
*after other Musicke, followes the two young Leonati (Bro-*
*thers to Posthumus) with wounds as they died in the warrs.*
*They circle Posthumus round as he lies sleeping.*

*Sicil.* No more thou Thunder-Master
    shew thy spight, on Mortall Flies:
With Mars fall out with *Iuno* chide, that thy Adulteries
    Rates, and Reuenges.

Hath my poore Boy done ought but well,
    whose face I neuer saw:
I dy'de whil'st in the Wombe he staide,
    attending Natures Law.
Whose Father then (as men report,
    thou Orphanes Father art)
Thou should'st haue bin, and sheelded him,
    from this earth-vexing smart.
*Moth.* *Lucina* lent not me her ayde,
    but tooke me in my Throwes,
That from me was *Posthumus* ript,
    came crying 'mong'st his Foes.

Habt es geprägt, und zwischen Mensch und Mensch
Wird nicht jede Münze ausgewogen:
Die leichtre nimmt man auch, des Abbilds wegen:
Wie denn nicht ihr, denn meins gleicht eurem: somit,
Ihr ew'gen Mächte, falls ihr meine Rechnung
Annehmt, nehmt dies Leben an und tilgt
Die Eisesschuld. O Imogen, ich will
Fortan schweigend zu dir sprechen.          *Schläft ein.*

*Feierliche Musik. Es treten auf (als Erscheinungen) Sicilius*
     *Leonatus, der Vater des Posthumus, ein alter Mann,*
*gerüstet wie ein Krieger, der an seiner Hand eine ehrwürdige*
     *Matrone führt (seine Frau und Mutter des Posthumus).*
*Ihnen voran Musik. Geführt von weiterer Musik folgen die*
     *zwei jungen Leonati, verwundet wie sie im Krieg starben.*
          *Sie umringen den schlafenden Posthumus.*

SICILIUS  Nicht grolle, Herr des Donners, mehr
          den sterblich-armen Fliegen:
     Den Mars fall an, mit Juno schilt,
          die dich für dein Betrügen
     Anklagt und bestraft.
     Was hat mein armer Sohn getan,
          den ich nie angesehn?
     Ich starb, vor er aus Mutterleib
          den Erdenweg mußt gehn:
     Ihm Vater sein (denn du giltst ja
          als Vater Vaterlosen)
     War deine Pflicht und Schirm ihm auch
          vor Lebenssturmes Tosen.

MUTTER  Juno Lucina half mir nicht,
          nahm mich als ich gebar,
     Daß man Posthumus aus mir schnitt,
          der unter Feinden war

A thing of pitty.

*Sicil.* Great Nature like his Ancestrie,
    moulded the stuffe so faire:
  That he deseru'd the praise o'th'World,
    as great *Sicilius* heyre.

*1. Bro.* When once he was mature for man,
    in Britaine where was hee
  That could stand vp his paralell?
    Or fruitfull obiect bee?
  In eye of *Imogen,* that best could deeme
    his dignitie.

*Mo.* With Marriage wherefore was he mockt
    to be exil'd, and throwne
  From *Leonati* Seate, and cast from her,
    his deerest one:
  Sweete *Imogen?*

*Sic.* Why did you suffer *Iachimo,* slight thing of Italy,

To taint his Nobler hart & braine, with needlesse ielousy,

And to become the geeke and scorne o'th'others vilany?

*2 Bro.* For this, from stiller Seats we came,
    our Parents, and vs twaine,
  That striking in our Countries cause,
    fell brauely, and were slaine,
  Our Fealty, & *Tenantius* right, with Honor to maintaine.

*1 Bro.* Like hardiment *Posthumus* hath
    to *Cymbeline* perform'd:
  Then Iupiter, y<sup>u</sup> King of Gods, why hast yu thus adiourn'd

Vom ersten Schrei an.

SICILIUS  Und ward doch von Natur, daß er
    der Ahnen Ruhm erwerbe,
  Voll Heldenkraft der Welt geschenkt
    als des Sicilius Erbe.

BRUDER 1  Als er zum Mann herangereift,
    wo war in diesem Land,
  Der es ihm gleich tat oder doch
    gleich ihm Gefallen fand
  Vorm Auge Imogens, das klar
    was er uns war, erkannt.

MUTTER  Was mußte Heirat ihm zum Hohn
    des Banns und zum Verlust
  Der Heimat werden, reißen ihn
    von der geliebten Brust
  Schön Imogens?

SICILIUS  Was ließt du zu, daß Iachimo,
    Italiens Intrigant,
  Ihm grundlos Sinne und Vernunft
    mit Eifersucht verbrannt,
  Und er als Narr sich und als Tor
    des Ränkeschmieds erfand?

BRUDER 2  Drum kamen wir vom stummen Platz,
    die Eltern und wir beiden,
  Die für des Reiches Sache wir
    den Tod früh mußten leiden,
  Staatstreue und Tenantius' Recht
    in Ehren zu beeiden.

BRUDER 1  So war Posthumus auch gesinnt
    für Cymbeline zu streiten:
  Jupiter, Götterkönig, mußtest
    du es ihm so bereiten,

The Graces for his Merits due, being all to dolors turn'd?

*Sicil.*  Thy Christall window ope; looke,
     looke out, no longer exercise
Vpon a valiant Race, thy harsh, and potent iniuries:

*Moth.*  Since (Iupiter) our Son is good,
     take off his miseries.
*Sicil.*  Peepe through thy Marble Mansion, helpe,
   or we poore Ghosts will cry
To'th'shining Synod of the rest, against thy Deity.

*Brothers.*  Helpe (Iupiter) or we appeale,
     and from thy iustice flye.

*Iupiter descends in Thunder and Lightning, sitting vppon an*
*Eagle: hee throwes a Thunder-bolt. The Ghostes fall on*
*their knees.*

*Iupiter.*  No more you petty Spirits of Region low
   Offend our hearing: hush. How dare you Ghostes
   Accuse the Thunderer, whose Bolt (you know)
   Sky-planted, batters all rebelling Coasts.
   Poore shadowes of Elizium, hence, and rest
   Vpon your neuer-withering bankes of Flowres.
   Be not with mortall accidents opprest,
   No care of yours it is, you know 'tis ours.
   Whom best I loue, I crosse; to make my guift
   The more delay'd, delighted. Be content,
   Your low-laide Sonne, our Godhead will vplift:
   His Comforts thriue, his Trials well are spent:
   Our Iouiall Starre reign'd at his Birth, and in
   Our Temple was he married: Rise, and fade,
   He shall be Lord of Lady *Imogen,*

Daß Verdienst und Würdigung
   leidvoll ihm entgleiten?
SICILIUS Öffne dein kristallnes Fenster
   und füg nicht länger du
Einem tapferen Geschlecht
   so grobes Unrecht zu.
MUTTER Gerecht ist, Jupiter, der Sohn,
   drum gib ihm Herzensruh.
SICILIUS Blick aus dem Marmortempel, hilf,
   sonst gehn wir hin und tragen,
Wir armen Geister, vor den Rest
   des Götterrats die Klagen.
BRÜDER 1 UND 2 Hilf, Jupiter, solln wir nicht frei
   dein Richteramt befragen.

*Jupiter steigt auf seinem Adler unter Blitz und Donner herab:*
*er schleudert einen Blitzpfeil. Die Geister fallen auf*
*die Knie.*

JUPITER Genug habt, Schatten ihr der untern Welt,
Mein Ohr beleidigt: still! Wie könnt ihrs wagen,
Den Donnrer zu beschuldgen, dems gefällt
Mit Himmels Blitz Rebellen zu erschlagen?
Arme Seelen des Elysiums, fort
Und ruht auf euren ewgen Blumenbänken:
Kein sterblich Ding sei euch ein Tort,
Nicht ihr, ihr wißts, Wir sollen uns drum kränken.
Heim such ich, wen ich liebe, daß mein Geben
Verspätet, mehr verzückt. Lang eh ihr rieft,
Beschloß die Gottheit, euren Sohn zu heben:
Trost wächst ihm zu, er ist genug geprüft:
Jupiters Stern bewachte sein Beginnen,
In Unserm Tempel wurde er getraut.
Verblaßt, ihr. Er wird Imogen gewinnen;

And happier much by his Affliction made.
This Tablet lay vpon his Brest, wherein
Our pleasure, his full Fortune, doth confine,
And so away: no farther with your dinne
Expresse Impatience, least you stirre vp mine:
Mount Eagle, to my Palace Christalline.          *Ascends*

*Sicil.* He came in Thunder, his Celestiall breath
Was sulphurous to smell: the holy Eagle
Stoop'd, as to foote vs: his Ascension is
More sweet then our blest Fields: his Royall Bird
Prunes the immortall wing, and cloyes his Beake,
As when his God is pleas'd.

*All.* Thankes Iupiter.
*Sic.* The Marble Pauement clozes, he is enter'd
His radiant Roofe: Away, and to be blest
Let vs with care performe his great behest.          *Vanish*

*Post.* Sleepe, thou hast bin a Grandsire, and begot
A Father to me: and thou hast created
A Mother, and two Brothers. But (oh scorne)
Gone, they went hence so soone as they were borne:
And so I am awake. Poore Wretches, that depend
On Greatnesse, Fauour; Dreame as I haue done,
Wake, and finde nothing. But (alas) I swerue:
Many Dreame not to finde, neither deserue,
And yet are steep'd in Fauours; so am I
That haue this Golden chance, and know not why;
What Fayeries haunt this ground? A Book? Oh rare one,
Be not, as is our fangled world, a Garment
Nobler then that it couers. Let thy effects
So follow, to be most vnlike our Courtiers,

Schöner ist Glück, das sich auf Schrecken baut.
Auf seine Brust legt dieses Buch, worin
Verzeichnet steht, wie wir ihn künftig ehren
Und dann hinweg: nie äußert fürderhin
Laut Ungeduld, wollt ihr nicht meine nähren.
Steig, Adler, auf zu den kristallnen Sphären. *Er steigt auf.*
SICILIUS Donnernd kam er; sein geweihter Atem
    War Schwefelhauch: der Gottesadler stieß
    Wie auf uns herab: sein Aufstieg aber
    Ist herrlicher als unsere Gefilde:
    Sein Königsvogel spreizt die ewgen Schwingen
    Und reckt den Schnabel, so, als sei der Gott
    Zufrieden.
ALLE        Danke, Jupiter!
SICILIUS Das Marmorpflaster schließt sich, ein trat er
    Unter sein lichtes Dach. Wir wollen nun,
    Was er gebot, zu unserm Heile tun.
    *Sie (legen das Buch auf des Posthumus Brust und) verblassen.*
POSTHUMUS *erwachend* Schlaf, mein Ahnherr warst du und
    Mir einen Vater: auch erschufst du mir     [erzeugtest
    Die Mutter und zwei Brüder: aber ach!
    Sie schwanden, wie geboren. Ich bin wach.
    Ein Armer, dem die Gunst der Großen nötig,
    Träumt so wie ich, wacht auf und findet nichts.
    Doch ach, ich irre mich: gar viele nennen
    Nicht Traum ihr eigen noch Verdienst, und kennen
    Doch höchste Gunst; ganz so geschieht es mir:
    Ich träume goldnen Trost, weiß nicht, wofür.
    Welch Zauber haust an diesem Platz? Ein Buch?
    Daß du mir nur nicht, wie die eitle Welt
    Dich außen edler zeigst, als innen. Halte,
    Unähnlich unsern Hofherrn, das

As good, as promise.

*Reades.*

*WHen as a Lyons whelpe, shall to himselfe vnknown, with-*
*out seeking finde, and bee embrac'd by a peece of tender*
*Ayre: And when from a stately Cedar shall be lopt branches,*
*which being dead many yeares, shall after reuiue, bee ioynted to*
*the old Stocke, and freshly grow, then shall Posthumus end his*
*miseries, Britaine be fortunate, and flourish in Peace and Plen-*
*tie.*

'Tis still a Dreame: or else such stuffe as Madmen
Tongue, and braine not: either both, or nothing,
Or senselesse speaking, or a speaking such
As sense cannot vntye. Be what it is,
The Action of my life is like it, which Ile keepe
If but for simpathy.

*Enter Gaoler.*

*Gao.* Come Sir, are you ready for death?

*Post.* Ouer-roasted rather: ready long ago.

*Gao.* Hanging is the word, Sir, if you bee readie for
that, you are well Cook'd.

*Post.* So if I proue a good repast to the Spectators, the
dish payes the shot.

*Gao.* A heauy reckoning for you Sir: But the comfort
is you shall be called to no more payments, fear no more
Tauerne Bils, which are often the sadnesse of parting, as
the procuring of mirth: you come in faint for want of
meate, depart reeling with too much drinke: sorrie that
you haue payed too much, and sorry that you are payed
too much: Purse and Braine, both empty: the Brain the
heauier, for being too light; the Purse too light, being
drawne of heauinesse. Oh, of this contradiction you shall
now be quit: Oh the charity of a penny Cord, it summes

Was dein Gepränge mir verspricht.

*Liest.*

»Wofern ein Löwenwelpe, sich selbst fremd, findet ohne
Suche und von Luft umarmt wird: wofern die abgehauenen Zweige der hohen Zeder nach langem Welken frisch
ersprossen an dem alten Stamme ergrünen, sodann wird
Posthumus sein Leid endigen, Britannien glücklich werden und erblühen in Frieden und Fülle.«

's ist Traum noch: oder Zeug, wies unbedacht
Verrückte sprechen: beides oder keins,
Wort ohne Sinn, es sei denn, Wort, durch Sinn
Nicht aufschließbar. Seis, was es sei, die Handlung
Meines Lebens gleicht ihm, drum verwahr ichs
Mit Sympathie.

*Wachmann 1. Wachmann 2.*

WACHMANN 1  Los, Sir, seid Ihr gar für den Tod?

POSTHUMUS  Beinah schon angebrannt: längst gar.

WACHMANN 1  Auf der Karte steht Hängen, Sir: seid Ihr dafür gar, müßt Ihr gut durch sein.

POSTHUMUS  Also, bin ich den Gaffern ein Festmahl, zahlt der
Schmaus die Zeche.

WACHMANN 1  Eine satte Rechnung für Sie, Sir; aber das
Schöne ist: nie wieder Finanzamt, nie wieder Schiß vor
Bierfilzen, die wo den Abschied vermiesen wie den Froh-
sinn steigern: rein mit nichts im Bauch, raus mit reichlich
in der Krone: sauer, weil mächtig abgezockt und sauer,
weil mächtig abgefüllt: Beutel und Birne, alles zwei leer:
die Birne schwerer, weil unbeschwert, der Beutel leichter,
weil entleert. O der Widerspruch, bald sind Sie ihn los. O
Mitgefühl eines Zweipennystricks! Mit einem Ruck stellt
er Tausende glatt: ein besserer Schuldner oder Gläubiger

vp thousands in a trice: you haue no true Debitor, and
Creditor but it: of what's past, is, and to come, the discharge: your necke (Sis) is Pen, Booke, and Counters; so
the Acquittance followes.

*Post.* I am merrier to dye, then thou art to liue.

*Gao.* Indeed Sir, he that sleepes, feeles not the Tooth-
Ache: but a man that were to sleepe your sleepe, and a
Hangman to helpe him to bed, I think he would change
places with his Officer: for, look you Sir, you know not
which way you shall go.

*Post.* Yes indeed do I, fellow.

*Gao.* Your death has eyes in's head then: I haue not
seene him so pictur'd: you must either bee directed by
some that take vpon them to know, or to take vpon your
selfe that which I am sure you do not know: or iump the
after-enquiry on your owne perill: and how you shall
speed in your iournies end, I thinke you'l neuer returne
to tell one.

*Post.* I tell thee, Fellow, there are none want eyes, to
direct them the way I am going, but such as winke, and
will not vse them.

*Gao.* What an infinite mocke is this, that a man shold
haue the best vse of eyes, to see the way of blindnesse: I
am sure hanging's the way of winking.

*Enter a Messenger.*

*Mes.* Knocke off his Manacles, bring your Prisoner to
the King.

*Post.* Thou bring'st good newes, I am call'd to bee
made free.

*Gao.* Ile be hang'd then.

kann Ihnen nicht unterkommen: für alles was war, ist und wird, macht er den Abschluß; Ihr Hals, Sir, ist Feder, Schuldbuch und Rechenbrett; was folgt, ist die Tilgung.

POSTHUMUS Ich habe mehr Spaß am Sterben als du am Leben.

WACHMANN 1 In der Tat, Sir, wer schläft, fühlt kein Zahnweh: aber soll ein Mann Ihren Schlaf schlafen und sich vom Henker ins Bett helfen lassen, na, ich dächte, er tauschte lieber den Platz mit seinem Kissenschüttler: denn sehn Sie, Sir, wohin es geht, wissen Sie nicht.

POSTHUMUS In der Tat weiß ich das, Freundchen.

WACHMANN 1 Dann hat Ihr Tod noch Augen im Kopf: gemalt hab ich ihn so nicht gesehn: entweder Sie werden von solchen dirigiert, die wo vorgeben, Bescheid zu wissen, oder Sie geben selbst vor, worüber Sie, könnte ich schwören, nicht Bescheid wissen, oder Sie gehn die Was-kommt-danach-Frage auf eignes Risiko an: und so eilig Sies haben, Ihre Reise zu beenden, so wenig, denk ich, kommen Sie wieder, um wem zu vermelden, wo Sie waren.

POSTHUMUS Ich sage dir, Freundchen, jeder hat Augen zu sehn welchen Weg ich gehe, bis auf die, die sie zudrücken, statt sie zu benutzen.

WACHMANN 1 Ein Witz ist das, ein unendlicher, daß das Menschenauge am klarsten sehn soll auf dem Weg zum Nichtsmehrsehn! Ich schwöre, Hängen ist der sicherste Weg zum Zudrücken.

*Bote.*

BOTE Weg mit den Ketten, bringt Euren Gefangenen vor den König.

POSTHUMUS Du bringst frohe Botschaft, man ruft mich zur Freiheit.

WACHMANN 1 Dann werde ich gehängt.

*Post.* Thou shalt be then freer then a Gaoler; no bolts
    for the dead.

*Gao.* Vnlesse a man would marry a Gallowes, & be-
    get yong Gibbets, I neuer saw one so prone: yet on my
    Conscience, there are verier Knaues desire to liue, for all
    he be a Roman; and there be some of them too that dye
    against their willes; so should I, if I were one. I would
    we were all of one minde, and one minde good: O there
    were desolation of Gaolers and Galowses: I speake a-
    gainst my present profit, but my wish hath a preferment
    in't.                                        *Exeunt.*


## Scena Quinta.

*Enter Cymbeline, Bellarius, Guiderius, Arui-*
*ragus, Pisanio, and Lords.*


*Cym.* Stand by my side you, whom the Gods haue made
    Preseruers of my Throne: woe is my heart,
    That the poore Souldier that so richly fought,
    Whose ragges, sham'd gilded Armes, whose naked brest
    Stept before Targes of proofe, cannot be found:
    He shall be happy that can finde him, if
    Our Grace can make him so.

*Bel.* I neuer saw
    Such Noble fury in so poore a Thing;
    Such precious deeds, in one that promist nought
    But beggery, and poore lookes.

*Cym.* No tydings of him?

*Pisa.* He hath bin search'd among the dead, & liuing;

POSTHUMUS Dann wirst du freier sein als ein Wächter: Tote
kennen keine Riegel. *Mit dem Boten ab.*

WACHMANN 1 Wenn einer den Galgen heiraten wollte, um
Galgenstricke zu zeugen, er könnte schwerlich versessner
darauf sein als der. Aber so wahr es weit ärgere Gauner
gibt, die am Leben hängen, er war ein echter Römer; und
selbst bei denen sterben welche wider Willen; ich auch,
wenn ich einer wäre. Ich wollte, wir wären alle eines Sinnes und eines guten Sinnes: o, da gäbs ein Heulen und
Zähneklappern bei Henkern und Galgen! Ich rede gegen
meine momentanen Interessen, aber meine Utopie
brächte auch meine Weiterbildung mit sich. *Ab.*

## 5. Szene

*Cymbeline. Belarius. Guiderius. Arviragus. Pisanio.
Lord 1. Lord 2.*

CYMBELINE An meine Seite, ihr, die mir die Götter
Zu Rettern meines Throns bestimmten: Herzweh
Macht es mir, daß jener arme Krieger,
Der sich so prachtvoll schlug, des Bauernkittel
Den Goldharnisch beschämte, dessen Brust
Entblößt mehr abhielt als erprobte Wehr,
Nicht zu finden war: den, der ihn aufspürt
Macht Unsre Gnade, kann sies, glücklich.
BELARIUS                                    Nie noch
Sah ich so edlen Zorn an solcher Armut;
So kühnes Tun bei einem, dessen Äußres
Von Bettelei und Furcht sprach.
CYMBELINE                          Nichts von ihm?
PISANIO Nicht bei den Toten noch den Lebenden

But no trace of him.

*Cym.* To my greefe, I am
The heyre of his Reward, which I will adde
To you (the Liuer, Heart, and Braine of Britaine)
By whom (I grant) she liues. 'Tis now the time
To aske of whence you are. Report it.

*Bel.* Sir,
In Cambria are we borne, and Gentlemen:
Further to boast, were neyther true, nor modest,
Vnlesse I adde, we are honest.

*Cym.* Bow your knees:
Arise my Knights o'th'Battell, I create you
Companions to our person, and will fit you
With Dignities becomming your estates.

*Enter Cornelius and Ladies.*

There's businesse in these faces: why so sadly
Greet you our Victory? you looke like Romaines,
And not o'th'Court of Britaine.

*Corn.* Hayle great King,
To sowre your happinesse, I must report
The Queene is dead.

*Cym.* Who worse then a Physitian
Would this report become? But I consider,
By Med'cine life may be prolong'd, yet death
Will seize the Doctor too. How ended she?

*Cor.* With horror, madly dying, like her life,
Which (being cruell to the world) concluded
Most cruell to her selfe. What she confest,
I will report, so please you. These her Women
Can trip me, if I erre, who with wet cheekes

Auch nur die Spur.

CYMBELINE                Als Erben seines Lohnes
Seh ich voll Kummer mich. Ich leg ihn euch zu,
Leber, Herz, Hirn Britanniens, durch welche
(Wie ich weiß) es lebt. Zeit ists, nach eurer
Herkunft euch zu fragen. Sagt sie.

BELARIUS                                Sir,
Wir sind aus Cambria gebürtig und von Stand:
Mehr hier vorzutragen schickt sich nicht
Und wäre unbescheiden, ich sag nur noch:
Wir meinens gut.

CYMBELINE          Beugt eure Knie: erhebt euch,
Kampfgezeugte Ritter, ich ernenne
In mein Gefolge euch und ich bekleide
Mit Ämtern euch, die eurem Rang entsprechen.

                    *Cornelius. Hofdamen.*
Die Mienen künden Ernstes. Warum grüßt ihr
Unsern Sieg so traurig? Römern gleicht ihr,
Und nicht Britanniens Hof.

CORNELIUS                    Heil, großer König!
Die Freude Euch zu säuern, muß ich melden,
Die Königin ist tot.

CYMBELINE            Wer paßte wohl
Zu solcher Botschaft schlechter als ein Arzt?
Doch halte ich zugut, daß, streckt die Heilkunst
Das Leben auch, der Tod den Doktor auch holt.
Wie starb sie?

CORNELIUS      Schrecklich, irre, wie ihr Leben,
Das (aller Welt zur Qual) am Ende qualvoll
Gegen sie sich kehrte. Ihr Geständnis,
Falls gewünscht, vermelde ich. Aushelfen
Können, irr ich mich, die Damen hier,

Were present when she finish'd.

*Cym.* Prythee say.

*Cor.* First, she confest she neuer lou'd you: onely
Affected Greatnesse got by you: not you:
Married your Royalty, was wife to your place:
Abhorr'd your person.

*Cym.* She alone knew this:
And but she spoke it dying, I would not
Beleeue her lips in opening it. Proceed.

*Corn.* Your daughter, whom she bore in hand to loue
With such integrity, she did confesse
Was as a Scorpion to her sight, whose life
(But that her flight preuented it) she had
Tane off by poyson.

*Cym.* O most delicate Fiend!
Who is't can reade a Woman? Is there more?

*Corn.* More Sir, and worse. She did confesse she had
For you a mortall Minerall, which being tooke,
Should by the minute feede on life, and ling'ring,
By inches waste you. In which time, she purpos'd
By watching, weeping, tendance, kissing, to
Orecome you with her shew; and in time
(When she had fitted you with her craft), to worke
Her Sonne into th'adoption of the Crowne:
But fayling of her end by his strange absence,
Grew shamelesse desperate, open'd (in despight
Of Heauen, and Men) her purposes: repented
The euils she hatch'd, were not effected: so
Dispayring, dyed.

Die nassen Augs dabei warn, als sie abtrat.
CYMBELINE Dann, bitte, sprich.
CORNELIUS                          Zunächst gestand sie, Euch
Nie geliebt zu haben: nur der Größe
Die ihr durch Euch kam, zugetan, nicht Euch:
Weib Eurer Würde, Gattin Eurem Thron,
Als Mann Euch hassend.
CYMBELINE                          Ihr Geheimnis war das:
Und gab sie es nicht sterbend preis, ich glaubte
Es ihr aus eignem Munde nicht. Sprich weiter.
CORNELIUS Eure Tochter, die zu lieben sie
Glaubwürdig vorgetäuscht, war, das gestand sie,
Ihr ein Skorpion, den sie (hätt Flucht es nicht
Verhindert) mittels Gift zu töten plante.

CYMBELINE O, höchst gleisnerischer Teufel! Einer Frau
Ins Innre sehen, wer vermags? Folgt mehr?
CORNELIUS Mehr, Sir, und Schlimmeres. Für Euch,
Gestand sie, habe sie ein tödlich Pulver,
Das, einmal eingenommen, stetig langsam
Am Leben frißt und schleichend Zoll um Zoll
Euch schwächen sollte, während sie, durch Wachen,
Weinen, Kümmern und durch Küsse Euch
Soweit zu hintergehen hoffte, daß sie
Beizeiten (sobald ihre Kunst Euch fügsam
Zugerichtet) ihrem Sohn ein Anrecht
Auf den Thron erwirkte. Nun jedoch,
Infolge seines seltsamen Verschwindens,
Um ihren Zweck gebracht, verfällt sie
In schamlose Verzweiflung, deckt, nicht Himmel
Noch Menschen achtend, ihre Absicht auf:
Beklagt, daß die von ihr geheckten Übel

*Cym.*   Heard you all this, her Women?

*La.*   We did, so please your Highnesse.

*Cym.*   Mine eyes

    Were not in fault, for she was beautifull:

    Mine eares that heare her flattery, nor my heart,

    That thought her like her seeming. It had beene vicious

    To haue mistrusted her: yet (Oh my Daughter)

    That it was folly in me, thou mayst say,

    And proue it in thy feeling. Heauen mend all.

        *Enter Lucius, Iachimo, and other Roman prisoners,*

                *Leonatus behind, and Imogen.*

    Thou comm'st not *Caius* now for Tribute, that

    The Britaines haue rac'd out, though with the losse

    Of many a bold one: whose Kinsmen haue made suite

    That their good soules may be appeas'd, with slaughter

    Of you their Captiues, which our selfe haue granted,

    So thinke of your estate.

*Luc.*   Consider Sir, the chance of Warre, the day

    Was yours by accident: had it gone with vs,

    We should not when the blood was cool, haue threatend

    Our Prisoners with the Sword. But since the Gods

    Will haue it thus, that nothing but our liues

    May be call'd ransome, let it come: Sufficeth,

    A Roman, with a Romans heart can suffer:

    *Augustus* liues to thinke on't: and so much

    For my peculiar care. This one thing onely

    I will entreate, my Boy (a Britaine borne)

    Let him be ransom'd: Neuer Master had

    A Page so kinde, so duteous, diligent,

Vollbracht nicht wurden: so im Wahnsinn
  Starb sie.
CYMBELINE All das hörten ihre Damen?
HOFDAME Ja, Euer Hoheit, mit Verlaub.
CYMBELINE                                Mein Auge
  Trägt nicht Schuld, denn sie war schön: mein Ohr
  Vernahm nur Schmeicheleien, auch mein Herz nicht,
  Das für sie fühlte, wie sie schien. Bösartig
  War, wer ihr mißtraute: dennoch, o
  Mein Kind, darfst du, daß ich ein Narr war, sagen
  Und nach Gefühl beweisen. Himmel, helft!
    *Lucius. Imogen. Iachimo. Wahrsager. Posthumus.*

  Nicht um Tribut jetzt, Caius, kommst du; den
  Hat Britannien getilgt, wenn auch
  Auf Kosten manches Tapfren: deren Sippen
  Ersuchen Uns, die Heldenseelen durch
  Die Opfrung der Gefangnen zu versöhnen,
  Was Wir bewilligen: so stehts um dich.
 LUCIUS Bedenkt das Kriegsglück, Sir, der Tag
  Ward nur durch Zufall Euer: wär er unser,
  Bedrohten wir, bei abgekühltem Blut,
  Nicht Kriegsgefangne mit dem Schwert. Doch da
  Die Götter es so fügen, daß das Leben
  Uns Lösegeld wird, mag es sein: ein Römer,
  Seht Ihr, weist dem Leid ein römisch Herz.
  Augustus lebt, dies zu erinnern. Soviel
  Zu mir. Um eines nur ersuch ich Euch:
  Laßt meinen Jungen (ein geborner Brite)
  Gegen eine Summe frei; nie diente
  Einem Herrn ein solcher Page: freundlich,
  Pflichtgetreu, genau, auch unbefohlen

So tender ouer his occasions, true,
So feate, so Nurse-like: let his vertue ioyne
With my request, which Ile make bold, your Highnesse
Cannot deny: he hath done no Britaine harme,
Though he haue seru'd a Roman. Saue him (Sir)
And spare no blood beside.

*Cym.* I haue surely seene him:
    His fauour is familiar to me: Boy,
    Thou hast look'd thy selfe into my grace,
    And art mine owne. I know not why, wherefore,
    To say, liue boy: ne're thanke thy Master, liue;

    And aske of *Cymbeline* what Boone thou wilt,
    Fitting my bounty, and thy state, Ile giue it:
    Yea, though thou do demand a Prisoner
    The Noblest tane.

*Imo.* I humbly thanke your Highnesse.
*Luc.* I do not bid thee begge my life, good Lad,
    And yet I know thou wilt.
*Imo.* No, no, alacke,
    There's other worke in hand: I see a thing
    Bitter to me, as death: your life, good Master,
    Must shuffle for it selfe.
*Luc.* The Boy disdaines me,
    He leaues me, scornes me: briefely dye their ioyes,
    That place them on the truth of Gyrles, and Boyes.
    Why stands he so perplext?
*Cym.* What would'st thou Boy?
    I loue thee more, and more: thinke more and more

Sorgsam, ehrlich, anmutig und fraulich:
Laßt seine Art sich meinem Wunsch vereinen,
Den, wie ich kühn genug bin zu vermuten,
Eure Hoheit mir zu weigern nicht vermag:
Diente er auch einem Römer, tat er
Doch keinem Briten je ein Leid. Verschont ihn,
Sir, wie Ihr sonst Blut vergießt.

CYMBELINE                 Ich muß ihn
Schon gesehen haben: mir erscheint
Etwas an ihm vertraut. Du hast dich, Junge,
In meine Gnade schnell hineingesehen
Und nun gehörst du mir.
Warum, weshalb ich sage,
Lebe, Knabe, weiß ich nicht: du dankst das
Nicht deinem Herrn. Von Cymbeline erbitte
Wonach es dich verlangt, ich wills gewähren,
Wenn ich es darf und es dir zusteht: ja,
Forderst du auch einen der Gefangnen,
Und seis der Edelste.

IMOGEN           Ergebnen Dank.

LUCIUS Ich dräng dich nicht, mein Leben zu erflehen,
Und weiß doch, du wirsts tun.

IMOGEN               Nein, nein, weh mir,
Mein wartet andre Arbeit: seh ich doch
Ein Ding, mir bitter wie der Tod: Herr, selber
Muß Euer Leben zusehn.

LUCIUS            Er verschmäht mich,
Verläßt, verachtet mich: rasch schwindet
Die Freude, die sich auf die Jugend gründet.
Was steht er so bestürzt?

CYMBELINE         Was ist dir, Junge?
Mein wirst du, mehr und mehr: denk mehr und mehr

What's best to aske. Know'st him thou look'st on? speak
Wilt haue him liue? Is he thy Kin? thy Friend?

*Imo.* He is a Romane, no more kin to me,
Then I to your Highnesse, who being born your vassaile
Am something neerer.

*Cym.* Wherefore ey'st him so?

*Imo.* Ile tell you (Sir) in priuate, if you please
To giue me hearing.

*Cym.* I, with all my heart,
And lend my best attention. What's thy name?

*Imo.* *Fidele* Sir.

*Cym.* Thou'rt my good youth: my Page
Ile be thy Master: walke with me: speake freely.

*Bel.* Is not this Boy reuiu'd from death?

*Arui.* One Sand another
Not more resembles that sweet Rosie Lad:
Who dyed, and was *Fidele:* what thinke you?

*Gui.* The same dead thing aliue.

*Bel.* Peace, peace, see further: he eyes vs not, forbeare
Creatures may be alike: were't he, I am sure
He would haue spoke to vs.

*Gui.* But we see him dead.

*Bel.* Be silent: let's see further.

*Pisa.* It is my Mistris:
Since she is liuing, let the time run on,
To good, or bad.

*Cym.* Come, stand thou by our side,
Make thy demand alowd. Sir, step you forth,

An deine Bitte. Kennst du, den du anblickst?
Sprich, soll er leben? Ist verwandt? Ein Freund?

IMOGEN Ein Römer ist er, mir nicht mehr verwandt,
Als Eurer Hoheit ich, der als geborner
Untertan Euch näher steht.

CYMBELINE                    Was starrst du
Ihn so an?

IMOGEN      Das sag ich Euch privat, Sir,
Gefällt es Euch, mich anzuhörn.

CYMBELINE                    Sehr gern,
Und so genau ich kann. Wie ist dein Name?

IMOGEN Fidelius, Sir.

CYMBELINE          Mir lieb bist du; mein Page,
Ich bin dein Herr: folg mir, sprich frei heraus.

*Cymbeline und Imogen treten beiseite.*

BELARIUS Erstand das Kind vom Tod?

ARVIRAGUS                    Ein Sandkorn gleicht
Dem anderen nicht mehr, als er dem Jüngling,
Der uns Fidelius war und starb. Was denkt ihr?

GUIDERIUS Das tote Ding, es lebt.

BELARIUS                    Nur ruhig, ruhig,
Erwägt: uns sieht er nicht an, still; Geschöpfe
Können ähneln: wär ers, ich bin sicher,
Er spräch uns an.

GUIDERIUS      Für uns ist er doch tot.

BELARIUS Schweigt: sehn wir weiter.

PISANIO                    Meine Herrin ist es:
Sie lebt, drum laßt die Zeit nur hingehn
Zum Guten oder Schlechten.

*Cymbeline und Imogen kommen zurück.*

CYMBELINE                    Komm, halt dich
An meiner Seite, laut sprich, was du forderst.

Giue answer to this Boy, and do it freely,
Or by our Greatnesse, and the grace of it
(Which is our Honor) bitter torture shall
Winnow the truth from falshood. One speake to him.

*Imo.* My boone is, that this Gentleman may render
Of whom he had this Ring.

*Post.* What's that to him?

*Cym.* That Diamond vpon your Finger, say
How came it yours?

*Iach.* Thou'lt torture me to leaue vnspoken, that
Which to be spoke, wou'd torture thee.

*Cym.* How? me?

*Iach.* I am glad to be constrain'd to vtter that
Which torments me to conceale. By Villany
I got this Ring: 'twas *Leonatus* Iewell,                    (thee,
Whom thou did'st banish: and which more may greeue
As it doth me: a Nobler Sir, ne're liu'd
'Twixt sky and ground. Wilt thou heare more my Lord?


*Cym.* All that belongs to this.

*Iach.* That Paragon, thy daughter,
For whom my heart drops blood, and my false spirits
Quaile to remember. Giue me leaue, I faint.

*Cym.* My Daughter? what of hir? Renew thy strength
I had rather thou should'st liue, while Nature will,
Then dye ere I heare more: striue man, and speake.


*Iach.* Vpon a time, vnhappy was the clocke
That strooke the houre: it was in Rome, accurst
The Mansion where: 'twas at a Feast, oh would
Our Viands had bin poyson'd (or at least

Sir, tretet vor, antwortet diesem Knaben
Und ohne Ausflucht, sonst, bei Unsrer Würde
Und deren Gnade (die Uns ehrt) wird scharfe
Folter Wahr von Unwahr scheiden. Sprich nun.
IMOGEN Ich verlange, daß der Gentleman
    Sagt, wer ihm den Ring gab.
POSTHUMUS           Was gehts ihn an?
CYMBELINE Der Diamant an Eurem Finger, sagt uns,
    Wie Ihr dazu kamt.
IACHIMO Ihr foltert mich noch, das zurückzunehmen,
    Was, ists gesagt, Euch foltern wird.
CYMBELINE           Wie? Mich?
IACHIMO Mich freuts, erzwungnermaßen auszusprechen,
    Was zu verbergen Qualen mir bereitet.
    Durch Schurkerei erhielt ich diesen Ring.
    Ein Schmuck war er des Leonatus, des Manns,
    Den Ihr verbanntet: und – mehr muß das Euch
    Als mich betrüben – niemals lebte zwischen
    Himmel Euch und Erd ein Edlerer.
    Wünscht Ihr noch mehr, Mylord?
CYMBELINE           Das Ganze will ich.
IACHIMO Die unter Frauen ihm glich, Eure Tochter,
    Von der das Herz mir blutet und mein Falschsinn
    Nichts wissen mag – entlaßt mich; mir wird übel.
CYMBELINE Meine Tochter? Sie? Komm mir zu Kräften:
    Ich laß dich leben, wie Natur es will,
    Eh du mir stirbst, und ich nicht alles weiß.
    Ermanne dich und sprich.
IACHIMO           Zu einer Zeit,
    Von einer Unglücksuhr geschlagen: in
    Rom, verflucht das Haus: bei einem Fest,
    O, daß die Schüsseln Gift enthielten (oder

Those which I heau'd to head:) the good *Posthumus,*
(What should I say? he was too good to be
Where ill men were, and was the best of all
Among'st the rar'st of good ones) sitting sadly,
Hearing vs praise our Loues of Italy
For Beauty, that made barren the swell'd boast
Of him that best could speake: for Feature, laming
The Shrine of *Venus,* or straight-pight *Minerua,*
Postures, beyond breefe Nature. For Condition,
A shop of all the qualities, that man
Loues woman for, besides that hooke of Wiuing,
Fairenesse, which strikes the eye.


*Cym.* I stand on fire. Come to the matter.
*Iach.* All too soone I shall,
  Vnlesse thou would'st greeue quickly. This *Posthumus,*
  Most like a Noble Lord, in loue, and one
  That had a Royall Louer, tooke his hint,
  And (not dispraising whom we prais'd, therein
  He was as calme as vertue) he began
  His Mistris picture, which, by his tongue, being made,
  And then a minde put in't, either our bragges
  Were crak'd of Kitchin-Trulles, or his description
  Prou'd vs vnspeaking sottes.


*Cym.* Nay, nay, to'th'purpose.
*Iach.* Your daughters Chastity, (there it beginnes)
  He spake of her, as *Dian* had hot dreames,
  And she alone, were cold: Whereat, I wretch

Nur die, von denen ich aß) saß Posthumus,
Traurig, er, der Gute (ja, was sag ich?
Zu gut, um bei uns Irren zu verweilen,
Der Beste von den Besten der paar Guten),
Und hörte uns Italiens Liebchen preisen,
Der Schönheit wegen, die den Überschwang
Des größten Meisterschwätzers trocken legt:
Der Formen wegen, die die Venus welk
Und selbst Minerva schief erscheinen lassen,
Gestalten jenseits sterblicher Natur;
Des Wesens wegen, einem Laden gleich,
Gefüllt mit Reizen, derentwegen Männer
Frauen lieben, abgesehn vom Köder,
Auf den sie beißen, Schönheit, die ins Auge
Springt.

CYMBELINE Mir glüht der Boden. Komm zur Sache.

IACHIMO Nur allzu bald, willst du nicht schnellen Jammer.
Posthumus also, Liebhaber von Adel,
Mit königlicher Liebster ausgestattet,
Verstand sein Stichwort, und (nicht minderpreisend,
Was wir hochgepriesen, da blieb er
Gelassen wie die Tugend selbst) entwarf
Das Bildnis uns der Dame seines Herzens,
Welches, wie er es mit Worten malte
Und ihm dann Geist einflößte, unser Schwärmen
Zum Kitsch für Küchenmägde degradierte,
Wo nicht aus uns, vor seiner Schilderung,
Sprachlose Klötze wurden.

CYMBELINE                    Schluß, zum Punkt.

IACHIMO Eurer Tochter Keuschheit (da beginnt es) –
Er sprach davon, als habe selbst Diana
Heiße Träume, und nur sie sei kühl:

Made scruple of his praise, and wager'd with him
Peeces of Gold, 'gainst this, which then he wore
Vpon his honour'd finger) to attaine
In suite the place of's bed, and winne this Ring
By hers, and mine Adultery: he (true Knight)
No lesser of her Honour confident
Then I did truly finde her, stakes this Ring,
And would so, had it beene a Carbuncle
Of Phœbus Wheele; and might so safely, had it
Bin all the worth of's Carre. Away to Britaine
Poste I in this designe: Well may you (Sir)
Remember me at Court, where I was taught


Of your chaste Daughter, the wide difference
'Twixt Amorous, and Villanous. Being thus quench'd
Of hope, not longing; mine Italian braine,
Gan in your duller Britaine operate
Most vildely: for my vantage excellent.
And to be breefe, my practise so preuayl'd
That I return'd with simular proofe enough,
To make the Noble *Leonatus* mad,
By wounding his beleefe in her Renowne,
With Tokens thus, and thus: auerring notes
Of Chamber-hanging, Pictures, this her Bracelet
(Oh cunning how I got) nay some markes
Of secret on her person, that he could not
But thinke her bond of Chastity quite crack'd,
I hauing 'tane the forfeyt. Whereupon,
Me thinkes I see him now.

Woraufhin ich diesen Lobpreis boshaft
In Zweifel zog, und mit ihm wettete,
Um Gold, meins, gegen das hier (was er damals
Am ehrenhaften Finger trug), durch Werben
An seinen Platz in ihrem Bett zu kommen,
Und diesen Ring, durch ihren Ehebruch
Und meinen, zu gewinnen: er, ganz Ritter,
Nicht weniger auf ihren Anstand bauend,
Als ich ihn dann erfuhr, setzt diesen Ring,
Und hätts getan, wär er auch ein Karfunkel
Von Phoebus' Rad; und konnt es ruhig tun,
Wär er den Wagen selber wert gewesen.
Auf nach Britannien ich mit diesem Vorsatz:
An mich am Hof hier müßt Ihr Euch erinnern,
Wo Eure keusche Tochter mir die Kluft,
Die zwischen Liebe klafft und Laster, wies.
So, hoffnungslos gemacht, nicht wunschlos, fing mir
Mein mittelmeerisch Hirn in eurem schlichtern
Britannien zu wirken an, zwar tückisch,
Jedoch zum Nutzen meines Zwecks. Und, um es
Kurz zu machen, glückte mir mein Schachzug
Derart, daß ich, scheinbar, mit Beweis
Genug heimkam, den edlen Leonatus,
Per Untergrabung seines Weibsvertrauens,
Durch Pfänder so und so verrückt zu machen:
Schildre ihm Bettvorhänge, Bilder, zeige
Ihm dies ihr Armband (o, wie ichs errang!),
Treib es toller, weiß von einem Mal,
Versteckt, an ihrem Leib, bis er nichts konnte,
Als zu denken, ich, der das gesehen
Zerriß ihr Keuschheitsband. Worauf – mir scheint,
Ich sehe ihn –

*Post.* I so thou do'st,
Italian Fiend. Aye me, most credulous Foole,
Egregious murtherer, Theefe, any thing
That's due to all the Villaines past, in being
To come. Oh giue me Cord, or knife, or poyson,
Some vpright Iusticer. Thou King, send out
For Torturors ingenious: it is I
That all th'abhorred things o'th'earth amend
By being worse then they. I am *Posthumus,*
That kill'd thy Daughter: Villain-like, I lye,
That caus'd a lesser villaine then my selfe,
A sacrilegious Theefe to doo't. The Temple
Of Vertue was she; yea, and she her selfe.
Spit, and throw stones, cast myre vpon me, set
The dogges o'th'street to bay me: euery villaine
Be call'd *Posthumus Leonatus,* and
Be villany lesse then 'twas. Oh *Imogen!*
My Queene, my life, my wife: oh *Imogen,*
Imogen, Imogen.

*Imo.* Peace my Lord, heare, heare.

*Post.* Shall's haue a play of this?
Thou scornfull Page, there lye thy part.

*Pis.* Oh Gentlemen, helpe,
Mine and your Mistris: Oh my Lord *Posthumus,*
You ne're kill'd *Imogen* till now: helpe, helpe,
Mine honour'd Lady.

*Cym.* Does the world go round?

*Posth.* How comes these staggers on mee?

*Pisa.* Wake my Mistris.


*Cym.* If this be so, the Gods do meane to strike me
To death, with mortall ioy.

POSTHUMUS          Das tust du, welscher Teufel,
Ja doch, mich, den gläubigsten Idioten,
Den Gattenmörder, Räuber, was auch immer
Verbrecher war und ist und sein wird. O,
Welcher Allgerechte hilft zum Strick,
Zu Messer oder Gift mir! Du, Herr, sende
Nach einfallsreichen Folterern: ich bin es,
Der alle Schrecken dieser Erde bannt
Durch Übertreffen. Ich, Posthumus, schlug dir
Die Tochter tot: gelogen wie ein Lump:
Ich trieb 'nen kleinern Lumpen, Tempelschänder,
An, das zu tun. Der Tempel nämlich war sie
Jedweder Tugend, ja, die Tugend selbst.
Spuckt und werft Steine, schüttet Unrat auf mich,
Hetzt mich mit Gassenhunden, jeden Lump
Nennt Leonatus, jede Lumperei
Sei kleiner, als sie war. O Imogen!
O meine Königin! Mein Leben! Imogen,
Imogen, Imogen!
IMOGEN          Still, Herr, hört noch, hört.
POSTHUMUS Ist das Theater? Du, vorlauter Page,
Bist abgespielt. *Er stößt sie zurück, sie fällt.*
PISANIO          O, helft, ihr Herrn! Helft meiner
Und Eurer Herrin: O, Mylord Posthumus!
Bis hierher schlugt Ihr Imogen nicht tot.
Helft! Beste Lady!
CYMBELINE          Dreht die Welt sich um?
POSTHUMUS Was werden mir die Knie weich?
PISANIO                              Herrin, kommt
Zu Euch!
CYMBELINE Ist das, schlagen mich die Götter
Mit Tod vor Freude.

*Pisa.* How fares my Mistris?

*Imo.* Oh get thee from my sight,
   Thou gau'st me poyson: dangerous Fellow hence,
   Breath not where Princes are.

*Cym.* The tune of *Imogen.*

*Pisa.* Lady, the Gods throw stones of sulpher on me, if
   That box I gaue you, was not thought by mee
   A precious thing, I had it from the Queene.


*Cym.* New matter still.

*Imo.* It poyson'd me.

*Corn.* Oh Gods!
   I left out one thing which the Queene confest,
   Which must approue thee honest. If *Pasanio*
   Haue (said she) giuen his Mistris that Confection
   Which I gaue him for Cordiall, she is seru'd,
   As I would serue a Rat.

*Cym.* What's this, *Cornelius?*

*Corn.* The Queene (Sir) very oft importun'd me
   To temper poysons for her, still pretending
   The satisfaction of her knowledge, onely
   In killing Creatures vilde, as Cats and Dogges
   Of no esteeme. I dreading, that her purpose
   Was of more danger, did compound for her
   A certaine stuffe, which being tane, would cease
   The present powre of life, but in short time,
   All Offices of Nature, should againe
   Do their due Functions. Haue you tane of it?

*Imo.* Most like I did, for I was dead.

*Bel.* My Boyes, there was our error.


*Gui.* This is sure *Fidele.*

PISANIO                    Herrin, seid Ihr wohl?
IMOGEN  O, mir aus den Augen, Gift gabst du mir:
  Du bringst Gefahr, geh weg! Verbirg dich,
  Wo Fürsten sind.
CYMBELINE         Imogens Stimme!
PISANIO                         Lady,
  Die Götter mögen Schwefel auf mich regnen,
  Hielt ich das Kästchen, das ich Euch gab, nicht
  Für kostbar: 's kam von der Königin.
CYMBELINE  Noch mehr.
IMOGEN                Vergiftet hat es mich.
CORNELIUS                          O Götter!
  Die Königin gestand, was ich vergaß
  Und dich entlastet. Gibt Pisanio
  (Sprach sie) dies Mittel seiner Herrin,
  Das ich als stärkend ausgab, hat sie Futter,
  Mit dem ich Ratten füttre.
CYMBELINE              Wie, Cornelius?
CORNELIUS  Die Königin, Sir, drängte mich sehr häufig,
  Ihr Gifte anzusetzen, und gab vor,
  Zur Stillung ihres Forscherdrangs Versuche
  An Tieren nur zu machen, Katzen, Hunden,
  Die keinem leid tun. Ich jedoch, argwöhnend,
  Sie plane Schlimmeres, bereitete
  Ihr solchen Stoff, daß, nimmt man ihn, sogleich
  Die Lebenskräfte schwinden, doch sehr bald
  Stellen die natürlichen Funktionen
  Sämtlich wie gewohnt sich ein. Ihr nahmt es?
IMOGEN  Wie nicht, ich war wie tot.
BELARIUS                 Das, Jungens, ist es,
  Was uns beirrte.
GUIDERIUS        's ist Fidelius.

*Imo*. Why did you throw your wedded Lady from you?
   Thinke that you are vpon a Rocke, and now
   Throw me againe.
*Post*. Hang there like fruite, my soule,
   Till the Tree dye.
*Cym*. How now, my Flesh? my Childe?
   What, mak'st thou me a dullard in this Act?
   Wilt thou not speake to me?
*Imo*. Your blessing, Sir.
*Bel*. Though you did loue this youth, I blame ye not,
   You had a motiue for't.
*Cym*. My teares that fall
   Proue holy-water on thee; *Imogen,*
   Thy Mothers dead.
*Imo*. I am sorry for't, my Lord.
*Cym*. Oh, she was naught; and long of her it was
   That we meet heere so strangely: but her Sonne
   Is gone, we know not how, nor where.
*Pisa*. My Lord,
   Now feare is from me, Ile speake troth. Lord *Cloten*
   Vpon my Ladies missing, came to me
   With his Sword drawne, foam'd at the mouth, and swore
   If I discouer'd not which way she was gone,
   It was my instant death. By accident,
   I had a feigned Letter of my Masters
   Then in my pocket, which directed him
   To seeke her on the Mountaines neere to Milford,
   Where in a frenzie, in my Masters Garments
   (Which he inforc'd from me) away he postes
   With vnchaste purpose, and with oath to violate
   My Ladies honor, what became of him,
   I further know not.

IMOGEN  Was stoßt Ihr Euer Eheweib von Euch?
  Denkt Euch, ihr wärt auf einem Fels, und gebt mir
  Noch einen Stoß. *[Sie umarmt ihn.]*
POSTHUMUS        Gleich einer Frucht häng hier,
  Bis daß der Baum stirbt.
CYMBELINE            Wie, mein Fleisch, mein Kind,
  Machst du mich zum Statisten dieses Akts?
  Sprichst mit mir nicht?
IMOGEN            Gebt Euren Segen, Sir.
BELARIUS  Die Glut für ihn verzeih ich euch,
  Ihr hattet Grund dazu.
CYMBELINE            Daß meine Tränen
  Ein heilig Naß dir werden; Imogen,
  Dir starb die Mutter.
IMOGEN            Sir, mein Beileid.
CYMBELINE  O, sie taugte nichts; und ihretwegen
  Begegnen wir uns fremd: ihr Sohn jedoch
  Ist fort, wie und wohin, weiß niemand.
PISANIO  Mylord, nun kann ich furchtlos frei es sagen.
  Lord Cloten kam, kaum misste man die Herrin,
  Zu mir mit blankem Degen, Schaum vorm Mund,
  Und schwor, wenn ich den Weg ihm nicht entdeckte,
  Den sie genommen, das mein Ende wäre.
  Nun traf es sich, daß ich in meiner Tasche
  Den Täuschungsbrief vom Herrn trug, der ihn lenkte,
  Ihr in den Bergen nahe Milford nachzuspüren,
  Wohin er wild, in meines Herren Kleidern
  (Die er mir abzwang), aufbrach mit dem Vorsatz,
  Den er beschwor, Myladys Ehre unkeusch
  Zu nah zu treten. Was aus ihm geworden,
  Weiß ich weiter nicht.

*Gui.* Let me end the Story: I slew him there.

*Cym.* Marry, the Gods forefend.
   I would not thy good deeds, should from my lips
   Plucke a hard sentence: Prythee valiant youth
   Deny't againe.

*Gui.* I haue spoke it, and I did it.
*Cym.* He was a Prince.

*Gui.* A most inciuill one. The wrongs he did mee
   Were nothing Prince-like; for he did prouoke me
   With Language that would make me spurne the Sea,
   If it could so roare to me. I cut off's head,
   And am right glad he is not standing heere
   To tell this tale of mine.

*Cym.* I am sorrow for thee:
   By thine owne tongue thou art condemn'd, and must
   Endure our Law: Thou'rt dead.
*Imo.* That headlesse man I thought had bin my Lord

*Cym.* Binde the Offender,
   And take him from our presence.
*Bel.* Stay, Sir King.
   This man is better then the man he slew,
   As well descended as thy selfe, and hath
   More of thee merited, then a Band of *Clotens*
   Had euer scarre for. Let his Armes alone,
   They were not borne for bondage.
*Cym.* Why old Soldier:
   Wilt thou vndoo the worth thou art vnpayd for

GUIDERIUS            Laß mir den Schluß:
   Ich schlug ihn da tot.
CYMBELINE            Bei allen Göttern!
   Ich wünschte nicht, daß deine Heldentaten
   Aus meinem Mund sich schweren Richtspruch ernten:
   Ich bitte, kühner Jüngling, dich um dein
   Bestreiten.
GUIDERIUS    Wie ich sage, tat ich.
CYMBELINE                              Er
   War ein Prinz.
GUIDERIUS      Ein reichlich ruppiger.
   An seinen Schimpfereien war nichts prinzlich:
   Denn er reizte mich mit Redensarten,
   Die mich das Meer angreifen ließen, brüllte
   Es mich so an. Ich schlug den Kopf ihm ab,
   Und bin recht froh, daß er hier nicht ein Gleiches
   Von meinem sagen kann.
CYMBELINE                        Ich fühle Mitleid
   Mit dir, der, durch den eignen Mund verurteilt,
   Dem Gesetz verfällt: du stirbst.
IMOGEN                              Der Rumpf:
   Ich war gewiß, es sei mein Mann.
CYMBELINE                            Ergreift ihn,
   Schafft ihn uns aus den Augen.
BELARIUS                          Halt, Sir König.
   Mehr ist er wert, als der, den er erschlagen,
   Von gleicher Abkunft wie du selbst, und hat
   Mehr um dich verdient als tausend Clotens
   Es je vermochten. Laßt, die Arme sind ihm
   Zur Knechtschaft nicht gewachsen.
CYMBELINE                              Alter Krieger,
   Wirst du den nicht beglichnen Lohn dir streichen,

By tasting of our wrath? How of descent
As good as we?
*Arui.* In that he spake too farre.
*Cym.* And thou shalt dye for't.
*Bel.* We will dye all three,
But I will proue that two one's are as good
As I haue giuen out him. My Sonnes, I must
For mine owne part, vnfold a dangerous speech,
Though haply well for you.
*Arui.* Your danger's ours.
*Guid.* And our good his.
*Bel.* Haue at it then, by leaue
Thou hadd'st (great King) a Subiect, who
Was call'd *Belarius.*
*Cym.* What of him? He is a banish'd Traitor.

*Bel.* He it is, that hath
Assum'd this age: indeed a banish'd man,
I know not how, a Traitor.
*Cym.* Take him hence,
The whole world shall not saue him.
*Bel.* Not too hot;
First pay me for the Nursing of thy Sonnes,
And let it be confiscate all, so soone
As I haue receyu'd it.
*Cym.* Nursing of my Sonnes?
*Bel.* I am too blunt, and sawcy: heere's my knee:
Ere I arise, I will preferre my Sonnes,
Then spare not the old Father. Mighty Sir,
These two young Gentlemen that call me Father,
And thinke they are my Sonnes, are none of mine,
They are the yssue of your Loynes, my Liege,

Um Unsern Zorn zu schmecken? Wie von Abkunft
Mit Uns gleichauf?
ARVIRAGUS         Darin ging er zu weit.
CYMBELINE  Und stirbt dafür.
BELARIUS               Wir sterben alle drei,
  Doch erst beweis ich noch, daß zwei von uns
  Vom gleichen Rang wie er sind. Meine Söhne,
  Es ist, was ich nun sagen muß, gefahrvoll
  Mir, euch günstig.
ARVIRAGUS        Dein Krieg ist der unsre.
GUIDERIUS  Und unsre Gunst die seine.
BELARIUS                  Auf zum Kampf dann:
  Es diente, mit Verlaub, dir, großer König
  Einst ein Belarius.
CYMBELINE      Was ists mit ihm?
  Verbannt ist er als ein Verräter.
BELARIUS            Er hat
  Mein Alter nun: zwar ein Verbannter, doch
  Worin Verräter, weiß ich nicht.
CYMBELINE           Ergreift ihn!
  Den rettet mir die Welt nicht.
BELARIUS            Nicht so eilig:
  Erst zahle mir die Aufzucht deiner Söhne,
  Dann konfisziere alles, hab ichs nur
  Zuvor erhalten.
CYMBELINE     Aufzucht meiner Söhne?
BELARIUS  Zu plump bin ich, und frech: hier kniee ich:
  Bevor ich aufsteh, steigen mir die Söhne,
  Dann schone du den alten Vater nicht.
  Großmächtger Sir, die jungen Herren hier,
  Die Vater mich, sich meine Söhne nennen,
  Sind nicht von mir; Sprößlinge deiner Lenden,

And blood of your begetting.

*Cym.*  How? my Issue.

*Bel.*  So sure as you, your Fathers: I (old *Morgan*)
Am that *Belarius,* whom you sometime banish'd:
Your pleasure was my neere offence, my punishment
It selfe, and all my Treason that I suffer'd,
Was all the harme I did. These gentle Princes

(For such, and so they are) these twenty yeares
Haue I train'd vp; those Arts they haue, as I
Could put into them. My breeding was (Sir)
As your Highnesse knowes: Their Nurse *Euriphile*
(Whom for the Theft I wedded) stole these Children
Vpon my Banishment: I moou'd her too't,

Hauing receyu'd the punishment before
For that which I did then. Beaten for Loyaltie,
Excited me to Treason. Their deere losse,
The more of you 'twas felt, the more it shap'd
Vnto my end of stealing them. But gracious Sir,
Heere are your Sonnes againe, and I must loose
Two of the sweet'st Companions in the World.
The benediction of these couering Heauens
Fall on their heads like dew, for they are worthie
To in-lay Heauen with Starres.

*Cym.*  Thou weep'st, and speak'st:
The Seruice that you three haue done, is more
Vnlike, then this thou tell'st. I lost my Children,
If these be they, I know not how to wish
A payre of worthier Sonnes.

*Bel.*  Be pleas'd awhile;

Mein Fürst, sind sie, und Fleisch von deinem Fleisch.
CYMBELINE  Wie? Meine Sprößlinge?
BELARIUS                                Wie deines Vaters du.
Ich (alter Morgan) bin Belarius,
Den du dereinst verbanntest. Deiner Willkür
Entsprang mein Nicht-Vergehen, meine Strafe,
Und all mein Hochverrat: was ich erlitt,
War alles, was ich tat. Die edlen Prinzen
(Denn eins, wies andre, sind sie) zog ich groß
In zwanzig Jahren; zu Gebot steht ihnen,
Was ich in ihnen wachrief. Meine Herkunft,
Sir, weiß Eure Hoheit. Ihre Amme,
Euriphile (die um des Diebstahls willen
Ich zur Frau nahm), raubte diese Kinder
Auf meinen Bann hin: ich bewog sie dazu,
Bestraft, wie ich schon war für etwas, das ich
Erst nachher tat. Undank für meine Treue
Reizte zum Verrat mich. Fühltest du
Nur schmerzhaft den Verlust, war schon der Zweck
Von ihrem Diebstahl mir erreicht. Hier, Sir,
Erstatte ich die Söhne dir zurück,
Und ich verliere nun Gefährten, lieb
Wie nichts sonst mir auf der Welt. Der Abglanz
Des allgegenwärtgen Himmels, möge er
Wie Tau auf ihren Häuptern liegen, denn
Sie sinds wert, als Sterne ihn zu zieren.
CYMBELINE  In Tränen sprichst du: was ihr drei vollbracht habt,
Ist noch unglaublicher als dein Bericht.
Find ich in diesen meine Kinder wieder,
Ich wüßte würdigere Söhne mir
In nichts zu wünschen.
BELARIUS                    Wenn Ihr erlauben wollt:

This Gentleman, whom I call *Polidore,*
Most worthy Prince, as yours, is true *Guiderius:*
This Gentleman, my *Cadwall, Aruiragus.*
Your yonger Princely Son, he Sir, was lapt
In a most curious Mantle, wrought by th'hand
Of his Queene Mother, which for more probation
I can with ease produce.

*Cym.* *Guiderius* had
  Vpon his necke a Mole, a sanguine Starre,
  It was a marke of wonder.
*Bel.* This is he,
  Who hath vpon him still that naturall stampe:
  It was wise Natures end, in the donation
  To be his euidence now.
*Cym.* Oh, what am I
  A Mother to the byrth of three? Nere Mother
  Reioyc'd deliuerance more: Blest, pray you be,
  That after this strange starting from your Orbes,
  You may reigne in them now: Oh *Imogen,*
  Thou hast lost by this a Kingdome.
*Imo.* No, my Lord:
  I haue got two Worlds by't. Oh my gentle Brothers,
  Haue we thus met? Oh neuer say heereafter
  But I am truest speaker. You call'd me Brother
  When I was but your Sister: I you Brothers,
  When we were so indeed.
*Cym.* Did you ere meete?
*Arui.* I my good Lord.
*Gui.* And at first meeting lou'd,
  Continew'd so, vntill we thought he dyed.
*Corn.* By the Queenes Dramme she swallow'd.

V, v, 425-455

Der Gentleman, ich rief ihn Polydor,
Ist Euer Sohn Guiderius, mein König;
Der Gentleman, mein Cadwal, Arviragus,
Ist Euer zweiter Sohn; er war gehüllt, Sir,
In einen feinen Mantel, schön bestickt
Von seiner Mutter königlicher Hand,
Den ich, bedarf es weiterer Beweise,
Leicht zeigen kann.

CYMBELINE    Guiderius besaß
Ein Mal im Nacken, rot geflammt ein Stern;
Ein wunderliches Zeichen.

BELARIUS     Das ist er,
Der diesen Stempel von Geburt an trägt:
Klug schuf ihm die Natur mit dieser Gabe
Ein Zeugnis seiner selbst.

CYMBELINE    O, was bin ich?
Mutter von Drillingen? Nie freute solche
Niederkunft die Mutter mehr. Gesegnet
Sollt ihr sein, die ihr die Sphären, welche
Ihr fremd verließet, nun regieren müßt.
O Imogen, dir ging ein Reich verloren.

IMOGEN Nein, Mylord; zwei Welten wurden mein.
O, liebste Brüder, treffen wir uns so?
Sagt hiernach nicht, ich spräche nicht am Wahrsten.
Ihr rieft mich Bruder, da ich Schwester war:
Ich euch Brüder, wie ihr es mir seid.


CYMBELINE Ihr habt euch schon gesehen?

ARVIRAGUS      Ja, Mylord.

GUIDERIUS Und auf den ersten Blick geliebt, und dabei
Blieb es, bis wir dachten, er sei tot.

CORNELIUS Durch jenen Stoff der Königin.

*Cym.*  O rare instinct!
When shall I heare all through? This fierce abridgment,
Hath to it Circumstantiall branches, which
Distinction should be rich in. Where? how liu'd you?
And when came you to serue our Romane Captiue?
How parted with your Brother? How first met them?
Why fled you from the Court? And whether these?
And your three motiues to the Battaile? with
I know not how much more should be demanded,
And all the other by-dependances
From chance to chance? But nor the Time, nor Place
Will serue our long Interrogatories. See,
*Posthumus* Anchors vpon *Imogen*;
And she (like harmlesse Lightning) throwes her eye
On him: her Brothers, Me: her Master hitting
Each obiect with a Ioy: the Counter-change
Is seuerally in all. Let's quit this ground,
And smoake the Temple with our Sacrifices.
Thou art my Brother, so wee'l hold thee euer.

*Imo.*  You are my Father too, and did releeue me:
To see this gracious season.
*Cym.*  All ore-ioy'd
Saue these in bonds, let them be ioyfull too,
For they shall taste our Comfort.
*Imo.*  My good Master, I will yet do you seruice.

*Luc.*  Happy be you.
*Cym.*  The forlorne Souldier, that so Nobly fought
He would haue well becom'd this place, and grac'd
The thankings of a King.
*Post.*  I am Sir

CYMBELINE                                    O Blutsband!
  Wann werd ich ganz es hören? Diesem Abriß
  Entwachsen Zweige vielförmigen Umstands,
  Selbst reich an Gliederung. Wo lebtet ihr?
  Und wie? Und wann du in den Dienst tratst des
  Gefangnen Römers? Deine Brüder ließest?
  Wie sie trafst? Warum die Flucht vom Hofe?
  Und wohin? Dies, und der Kriegsgrund von
  Euch dreien, samt ich weißnicht, wievielmehr,
  Will wohl erfragt sein und all das Dazwischen
  Von Schritt und Schritt. Doch weder Zeit noch Ort
  Sind langen Fragestunden günstig. Seht,
  Posthumus liegt bei Imogen vor Anker;
  Und sie (Blitz, der nicht schadet) wirft ihr Auge
  Auf ihn: auf mich die Brüder: und ihr Herr
  Blickt freudevoll von einem auf den andern:
  Der Glücksaustausch ist allseits unterscheidlich.
  Laßt uns den Platz hier räumen und den Tempel
  Mit Opferfeuern schwärzen. Mir ein Bruder
  Bist du von nun an.
IMOGEN                         Wie ein Vater mir,
  Der mich aufhob, dieses Fest zu sehn.
CYMBELINE In Freude alle, nur nicht die in Ketten:
  Sie mögen auch sich freun, denn teilen solln sie
  Unser Wohlbehagen.
IMOGEN                         So, Herr, konnt ich
  Euch doch noch dienen.
LUCIUS                         Werde du mir glücklich!
CYMBELINE Der Fußsoldat, der sich so tapfer schlug,
  Er hätte diesen Kreis geziert und Würde
  Auf eines Königs Dank gehäuft.
POSTHUMUS                         Ich bin, Sir,

The Souldier that did company these three
In poore beseeming: 'twas a fitment for
The purpose I then follow'd. That I was he,
Speake *Iachimo,* I had you downe, and might
Haue made you finish.
*Iach.* I am downe againe:
But now my heauie Conscience sinkes my knee,
As then your force did. Take that life, beseech you
Which I so often owe: but your Ring first,
And heere the Bracelet of the truest Princesse
That euer swore her Faith.

*Post.* Kneele not to me:
The powre that I haue on you, is to spare you:
The malice towards you, to forgiue you. Liue
And deale with others better.
*Cym.* Nobly doom'd:
Wee'l learne our Freenesse of a Sonne-in-Law:
Pardon's the word to all.
*Arui.* You holpe vs Sir,
As you did meane indeed to be our Brother,
Ioy'd are we, that you are.
*Post.* Your Seruant Princes. Good my Lord of Rome
Call forth your Sooth-sayer: As I slept, me thought
Great Iupiter vpon his Eagle back'd
Appear'd to me, with other sprightly shewes
Of mine owne Kindred. When I wak'd, I found
This Labell on my bosome; whose containing
Is so from sense in hardnesse, that I can
Make no Collection of it. Let him shew
His skill in the construction.
*Luc.* *Philarmonus.*

Der Soldat, ders mit den dreien hielt,
In armem Aufzug: passend schien der mir
Zu meinem Zweck. Daß ich er war, bezeug mir,
Iachimo: ich hatt dich unten, leicht
Konnt ich ein Ende machen.

IACHIMO                    Unten bin ich
Zum zweiten Mal, nur krümmt mein Schuldbewußtsein
Mir jetzt das Knie, wie damals deine Kraft.
Nimm mein Leben, fleh ich dich, ich schulde
Dirs vielfach: doch zuerst den Ring und hier
Das Armband der wahrhaftigsten Prinzessin,
Die jemals Treue schwor.

POSTHUMUS                    Knie nicht vor mir:
Macht hab ich über dich, dich zu verschonen:
Und meine Bosheit heißt, dir zu verzeihn.
Lebe und bessre dich.

CYMBELINE                    Nobel geschlagen!
Der Schwiegersohn soll Uns die Großmut lehren:
Gnade sei für alle die Parole.

ARVIRAGUS Ihr halft uns, Sir, als wärt Ihr uns ein Bruder;
Es freut uns, daß Ihrs seid.

POSTHUMUS                    Zu Diensten, Prinzen.
Mein lieber Herr aus Rom, den Zeichendeuter,
Ruft ihn zurück: ich schlief, und mich bedünkte,
Der große Jupiter, auf seinem Adler reitend,
Erschiene mir, mit andern Geisterwesen
Meines Geschlechts. Erwachend, fand dies Büchlein
Sich auf meiner Brust; sein Inhalt scheint mir
So völlig ohne Sinn, daß ichs nicht fasse.
Laßt ihn sein Können zeigen.

LUCIUS                    Philarmonus!

*Sooth.*   Heere, my good Lord.

*Luc.*   Read, and declare the meaning.

*Reades.*

*WHen as a Lyons whelpe, shall to himselfe vnknown, with-*
*out seeking finde, and bee embrac'd by a peece of tender*
*Ayre: And when from a stately Cedar shall be lopt branches,*
*which being dead many yeares, shall after reuiue, bee ioynted to*
*the old Stocke, and freshly grow, then shall Posthumus end his*
*miseries, Britaine be fortunate, and flourish in Peace and Plen-*
*tie.*

Thou *Leonatus* art the Lyons Whelpe,
The fit and apt Construction of thy name
Being *Leonatus,* doth import so much:
The peece of tender Ayre, thy vertuous Daughter,
Which we call *Mollis Aer,* and *Mollis Aer*
We terme it *Mulier;* which *Mulier* I diuine
Is this most constant Wife, who euen now
Answering the Letter of the Oracle,
Vnknowne to you vnsought, were clipt about
With this most tender Aire.

*Cym.*   This hath some seeming.

*Sooth.*   The lofty Cedar, Royall *Cymbeline*
Personates thee: And thy lopt Branches, point
Thy two Sonnes forth: who by *Belarius* stolne
For many yeares thought dead, are now reuiu'd
To the Maiesticke Cedar ioyn'd; whose Issue
Promises Britaine, Peace and Plenty.

*Cym.*   Well,
My Peace we will begin: And *Caius Lucius,*
Although the Victor, we submit to *Cæsar,*
And to the Romane Empire; promising
To pay our wonted Tribute, from the which

WAHRSAGER Hier, bester Herr.

LUCIUS                    Lies das und deute es.

WAHRSAGER *liest* »Wofern ein Löwenwelpe, sich selbst fremd,
findet ohne Suche und von Luft umarmt wird: wofern die
abgehauenen Zweige der hohen Zeder nach langem Welken frisch ersprossen an dem alten Stamm ergrünen, sodann
wird Posthumus sein Leid endigen, Britannien glücklich
werden und erblühen in Frieden und Fülle.«


Du, Leonatus, bist der Löwenwelpe,
Womit dein Name regelrecht erklärt ist,
Der Leo-natus lautet, just das Gleiche:
Die Luft, die ihn umarmt wie deine Tochter,
Wir nennen sie mollis aer; mollis aer
Bedeutet mulier: als mulier weissag ich
Dein standhaft Eheweib, das eben jetzt,
Getreu den Worten des Orakels, dich
Unerkannt, ungesucht umarmt hat,
Gleich wie die Luft es tut.

CYMBELINE                 Das gibt doch Sinn.

WAHRSAGER Die hohe Zeder, großer Cymbeline,
Ist dein Symbol: die abgehaunen Zweige
Sind deine Söhne: die, gestohlen von
Belarius, für tot seit langem geltend,
Nun neu belebt der Zeder sich vereinen,
Britannien Frieden zu verleihn und Fülle.

CYMBELINE Sehr schön. Beginnen wollen wir den Frieden:
Caius Lucius, obgleich die Sieger,
Unterwerfen wir uns Caesar und
Der Herrschaft Roms, versprechend, den verlangten
Tribut zu leisten, den Uns auszureden

We were disswaded by our wicked Queene,
Whom heauens in Iustice both on her, and hers,
Haue laid most heauy hand.

*Sooth.* The fingers of the Powres aboue, do tune
The harmony of this Peace: the Vision
Which I made knowne to *Lucius* ere the stroke
Of yet this scarse-cold-Battaile, at this instant
Is full accomplish'd. For the Romaine Eagle
From South to West, on wing soaring aloft
Lessen'd her selfe, and in the Beames o'th'Sun
So vanish'd; which fore-shew'd our Princely Eagle
Th'Imperiall *Cæsar,* should againe vnite
His Fauour, with the Radiant *Cymbeline,*
Which shines heere in the West.

*Cym.* Laud we the Gods,
And let our crooked Smoakes climbe to their Nostrils
From our blest Altars. Publish we this Peace
To all our Subiects. Set we forward: Let
A Roman, and a Brittish Ensigne waue
Friendly together: so through *Luds-Towne* march,
And in the Temple of great Iupiter
Our Peace wee'l ratifie: Seale it with Feasts.
Set on there: Neuer was a Warre did cease
(Ere bloodie hands were wash'd) with such a Peace.

*Exeunt.*

### FINIS.

Unsrer falschen Königin gelang,
Auf die der Himmel in gerechter Rache,
Wie auf das ihre, hart die Hand gelegt.
WAHRSAGER Die Finger dieser obern Mächte stimmen
Die Harmonien dieses Friedens ein.
Jene Vision, die ich dem Lucius
Vorm Sturm der eben abgekühlten Schlacht
Eröffnete, erfüllt sich völlig nun.
Der Adler Roms, vom Süden aus nach Westen
Hoch entschwebend, wurde klein und kleiner,
Bis in der Sonne Strahlen er verschwand.
Das verhieß, daß unser Kaiseradler,
Der große Caesar, seine Gunst erneut
Dem leuchtend hellen Cymbeline zuwendet,
Der hier im Westen strahlt.
CYMBELINE                    Ein Lob den Göttern!
Und von gesegneten Altären steige
Der krause Rauch hinauf in ihre Nasen.
Macht diesen Frieden allem Volk bekannt.
Wir brechen auf: ein Banner Roms soll, und
Ein britisches, in Freundschaft einig flattern:
Marschiert so durch Luds Stadt, und in dem Tempel
Des hohen Jupiter beschließen wir
Den neuen Frieden. Feiern sei'n die Siegel.
Auf denn! Nie vor uns endete ein Krieg
(Rot noch die Faust) mit solchen Friedens Sieg.     *Alle ab.*

# Dramatis Personae

CYMBELINE, König von Britannien
CLOTEN, Sohn der Königin aus erster Ehe
POSTHUMUS LEONATUS, ein Edelmann, Imogens Gatte
BELARIUS, ein Verbannter Lord, unter dem Namen Morgan
GUIDERIUS, } Söhne Cymbelines, unter den Namen Polydor
ARVIRAGUS, } und Cadwal, für Morgans Söhne gehalten
PHILARIO, Freund des Posthumus }
IACHIMO, Freund des Philario        } Italiener
CAIUS LUCIUS, General der römischen Truppen
PISANIO, Diener des Posthumus
CORNELIUS, ein Arzt
PHILARMONUS, ein Wahrsager
Ein römischer Hauptmann
Zwei britische Hauptleute
Ein Franzose, Philarios Freund
Zwei Lords vom Hofe Cymbelines
Zwei Edelleute
Zwei Kerkermeister

DIE KÖNIGIN, Cymbelines zweite Gattin
IMOGEN, Cymbelines Tochter aus erster Ehe
HELEN, Imogens Kammerfrau

Lords, Ladies, römische Senatoren, Tribunen, ein
Holländer, ein Spanier, Musiker, Offiziere, Hauptleute,
Soldaten, Boten und anderes Gefolge.

ERSCHEINUNGEN

# Anmerkungen

I, i , 9     *his wiues sole Sonne, a Widdow*
die »wrenched syntax« dieser Stelle soll lt. OE »characteristic of much of
Shakespeare's last style« (87) sein (in Mangel eines realen Frühstils)

I, i , 24     *I meane, that married her* – Selbstkorrekturen werden als weiteres
Merkmal des Stückes genannt (OE 88)

I, i , 38     *Cassibulan* – bereits in F2 wird die Schreibweise *Cassibelan*
eingeführt (so auch bei Holinshed)

I, i , 41     *Leonatus* – vgl. *King John*, wo die Löwensymbolik (der Name
*Coeurdelion*, Löwenherz) eine zentrale Rolle spielt

I, i , 48f.     *The King he takes the Babe / To his protection*
Edward de Vere war ebenfalls royal ward

I, i , 51ff.     *Puts to him all the Learnings that his time / Could make him the receiuer
of, which he tooke / As we do ayre, fast as 'twas ministred*
Für die Ökonomie des Stückes ist es überflüssig, Posthumus als über-
ragend gebildet darzustellen; die Stelle erklärt sich nur als weiterer Bezug
auf de Vere

I, ii, 2     *Imogen* – Holinshed nennt eine altenglische Königin »Innogen«,
was den gefälschten »Augenzeugenbericht« Simon Formans (s. Nachwort)
dazu gebracht haben könnte, diese Schreibweise zu übernehmen. Daß die
neueste OE (265ff.) nun (nach Abspinnen weiterer Erfindungen zu Ralph
Crane etc.) den ganzen Text auf diesen Namen umschreibt, zeigt
zumindest mangelnden Respekt vor der Wortwahl Shakespeares. Dies
gilt auch für andere Personennamen des Stücks

I, ii, 33     *Filorio's* – weiter unten (I, v, 2) *Philario* genannt

I, ii, 56     *seare* – cere oder DF für seale

I, ii, 69     *fraught* – freight

I, v, 5     *Cressent* – crescent

I, v, 72     *faire* – an 20 Stellen trifft man auf das bei Shakespeare leitmotivi-
sche Wort *fair*: I, i , 29; I, ii, 58; I, v, 61; I, v, 72; I, v, 73; I, v, 107; I, vii,
37; I, vii, 44 (*Twixt faire, and foule*); I, vii, 145; II, i, 63; II, iii, 100; III, ii,
52; III, iii, 9; III, iii, 59; III, v, 90; III, vii, 46 (*faire youth*); III, vii, 79; IV,
ii, 427; V, iv, 59; V, v, 201; *foule* zusätzlich in II, i, 59 und II, iv, 75

I, v, 82     *Mistirs* – mistress

I, v, 91     *strange Fowle light vpon neighbouring Ponds.* – OE verweist auf
dieselbe Metaphorik in »Leontes' obsessive view« im *Wintermärchen* (I. ii.
193-7, OE 106)

I, v, 130    *Duckets* – ducats
I, v, 138    *a Friend* – afraid (Var. Theobald)
I, v, 139f.    *preseure* – preserve (DF)
I, v, 170    *sterue* – starve (DF?)
I, vi, 5    *ha's* – has (s. auch I, vi, 43 u.ö.)
I, vi, 47    *stupifie* – stupefy
I, vi, 71    *leanes* – sich anlehnen, nicht selbst stehen können (OE 112), vielleicht auch Assoziation an »loanes«
I, vi, 93    *Leidgers* – liegers (resident ambassadors) (OE 113)
I, vii, 9    *desires* – F2 desire
I, vii, 10    *so ere* – soe'er
I, vii, 52    *desire* – ein weiterer Kernbegriff (s . auch I, vii, 56 und 62 und Edward de Veres Gedichte zum Thema)
I, vii, 75    *knowing* – DF knowiug korr.
I, vii, 126    *Fiering* – Firing, F2 Fixing
I, vii, 127    *Slauuer* – slaver
I, vii, 128    *gripes* – grips
I, vii, 198    *defended* – F2 descended
II, i, 28    *too* – to
II, i, 34    *night* – F2 tonight
II, ii, 18    *Tarquine* – Vgl. Shakespeares *The Rape of Lucrece*; der Einfluß der Versepen (»*Venus and Adonis* ... is much echoed in this soliloquy, whose erotocism resembels that of the poem«, 129) wird von der OE erkannt, aber nichts (z. B. chronologische Überlegungen) daraus abgeleitet
II, ii, 45    *I'th'bottome of a Cowslippe* – primula veris (vgl. I, vi, 98); gehört wie Primrose (IV, ii, 289; primula vulgaris) und Oxlips (Primula elatior) zu den bei Shakespeare immer wieder erwähnten Blumen. Zu de Veres Botanikkenntnissen und Gerards »The Herball or Generall Historie of Plantes« s. NSJ N.F.5
II, ii, 47    *t'ane* – taken
II, ii, 51f.    *Tereus ... Philomele* – vgl. die Geschichte in Ovids *Metamorphoses* 6.424ff.; ferner Shakespeares Verwendung in *Titus Andronicus* (OE 25f.) u.ö.
II, ii, 56ff.    *hell is heere ... Clocke strikes* – vgl. Marlowes *Faustus* 2.1.125 »where we are is hell« (OE 132) und die Schlußszene; ferner Peter Moore zum Thema Zeit in *Macbeth*
II, iii, 24    *Hearke, hearke, the Larke at Heauens gate sings*

Nachklang in Lylys *Campaspe* (1584): »the Lark ... at heaven's gates ... sings. Hark, hark« (Chiljan 351)

II, iii, 34    *amend* – DF *amed* in F2 korr.

II, iii, 52    *solicity* – F2 solicits

II, iii, 117    *Fooles are not* – Var. Fooles cure not (Theobald)

II, iii, 129f.    *Clot. You sinne against Obedience, which you owe your Father*
vgl. I Peter 1.14, in de Veres *Geneva Bible* markiert (Stritmatter)

II, iii, 155    *Heires* – F2 hairs

II, iv, 9    *fear'd* – Var. seared

II, iv, 16    *Arrerages* – arrearages, Restkredit; ein für de Vere typischer Begriff aus dem Schuldenwesen

II, iv, 34    *And Windes of all the Corners kiss'd your Sailes*
vgl. Isaiah 11.12 (Stritmatter)

II, iv, 47    *Post.* – Var. Philario (Capell)

II, iv, 89    *Silke, and Siluer* – in *Henslowe's Diary* vom 1. 2. 1599 werden »panes of silk laid with silver lace« erwähnt (OE 145)

II, iv, 100f.    *More particulars/Must iustifie my knowledge.*
Isaiah 53.11-12 »by his knowledge my righteous servant shal iustify many«, unterstrichen, ironische Umkehrung (Stritmatter)

II, iv, 161    *Cognisance* – cognizance, Begriff aus der Heraldik

II, iv, 199ff.    *We are all Bastards* .., *When I was stampt*
hier erfolgt psychologisch ganz unverhüllt ein direkter Anschluß an die Konstellation im *(Troublesome Reign of) King John* u. a. Variationen des ödipalen Grundkonflikts, z. B. im *Hamlet*

II, iv, 214    *a full Acorn'd Boare* – Edward de Veres Vater kam durch einen Eber (zusätzlich ein Wappentier der de Veres) ums Leben. Ebenfalls wie Othello quält Posthumus vor allem seine Phantasie über die Ehebruchszene (bei gleichzeitig noch nicht vollzogener Ehe)

II, iv, 214    *Iarmen on* – German one

III, i , 2    *Clotten* – das Verhältnis Cloten : Clotten ist 25 : 6

III, i , 3    *Caius Lucius* – korr. aus *Caius, Lucius*

III, i , 27    *Oakes* – OE (154) verteidigt die originale Schreibweise gegen Veränderungen wie banks oder rocks

III, i , 28    *Sands* – vgl. die *Goodwin sands* in TR V, iv, 36

III, i , 82    *President* – precedent

III, ii, 23    *Fœdarie* – fedary

III, ii, 69    *store ... rid* – score ... ride F2

III, iii, 27    *Babe* – Var. bauble (Rowe), bribe (Hanmer), robe

III, iii, 48    *Quire* – choir

III, iii, 67ff.. *But in one night ... left me bare to weather.* – enge Parallele zu
*Timon*: »my selfe, / Who had the world as my Confectionarie, / The
mouthes, the tongues, the eyes, and hearts of men, ... / That
numberlesse vpon me stucke, as leaues / Do on the Oake, haue with
one Winters brush / Fell from their boughes, and left me open, bare,
/ For euery storme that blowes.« (IV, v, 92ff.)

III, iii, 77    *Demesnes* – »estates belonging to a lord ... traditionally
uretained in the legal use« (lt. OED; OE 165)

III, iii, 92    *whereon the Bowe* – Var. wherein they bow (Warburton)

III, iv, 12    *stayder* – staider

III, iv, 36f.    *'tis Slander, / Whose edge is sharper then the Sword*
vgl. Psalms 140.3 (Stritmatter)

III, iv, 38    *the Wormes of Nyle* – vgl. *Anthony and Cleopatra*

III, iv, 52    *Iay* – jay, Eichelhäher

III, iv, 66    *Leauen* – Sauerteig

III, iv, 117    *'tane* – taken

III, iv, 126    *tent* – wohl im Sinne von Mull, Verbandstoff

III, iv, 159    *liuers* – livers, Lebende

III, v, 37    *too* – to (wie auch in III, vii, 7)

III, v, 42    *looke* – Var. looks

III, v, 58    *lowd* – Var. loud'st (Capell)

III, v, 140    *soere* – soever

III, v, 183    *voluntarie Mute* – ein stummer (Harems)diener (ohne Zunge)
aus eigenem Willen (OE 185)

III, vi, 8    *kenne* – ken, autischer Begriff (OE 185)

III, vi, 22    *cleane* – completely (OE 186)

IV, ii, 29    *Beere* – bier

IV, ii, 34ff.    *Cowards father Cowards...* – ein deutliches Beispiel für den von
lehrhaften Gleichnissen (z. B. aus dem Bereich der Botanik) durchsetz-
ten euphuistischen Stil (wie auch 45f., 70ff., 78ff.), von Pope als
»unworthy of Shakespeare, and by another hand« (OE 194) abgetan

IV, ii, 34    *Syre Bace* – sire base

IV, ii, 97    *ne're* – never

IV, ii, 131    *Dye the death* – Genesis 2.17 wörtlich (Stritmatter)

IV, ii, 134    *Luds-Towne* – London

IV, ii, 221    *thou thy selfe thou* – Var. how ... thou (Pope), offensichtlich
ebenfalls mit pädagogischer Absicht vorgetragen

IV, ii, 286   *fayrest Flowers* – weitere Exempel für Shakespeares Botanik-kenntnisse; der Hinweis auf Gerard (OE 205) darf nicht fehlen

IV, ii, 292   *Raddocke* – ruddock, »a name used in Warwickshire and other dialects ... for the robin« (OE 205); die erste von 2 Bezügen zu Shakesperes Heimatdialekt im Stück, beide uneindeutig

IV, ii, 313   *Phanes* – fanes

IV, ii, 354   *witch-craft* – an dieser kurzen Erwähnung kann ermessen werden, wie weit *Cymbeline* von *Macbeth* entfernt ist

IV, ii, 373   *'Ods pittikins* – by God's pity

IV, ii, 465   *Richard du Champ* – OE liest hier eine französische Übersetzung des Namens von Shakespeares Drucker Richard Field, »a private joke on Shakespeare's part« (214) Ogburn weist darauf hin, daß der 14. Earl of Oxford »Little John of Camps« genannt wurde (429)

IV, iv, 61   *valewation* – valuation

V, i, 3   *am wisht* – Var. (once) wish'd

V, ii, 22   *rowts* – routs

V, iii, 47   *stopt* – stooped

V, iii, 48   *The ... the* – Var. the ... they

V, iii, 84   *Hinde* – hind, im Sinne von Bauer

V, iv, 18ff.   *Gyues ... broken Debtors ... render ... stamp ... cold Bonds* – alle Metaphern aus der Welt der Schulden

V, iv, 20   *maine part* – Var. *maine port* (Walker, OE 231, AE 155) »Eine Art Eintrittsgeld oder Handgeld, Anzahlung – von daher in Bezug zu *render*, ein Bezug, der durch das allgemeine *maine part* nicht hergestellt wird. Dr. Walkers Emendation hat einigen Erfolg zu verzeichnen, insofern sie die Sphäre des Zahlens, des Entgelts, der Buße bewahrt, also der durchaus auch geschäftlich verstandenen Beziehung zu den Göttern: Wenn ihr von mir jetzt keinen höheren Preis (für meinen Zugang zu euch) als meine (freiwillig geopferte) Freiheit verlangt, dann nehmt auf der nächsten Stufe mein Leben, handelt nicht wie Gläubiger, die, damit der Schuldner zahlungsfähig bleibt, Nachlässe gewähren und seine Qual dergestalt verlängern, sondern beendet sie.« (Steckel)

V, iv, 53   *Lucina* – Göttin der Geburt

V, iv, 58   *Great Nature like his Ancestrie* – deutlich autobiographisch wie die ganze Subszene

V, iv, 75   *geeke* – Var. geck (Capell), lt. OE »a Midlands dialect word« (234)

V, iv, 123   *Prunes* – Preens

V, iv, 158   *Gaoler* – dieser Auftritt erinnert stark an die Wärterszene in *Macbeth*; zusätzlich exzessive Geldmetaphorik

V, v, 197   *straight-pight* – straight-pitched

V, v, 211   *crak'd of Kitchin-Trulles* – cracked of kitchen-trulls

V, v, 288   *Pasanio* – nur an dieser Stelle so geschrieben

V, v, 307   *Rocke* – die Var. lock (Dowden) wird von OE als sinnlos verworfen (254)

V, v, 361   *scarre* – scar

V, v, 450   *When we* – Var. when ye (Rowe)

V, v, 482   *that so* – DF no korr. in F2

# Nachwort

## Zu dieser Edition

Im Nachwort zum ersten Band dieser Ausgabe (*Timon aus Athen*) haben wir die Prinzipien unserer Edition dargelegt und ausführlich die Entscheidung begründet, auf den englischen Originaltext zurückzugehen. Zusammengefaßt:

* Als englischer Text wird der bestverfügbare Originaltext des Stücks weitgehend wort- und zeichengetreu dargeboten: in diesem Falle der der ersten Folioausgabe (F) von 1623.
* Die deutsche Übersetzung ist auch als Kommentar zum englischen Text zu verstehen, da sie den Leser in der Regel schnell den Sinn des Originaltextes erfassen läßt und bei Zweifelsfällen erläuternd wirkt. Auf diese Kommentarfunktion ist sie natürlich nicht beschränkt, sondern sie steht in einem Dialog mit dem Original, der an jeder Stelle der Ausgabe nachvollziehbar sein soll.
* Bei fehlenden Vokabeln hilft meist ein einfaches Nachschlagen in Wörterbüchern (nicht nur auf Smartphones ständig verfügbar).
* Fast alle – bei Shakespeare häufiger als bei anderen Autoren zu findenden – seltenen Ausdrücke sind in der Orthographie meistens (nahezu) identisch mit der heutigen Schreibweise, was daran liegen mag, daß die sperrigen Vokabeln des Urtextes fast immer noch dieselben sind wie vor mehr als 400 Jahren – und heute genauso selten wie zur Shakespeare-Zeit. Altertümlich anmutende Wörter sind eher nicht durch altertümliche Schreibweise fremd, sondern durch ihre Seltenheit, ja Einzigartigkeit. Man

kann das auch so ausdrücken: Shakespeare hat die englische Sprache weitgehend erfunden und seine Erfindungen sind immer noch in Gebrauch.

* Im Anhang wird bei einigen orthographisch abweichenden Wörtern zusätzlich die moderne Schreibweise angegeben. Offensichtliche Druckfehler und von verschiedenen Herausgebern vorgeschlagene denkbare Varianten werden ebenfalls vermerkt und ggf. diskutiert.

* Nicht normiert und kommentiert wird der auf den ersten Blick merkwürdig anmutende historische Gebrauch des »u« und »v«; daran kann (und wird) man sich gewöhnen.

* Das Prinzip der wort- und zeichengenauen Wiedergabe des Folio-Textes sollte nicht in dem Sinne mißverstanden werden, daß man sich hier auch in jedem äußerlichen Detail an diese Vorlage hält. Hierzu sei auf im Internet bereitgestellte Reproduktionen verwiesen bzw. auf die Faksimileausgabe der First Folio.

* Der Text-Kommentar verzichtet auf Interpretationen und weist nur auf wenige aussagefähige reale Textbezüge hin; dem Leser wird zugemutet, sich durch die Arbeit des eigenen Nachdenkens dem Textverständnis zu nähern.

## Zum Stück

### Textgrundlage

Der maßgebliche Quelltext von *Cymbeline* ist allein die erste Folioausgabe von 1623. Daraus folgt auch (ebenso wie für *The Tempest*): das einzige zuverlässige Referenzdatum des Werkes ist 1623, das Werk wurde postum veröffentlicht, ohne Einwirkungsmöglichkeit des Verfassers (oder womöglich der Verfasser).

Aus der Tatsache, daß *Cymbeline* das letzte in der Folioausgabe gedruckte Stück ist (bzw. auch das letzte im Stationers' Register eingetragene Stück dieser Edition (unter dem Titel *Cymbeline*)), ist (wiederum wie bei *The Tempest*) kein eindeutiger Schluß zu ziehen. Von einigen Oxfordianern wird spekuliert, daß die Heraushebung von *Cymbeline* als letztes Stück in explizit politischer Absicht erfolgte, als Protest gegen »the current counter-reformation politics of James's reign« (Stritmatter 2). Diese Aktion wäre (abgesehen von ihren chronologischen Implikation) zum Verständnis des Stückes sekundär, da nicht impliziert wird, daß das Stück zu diesem Zweck verändert wurde, sie könnte aber die Konfusion mit erklären, daß »The Folio editors ... unsure of the genre« (Gilvary 423) waren, d. h. unsicher in der Zuordnung zu einer der drei »Gattungen« Tragödie, Historie oder Komödie.

Der Titel lautet im Inhaltsverzeichnis *Cymbeline King of Britaine,* im Text hingegen *The Tragedie of Cymbeline.* Da im Stück trotz der relativen Unbedeutendheit der Figur Cymbeline alle Ereignisse durch die Herrschaft Cymbelines zusammengehalten werden und das Werk darin den Historien sehr nahe steht, präferieren die Herausgeber dieser Edition den ersten Titel.

## Quellen

Zur Quelle Holinshed gilt das in unserer *Macbeth*-Edition Gesagte (195ff.). Die unter dem Namen Raphael Holinshed 1577 zuerst veröffentlichten Chroniken sind (zusammen mit anderen, entlegeneren historischen Werken wie Hall oder dem *Mirror for Magistrates* (1578, vgl. Gilvary 425)) ein in de Veres unmittelbarem Umfeld entstandenes und verfügbares Werk, dessen Einfluß auf Shakespeare genauso universell ist

wie etwa der von Ovids *Metamorphosen* [vielleicht das Buch, das Imogen in der Schlafzimmerszene liest (OE 25)] und Plutarch. Hinzu kommen weitere klassische Autoren, italienische Renaissancewerke wie Boccaccio, französische Autoren (Ronsard, Montaigne), Engländer (Surrey, Chaucer), die »Genfer Bibel« und Sachbücher wie Gerards *Herball*. Jede weitere Quelle dieser Art verstärkt den Eindruck, daß Shakespeare (wohl besonders in jungen Jahren) viel las, fremdsprachige Texte im Original kannte und alles heranzog, was in Burghleys Haushalt verfügbar war oder in Bezug zu Lehrern aus diesem Kreis stand.

Zusätzlich stellt sich immer wieder heraus, daß die zahlreichen Edward de Vere gewidmeten Werke einen großen Einfluß auf Shakespeare ausgeübt haben. Im Zusammenhang mit *Cymbeline* gilt dies vor allem für die antike Romanze »The Ethiopian History of Heliodorus«, die 1569, Edward de Vere gewidmet, veröffentlicht wurde. Zusätzlich diskutiert Gilvary (426f.) die Überlegungen einiger gelehrter Shakespeare-Forscher zum Einfluß weiterer antiker Romanzen auf *Cymbeline*; interessanterweise ist auch bei seinem Rivalen Philip Sidney ein solcher Einfluß festzustellen.

Wie fast immer bei Shakespeare gibt es Echos bei Vorläufern, die ebensogut Nachläufer sein können, hauptsächlich in einem 1589 gedruckten Stück *The Rare Triumphs of Love and Fortune*, das bereits 1582 unter dem Titel *A History of Love and Fortune* aufgeführt worden sein soll. Es enthält einige »superficial ... parallels« (Gilvary 425).

Eine spürbare Beeinflussung fand auch in diesem Stück, – wenn auch weniger dominant als in *The Tempest* – durch die *Commedia dell'Arte* statt; einige Personen lassen sich den Standardfiguren jener Komödienform zuordnen.

## Die Aufführungen

Üblicherweise ist von den Aufführungen der (teilweise Jahrzehnte später postum gedruckten) Shakespeare-Stücke nur der Titel und sonst nichts bekannt; Aussagen über diese Aufführungen und ihren Zusammenhang mit dem gedruckten Werk sind dann nur Spekulation. *Cymbeline* ist nun eine der vermeintlichen Ausnahmen, es existiert ein relativ ausführlicher Bericht über eine Aufführung, den ein Simon Forman verfaßt haben soll, wieder einmal »zufällig entdeckt« von dem legendären John Payne Collier, eine Geschichte, die immer wieder neu bedacht zu werden verdient:

1836 veröffentlicht Collier ein kleines Buch: *New Particulars Regarding the Works of Shakespeare*. Darin werden sieben neue Entdeckungen vorgestellt, u.a.: Berichte über drei Shakespeare-Stücke aus dem Tagebuch des Arztes, Okkultisten und Nekromanten Simon Forman; eine gegenüber einer früheren Fassung erheblich erweiterte Ballade auf den Tod des Starakteurs des Shakespeare-Ensembles, Richard Burbage, die in der neuen Fassung auch Burbages Rollen in Shakespeare- und anderen Stücken aufzählt; eine Ballade über *Othello*; ein Manuskript von Robert Greene, nämlich eine Erzählung über eine verzauberte Insel, nach Collier wahrscheinlich die Vorlage für Shakespeares *Sturm*, usw.

Von den sieben Funden sind alle nach Colliers Enttarnung als Fälschung verworfen worden... mit Ausnahme des Tagebuches von Simon Forman. Die Stücke, über die in Formans Tagebuch berichtet wird, sind: *Richard II.* (nicht Shakespeares Stück), *Das Wintermärchen*, *Cymbeline*, *Macbeth*. Forman sah die Stücke ziemlich genau in den Jahren,

für die sich Malone bei seiner Chronologie letztendlich entschieden hatte. Formans Tagebuch wurde integral als echt akzeptiert, **ohne** jede Prüfung. [...] Man hätte mit an Sicherheit grenzender Wahrscheinlichkeit auf jede Prüfung verzichtet, wenn nicht 1933 Dr. Samuel A. Tannenbaum den Fall untersucht und auf eindeutige Fälschung erkannt hätte. [...]

Ort und Tag der Aufführung sind nicht angegeben. In seinem Kommentar (in *New Particulars*) trägt Collier vor, man könne jedoch davon ausgehen, die Aufführung müsse zwischen dem 20. April 1610 (*Macbeth*) und dem 15. Mai 1611 (*Das Wintermärchen*) stattgefunden haben. So plump gewisse Züge seiner Fälschungen auch sein mögen, so geschickt hat Collier es doch verstanden, sie den Forschern schmackhaft zu machen. Edmund K. Chambers hat bei der Erarbeitung seiner Chronologie Colliers Ansicht voll und ganz übernommen.

In seinem Kommentar weist Collier auf Fehler in Formans angeblichem Bericht hin. So erwähnt der Bericht, Posthumus und seine Freunde hätten die vermeintlich Silberwaren enthaltende Truhe, in der sich Iachimo versteckt, für König Cymbeline bestimmt. Diese Art von Mystifikation betrieb er später auch mit dem Perkins-Folianten. Auch da hatte er gewisse Korrekturen, seine eigenen, mit Skepsis oder gar offener Ablehnung quittiert.

Ein anderer Fehler ist vielleicht nicht absichtlich: die Heldin Imogen wird in dem Bericht als Innogen bezeichnet. Innogen heißt in den *Holinshed Chronicles*, die Collier natürlich bestens kannte und auf denen zu einem Gutteil der Bericht über *Macbeth* beruht, die Frau des Brutus (wie auch in dem Bühnenstück *Locrine*, das von einem W. S. revidiert und deshalb Shakespeare zugeschrieben wurde).

Und wieder der Wald! Die Höhle, in der Belarius mit den beiden geraubten Königssöhnen haust, ist richtig erwähnt, aber von einer »Höhle im Wald«, wie es dort heißt, ist bei Shakespeare nichts zu lesen. Die »Common Pollicie«: sie ist vergessen worden. (Detobel, NSJ 2, 86f., 99)

Da also dieser Bericht mit hoher Wahrscheinlichkeit gefälscht ist, sollte man auch gänzlich darauf verzichten, ihn für das Stück heranzuziehen. Sollte man -- daß jetzt die OE sogar mit Hinweis auf Collier den Namen Imogen durch Innogen ersetzt hat, ist ein Indiz dafür, wohin sich die konventionelle »Auseinandersetzung« mit Shakespeare bereits bewegt hat.

Auf der Gegenseite wird vorgeschlagen, in der höfischen Aufführung von *An History of The Cruelty of a Step-Mother* am 28. Dezember 1578 eine Frühfassung des Stückes zu sehen. Das klingt zwar wegen der Rolle einer grausamen Stiefmutter nicht unplausibel, ist aber letztlich auch mangels weiterer Anhaltspunkte (s.o.) nur spekulativ und erklärt wenig außer diesen einen Aspekt, der durch diese Betonung auch zu sehr in den Vordergrund gerückt würde.

## Mythos Spätstil

Aus der Ursuppe des Bewertungs- und Datierungschaos vor der »Entdeckung« von Simon Formans Bericht im Jahre 1836 lassen sich zwei markante Stimmen vernehmen, an denen man die Spannweite der Einordnungsmöglichkeiten dieses speziellen Stücks ermessen kann. So verfaßte Dr. Samuel Johnson das immer noch gern zitierte Urteil:

»To remark the folly of the fiction, the absurdity of the conduct, the confusion of the names and manners of different times, and the impossibility of the events in any

system of life, were to waste criticism upon unresisting imbecility« (Gilvary 428)

Ist dies nun Ausfluß von Johnsons berüchtigter besserwisserischer Pedanterie und Regelverliebtheit oder ein beherzigenswertes Urteil eines einflußreichen Schriftstellers/Kenners? Wenn die zweite Annahme zutrifft, muß daraus nicht auch folgen, daß das Stück unreif, also ein Frühwerk ist? So wird es aber offensichtlich nicht wahrgenommen: der Schluß »schlecht = Frühwerk« oder »schlecht = Spätwerk« wird niemals bewußt vertreten, es dominiert einzig eine Art vorbewußter Nichtwahrnehmung oder Geringschätzung des Stückes (»will ich nicht kennen weil es ja nicht gut ist«).

Ludwig Tiecks Gegenposition hierzu wurde hingegen nicht gehört/bedacht (und wohl nicht nur, weil er kein Engländer war). Er meinte 1840 zwar auch zuerst (ohne Angabe von Gründen), daß das Stück »Vielleicht die letzte Dichtung des großen Poeten, und wohl 1614 oder 1615 geschrieben« wäre, besinnt sich dann aber:

»Es ist auch nicht unmöglich, daß diese bunt geflochtene romantische Geschichte schon in der Jugend den Dichter begeisterte, um sie für das Theater zu versuchen. In keinem Werke Shakespeare's herrscht eine so große Verschiedenheit der Sprache, der galante Hofton, der tragische Ausdruck der Leidenschaft, die Pracht der Bilder, die Zärtlichkeit der Liebe, die naive Natürlichkeit, das ganz Schlichte, fast Bäurische mancher Stellen, im Gegensatz des bis zum Dunkeln Gesuchten.« (12, 370)

Seit Collier breitete sich dann der um Shakespeares *The Tempest* (vgl. unsere Edition) gesponnene Mythos eines »Schwanengesangs« auch auf das vermeintliche Nachbarstück *Cymbeline* aus: diesem mußte nun der Stempel des Spätwerks aufgedrückt werden.

Um das Unvereinbare besser zusammenzubringen wurde die Gattung der Shakespeare-»Romanze« erfunden (unter Hintanstellung des Einflusses der antiken Romanzen, s.o.), der diverse Eigenschaften zugeschrieben wurden:

»Im Aufbau sind die Romanzen (ausgenommen *The Tempest* [Regel aufstellen und gleich wieder einschränken, so wird's gemacht]) locker und episodisch strukturiert, ihre Atmosphäre ist der Wirklichkeit entrückt und poetisch verklärt; die Figuren sind meist psychologisch flach und in ihren Handlungen gelegentlich [!] unglaubhaft angelegt.« (Handbuch 516)

Dann aber wiederum:

»Die Romanzen stellen eine der am strengsten geschlossenen Gruppen in Shakespeares Werk dar. Ihre Entstehung und ihre Charakteristika wurden von der Shakespeare-Philologie um die Jahrhundertwende in erster Linie durch biographische Spekulationen erklärt. E. DOWDEN sah sie als Zeugnisse der Altersheiterkeit Shakespeares an, L. STRACHEY dagegen interpretierte sie als poetische Spielereien eines gelangweilten Dichters.« (ebd. 516f.)

Vorgehensweise: erst erfolgt chronologische Einordnung, dann sucht man Merkmale des Stückes, die dazu passen.

Die Abwehrmechanismen gegen eine andere, von solchen Voraussetzungen freie unbefangene Herangehensweise sind mannigfaltig und jeweils individuell verschieden. Allgemein entsteht so eine Art akademisch abgeschottetes, im allgemeinen Bewußtsein jedoch diffuses Vorurteil, was im Falle von *Cymbeline* sich in der weitverbreiteten Unbekanntheit des Stückes niederschlägt: das ist unbekannt, also wohl schlecht, das interessiert mich nicht/muß mich nicht interessieren.

Durchsucht man dann auch die oxfordianische Literatur zum Stück, so kann man pointiert sagen: ein Stück, zu dem

so gut wie niemandem etwas einfällt. Dabei ist es selbst nicht kompliziert oder rätselhaft, die Denkhemmung resultiert aus forcierter Spätdatierung und tradierter Geringschätzung.

Dem um dieses Stück wabernden Nebel aus *Idées reçues,* der nahezu unglaublichen Wertlosigkeit der »Forschung« (z. B. das gesamte Nachwort der OE, das an keiner Stelle aus dem Dschungel der selbstgestellten Dogmen herausblickt) kann man nur entgehen, wenn man selbst den Mut findet, all dies hintanzustellen und das Stück einmal ganz neu wahrzunehmen, als wäre es neu aufgefunden und noch von niemandem besprochen worden. Gelingt dies, lassen sich die Bestandteile, aus denen es zusammengesetzt ist, erstaunlich deutlich und unverstellt festmachen – wie man dies bei einem höchst anspruchsvollen Schriftsteller meist nur in einem naiven Frühwerk erwartet. Hinzu kommt, daß es sich bei *Cymbeline* – hier geben wir ausnahmsweise dem *Shakespeare-Handbuch* recht – um ein weitgehend ungekürztes/unredigiertes Originalwerk handelt: »Die Vorlage war wegen der übergroßen Länge des Textes wahrscheinlich nicht ein Theatermanuskript, sondern eine Reinschrift des Autors.« (Handbuch 526).

### Historische und biographische Bezüge

Der junge Shakespeare atmete in einer Welt des Lesens und Lernens, wie sein Ebenbild Posthumus:

... all the Learnings that his time
Could make him the receiuer of, *which he tooke*
*As we do ayre,* fast as 'twas ministred (I, i , 51ff.)

Besonders die zentrale monologische Jupiter-Szene läßt die früh verinnerlichte Welt der Antike aufleben, begleitet von den imaginierten Stimmen von Vater und Mutter – ein

kindliches Element, das perfekt zum leicht zu deutenden Charakter dieser Szene paßt. Ein auch nur oberflächlicher Vergleich dieser »Maskerade« mit der entsprechenden Szene im *Tempest* bestätigt dies: hier spricht ein sehr persönliches Ich, keine Rolle. Zusätzlich verwendet Shakespeare hier jambische Heptameter, ein seltenes Versmaß, das sich auch in de Veres früher Lyrik findet:

> Only some of Oxford's early poetry was written in fourteeners and this meter is used by Shakespeare (e.g. *Midsummer Night's Dream; Cymbeline*). (Malim, DVS newsletter July 2013, 13)

Diese Parallelen verweisen auf die ersten Jahre von Shakespeares literarischen Bemühungen. Gestützt werden könnten sie durch eine genauere Untersuchung der stilistischen Besonderheiten von *Cymbeline* in Hinblick auf die mit Lylys (de Vere von seinem Sekretär gewidmeten) *Euphues*-Roman von 1578 aufkommende Mode des Euphuismus. Zu dessen Eigentümlichkeiten gehörte z. B. die Verwendung von symbolischen Tierfiguren für lehrhafte Vergleiche:

> Shakespeare verwendet solche euphuistischen Topoi, und nicht nur in parodistischer Absicht; »toad« etwa, wegen der Giftigkeit oft asyndetisch mit Spinne und Natter erwähnt, in *Richard III.* (IV.4.81): »That I should wish for thee to help me curse/That bottled spider, that foul bunch-back'd toad«; oder in *Cymbeline* IV.2.90: »I cannot tremble at it; were it Toad, or Adder, Spider«. (Fitzgerald, NSJ 3, 87)

Solche Indizien »einer größeren Nähe zum euphuistischen Stil auch in Shakespeares als Spätwerk deklarierten Stücken« (Detobel, NSJ 3, 118) könnten die Stellung von *Cymbeline* innerhalb der Hochphase dieser literarischen Bewegung oder Mode genauer festlegen.

Weitere chronologische Anhaltspunkte könnten die zahlreichen – für denjenigen, der mit dem Leben Edward de Veres annähernd vertraut ist – leicht erkennbaren biographischen und historischen Parallelen liefern. Spuren seiner Italienreise von 1575/76 sind unverkennbar, besonders aber ist die Geschichte seines eigenen mit dieser Reise zusammenhängenden eifersüchtigen Ehedramas so unverstellt genau wiedergegeben, daß sich hier wieder einmal die für die Verfasserschaftsdebatte zentrale Frage stellt: Wer außer de Vere selbst hätte Interesse daran haben können, seine privatesten Konflikte in einem Theaterstück öffentlich abzuarbeiten? »Wenn er Shakespeare war, hatte er selbst Othellos Qualen durchgemacht« – diese Aussage Freuds (NSJ 2010, 117) trifft den Kern, und Freud war selbst jemand, der genau wußte, was Eifersucht ist, denn auch er hatte diese Qualen durchgemacht (was sein Briefwechsel mit Martha Bernays eindrucksvoll belegt).

Im Vergleich mit *Othello*, dem *Wintermärchen* und anderen um das Thema Eifersucht manisch kreisenden Stücken zeigt sich, daß *Cymbeline* wohl der erste Versuch dieser Art gewesen sein wird – versteckt hinter der Maske der Boccaccio-Geschichte, eingerahmt von einem Königsdrama mit Commedia dell'arte-Elementen und einem komödienartigen Schluß. Mark Anderson hat hierzu die bemerkenswerte These aufgestellt: »Whether or not de Vere was ever in love with the flesh-and-blood Griselda he married, it appears he fell in love with his dramatic portrayals of Anne onstage.« (Anderson 221). Daß de Vere seit Ende 1581 wieder mit Anna Cecil zusammenlebte, ist ein chronologischer Ankerpunkt für diesen Kontext.

Wiederholt vorgebrachte politische Anspielungen zielen auf die böse Stiefmutter als Platzhalterin für Catherine de'

Medici und ihren Sohn Alençon (Kloten). Das wäre dann eine recht derb-makabere allegorische Abrechnung mit dieser elisabethanischen Heiratsepisode, die Anfang 1582 zuende ging. Eine zynische Satire hinter dem Rührstück sozusagen. Eine weitere spielerische, wenn auch spekulative Anknüpfung ergibt sich zu Lady Burghley, einer weiteren Stiefmutter, die gegen de Veres Ehe mit Anne Cecil war (Anderson 144); C. de' Medici wäre dann nur Bühnentarnung hierfür: »He conceals his personal level of meaning within a contemporary political context.« (Anderson 144)

Zu den plausiblen politischen Interpretationen des Stückes gehört die Identifizierung von Cymbelines Söhnen als Söhne von Edward Seymour, 20 Jahre nach dessen Verbannung (ca. 1581, Ogburn 608f.). Auch die letztlich kompromißbereite ambivalente Haltung zum Katholizismus, die sich am Ende des Stückes offenbart, paßt in die Zeit um 1580 (Ende 1580 mußte sich de Vere gegen die Anklagen aus der Arundel-Affäre verteidigen). Diese politisch-historische Ebene in *Cymbeline* kontrastiert trotz allem kämpferischen Patriotismus noch stark mit dem geschärften, plakativ protestantischen Patriotismus des ersten veröffentlichten Shakespeare-Stückes *The Troublesome Reign of King John*, d.h. der öffentlichen Rolle der Shakespeare-Historien ab ca. 1589.

*Cymbeline* wird wohl neben anderen Frühwerken wie etwa *The Two Gentlemen of Verona* vom Verfasser nicht für eine spätere Überarbeitung herangezogen worden sein.

Uwe Laugwitz

# Literatur

[zu den einzelnen Bänden der Serie *Steckels Shake-Speare* vgl. den Edtionsplan auf S. 296]

(OE) William Shakespeare: Cymbeline. Edited by Roger Warren. London 1998 (The Oxford Shakespeare)

(Anderson) Anderson, Mark: *›Shakespeare‹ By Another Name*. New York 2005.

(Chiljan) Chiljan, Katherine: Shakespeare Suppressed. San Francisco 2011

(Detobel) Detobel, Robert: Eine Chronologie! Eine Chronologie! Mein Pferd für eine Chronologie! NSJ 2, 1998, S. 81-138

(Detobel) Detobel, Robert: Neue Spuren zu Shakespeare. NSJ 3, 1999, S.110-150

(Fitzgerald) Fitzgerald, James: Du Bartas, Shakespeare und Ben Jonson. NSJ 3, 1999, S.80-89

(Freud) Freud, Sigmund: Brief an James S. H. Bransom vom 25. März 1934. NSJ N.F. 1, 2010, S.115-117

(Gilvary) Gilvary, Kevin: Cymbeline, King of Britaine. In: *Dating Shakespeare's Plays: A Critical Review of the Evidence*. Tunbridge Wells 2010.

(Handbuch) Schabert, Ina (Hrsg.): Shakespeare-Handbuch. Stuttgart 1978

(Malim) Malim, Richard: Review of *Shakespeare Beyond Doubt?*, DVS newsletter July 2013, S.11-15

(Moore) Moore, Peter R.: The Lame Storyteller, Poor and Despised, Buchholz i. d. N. 2009

(NSJ) *Neues Shake-speare Journal*, Buchholz i.d.N. 1997ff.

(Ogburn) Ogburn, Charlton: The Mysterious William

Shakespeare. McLean 1992

(Stritmatter) Stritmatter, Roger: The Marginalia of Edward de Vere's Geneva Bible, Baltimore 2001 (ebook Version)

(Stritmatter 2) Stritmatter, Roger: Pubish We This Peace, SOS newsletter Fall 1998, S.16–17

(Tieck) Tieck, Ludwig (Hrsg.): Shakespeare's dramatische Werke. Zwölfter Band, Berlin 1840

(TR) Shakespeare, William: The troublesome Raigne of King Iohn./König Johann von Engelland. Deutsch von Ludwig Tieck. Buchholz i. d. N. 2016

Steckels Shake-Speare
Editionsplan

The Life of Tymon of Athens/Timon aus Athen (2013)
The Tragedie of Macbeth/Die Macbeth Tragödie (2013)
The Tragedie of Anthony and Cleopatra/Antonius und
    Cleopatra (2013)
The Tragoedy of Othello, the Moore of Venice/Die Tragö-
    die von Othello, dem Mohren von Venedig (2014)
A Midsommer Nights Dreame/Ein Mittsommernachtstraum
    (2014)
As you Like it/Wie es euch gefällt (2014)
Loues Labour's lost/Verlorene Liebesmüh (2015)
The Life and Death of King John/Leben und Sterben des
    Königs John (2016)
The Tempest/Der Sturm (2017)
Cymbeline King of Britaine/König Cymbeline (2017)

★ ★ ★

The Tragedie of King Richard the second/Die Tragödie
    von König Richard II.
Twelfe Night, Or what you will/Die zwölfte Nacht oder
    Was ihr wollt
The Raigne of King Edward the third/Die Regierung des
    Königs Edward III.
The most lamentable Tragedie of Romeo an Iuliet/Die Tra-
    gödie von Romeo und Julia
The Tragedie of Hamlet, Prince of Denmarke/Die Tragödie
    von Hamlet, Prinz von Dänemark